国际人道法概论

对战争的限制（第四版）

Guoji Rendaofa Gailun

〔荷〕弗里茨·卡尔斯霍芬
〔荷〕利斯贝特·泽格费尔德 著
姜波 王芳 译 李红云 校

著作权合同登记号　图字:01－2014－7346
图书在版编目(CIP)数据

国际人道法概论:对战争的限制:第4版/(荷)卡尔斯霍芬(Kalshoven,F.),(荷)泽格费尔德(Zegveld,L.)著;姜波,王芳译.—北京:北京大学出版社,2015.12
(世界法学精要)
ISBN 978－7－301－26392－1

Ⅰ.①国…　Ⅱ.①卡…②泽…③姜…④王…　Ⅲ.①战争法—研究　Ⅳ.①D995

中国版本图书馆CIP数据核字(2015)第250179号

Constraints on the Waging of War: An Introduction to International Humanitarian Law

书　　名　国际人道法概论——对战争的限制(第四版)
著作责任者　〔荷〕弗里茨·卡尔斯霍芬(Frits Kalshoven)
〔荷〕利斯贝特·泽格费尔德(Liesbeth Zegveld)　著
姜　波　王　芳　译　李红云　校
责任编辑　李　倩
标准书号　ISBN 978－7－301－26392－1
出版发行　北京大学出版社
地　　址　北京市海淀区成府路205号　100871
网　　址　http://www.pup.cn
电子信箱　law@pup.pku.edu.cn
新浪微博　@北京大学出版社　@北大出版社法律图书
电　　话　邮购部62752015　发行部62750672　编辑部62752027
印 刷 者　北京富生印刷厂
经 销 者　新华书店
787毫米×980毫米　16开本　15.5印张　284千字
2015年12月第1版　2015年12月第1次印刷
定　　价　38.00元

回头来看，我似乎曾经给予发动战争的人以特权，但并未真正如此，这些特权必须被剥夺殆尽。因为，在起初着手解释这部分“万国法”时，我发现许多做法之所以被认为“合法”或“可以允许”，是因为这样做可以不受处罚，还有部分原因在于具有强制力的法庭使其有了权威。然而，这些做法要么偏离了“权利规则”（在严格的法律意义上或其他道德告诫上是否有任何依据），要么无论如何可以基于更为高尚的理由将其摒弃，并在善良的人们当中赢得更多赞扬。

——格劳秀斯：《战争与和平法》第3编第10章第1.1节

（牛津大学出版社1925年版，英文翻译：弗朗西斯·G.凯尔西）

序　言

弗里茨·卡尔斯霍芬(Frits Kalshoven)和利斯贝特·泽格费尔德(Liesbeth Zegveld)教授合著的上一版本的《对战争的限制》由红十字国际委员会出版,至今已有10年了。这一教科书是介绍性的,追溯了国际人道法从起源到最近发展的历程,10年的时间进一步确认了出版这一著作的必要性。

卡尔斯霍芬和泽格费尔德教授在人道法方面的专业知识为世人所公认。尽管这部著作篇幅有限,他们成功地集中探讨了人道法的主要规则。他们的论述准确而又全面,无疑将受到专业人士的欢迎;同时又很清晰,首次接触这门学科的学生也可以阅读。理论与实践的结合使得本书不仅极其实用,而且充满趣味。

在这一新版的《对战争的限制》中,作者对内容作了更新,反映了当代武装冲突所面临的挑战和国际人道法的发展。除了更新法学知识外,本书探讨了诸如《日内瓦公约第三附加议定书》和《集束弹药公约》等新条约,还对红十字国际委员会有关"直接参加敌对行动"的研究等其他新的指导性文件作了分析。

红十字国际委员会非常荣幸能够出版第四版的《对战争的限制》,本书的出版将大大有助于传播关涉众多生命的国际人道法规则的知识。

雅各布·克伦贝格尔

(Jakob Kellenberger)

红十字国际委员会主席

中文版序言

过去的几十年里，身处东亚地区的人们享受着和平与发展，但武装冲突仍然肆虐于世界其他地区。这些冲突所带来的人道灾难引起了人们的关注，并使我们认识到规制作战手段和方法以及保护战争受难者规则的重要性，这些规则现在被称为“国际人道法”。

在纷繁的国际人道法文件中，1949 年的《日内瓦四公约》及其 1977 年的两项《附加议定书》被认为是国际人道法的核心。目前，《日内四瓦公约》得到了 196 个国家的普遍接受；《第一附加议定书》有 176 个缔约国；《第二附加议定书》的缔约国则有 173 个。传播这些文件是这些条约和其他国际人道法文件赋予缔约国的一项重要义务，传播的目的是为了理解国际人道法，而理解国际人道法是忠实履行和执行国际人道法的前提。

自 1863 年创立以来，红十字国际委员会(ICRC)根据国际社会的授权并与国家和学术界合作，一直不遗余力地传播和发展国际人道法。所以，我们非常高兴出版这本由两位杰出作者撰写的《国际人道法概论——对战争的限制》一书，这是一本成功地准确和全面介绍国际人道法的教科书。自 1991 年该书第一版出版以来，该书已经成为学者们教学和研究中普遍使用的著作，极大增进了国际人道法的知识传播。该书第四版出版于 2011 年，它向读者们增加了当前武装冲突面临的挑战及国际人道法的发展。我们希望这些更新能满足学者和实践工作者的需要。

中国是主要国际人道法条约的缔约国。这些年来，中国已经在联合国维和任务和国际冲突地区中担负起越来越多的责任。2005 年，红十字国际委员会东亚代表处迁到北京。从那以后，委员会与中国政府、军方以及学界合作，促进了在中国对国际人道法的宣传与执行。在与北京大学合办的国际人道法教师培训与暑期提高课程班的基础上，国际人道法已经成为北大法学院的一门完整的课程。通过这些活动我们注意到，对大多数中国学者来说，缺少中文的国际人道法教科书是在传播国际人道法的一个主要障碍。因此，我们非常高兴地支持北大法学院的教授们将《国际人道法概论——对战争的限制》（第四版）译成中文，他们在数年的教学中使用了该书，并得到了学生积极的评价。我们还非常高兴地得知，北京大学出版社即将出版这本书的中文版。我们希望这本中文教材会加强国际人道法在中国的学术研究，特别是促进中国青年学生对国际人道法的研究，因为他们是未来世界的缔造者。

Pierre Ryter（高兰博）
红十字国际委员会东亚地区代表处主任
2015 年 4 月 2 日，中国，北京

译校者序

从国家的战争权到战争罪，人类对战争的认识经历了从“权利”到“罪行”的发展过程。这一发展过程表明，西塞罗所说的“战争之中无法律”是有失偏颇的，因为即使最残酷的战争也没有将人道和良知完全压制，而正是人道和良知促使人们反思并规制战争，推动了国际人道法的形成、发展和完善。多年不经历战争的人们可能会淡忘战争所带来的灾难，也不一定能够深切地体会国际人道法对于减少战争罪恶、保护自身免受战争伤害的重要意义。但是人们不应该忘记，在国际人道法发展的历史上，几乎每一条规则的背后，都浸透了人类的苦难，甚至是生命的代价。

在当今的国际社会中，战争或武装冲突——不管是国际性武装冲突还是非国际性武装冲突，仍然不可避免。国际法承认这一事实，作为国际法分支的国际人道法就是要对战争或武装冲突加以限制的规则。这些规则是各交战国或冲突方都应遵守的。因为国际人道法是国际社会用以确保在战时人身安全和人的尊严的最有力的工具之一，同时，她要将战争的痛苦限制在一定的范围内。

值得注意的是，联合国安理会于 1993 年 8 月和 1994 年 11 月分别通过决议，建立“前南国际刑事法庭”和“卢旺达国际刑事法庭”。这两个法庭都是为起诉违反国际人道法行为的目的而设立的。

1998 年通过的《国际刑事法院规约》也将严重破坏《日内瓦公约》的行为和严重违反适用于武装冲突的法规和惯例的行为视为“战争罪”。从这个意义上讲，国际人道法的适用范围是很广泛的。

进入 21 世纪的今天，保护人权免受侵犯以及在不同的武装冲突中实施国际人道法仍然是一个必须关注的问题。在这种情况下，传播和宣传国际人道法就显得尤其重要。

《国际人道法概论——对战争的限制》（第四版）系统地探讨了国际人道法的起源和发展，准确、完整、简洁地介绍了国际人道法的基本原则和规则，是一本介绍国际人道法的经典著作。本书是军队律师、指挥员和战斗员学习掌握国际人道法基本知识的必读书，同时也是大专院校和各级红十字会普及国际人道法知识的重要媒介。由于国际人道法本身的跨学科性质，本书对国际法国际关系、国际政治、国际安全、军事战略、作战指挥、军事历史乃至军事思想等相关专业的教学和研究人员也有重要的参考价值。

本书的翻译和出版得到了红十字国际委员会东亚代表处的资助，该代表处高级政治顾问郭阳先生、北京大学出版社李倩编辑为本书的翻译和出版做了大量工作，在此一并表示衷心感谢。翻译中涉及的条约内容都采用了官方的中文文本，人名翻译依据的是《世界人名翻译大辞典》（新华社译名室编，中国对外翻译出版公司 2007 年修订版），地名翻译依据的是《世界地名翻译大辞典》（周定国主编，中国出版集团、中国对外翻译出版公司 2008 年版）。

为便于中国读者学习，我们将“国际人道法常用词汇英汉对照表”作为附录放在本书后面。

由于翻译水平有限，疏漏和错误在所难免，欢迎批评指正。

姜波　王芳　李红云

2015 年 10 月 19 日

目　录

第1章 绪 论

第1节 战争与法律

在前南斯拉夫、伊拉克和伊朗或者埃塞俄比亚和厄立特里亚，以及阿富汗、伊拉克、苏丹、卢旺达、刚果、索马里、斯里兰卡和哥伦比亚等地发生的武装冲突事件，日复一日地提醒着我们战争的残酷性及其带来的苦难、死亡与破坏。这些事件也提出一个显而易见的问题：各方在这些武装冲突中的行为受限制吗？答案是：这样的限制确实存在，尽管可能并不总是一清二楚或者完全明白无误。仅就法律领域而言（而不只是道德领域），这种限制存在于多个法律分支当中，例如《联合国宪章》法、人权法、环境法、中立法和最后但绝非最不重要的——专门旨在"限制战争"的"战争法"或者战时法。

战争法通常称为"适用于武装冲突的国际人道法"或者简称为"武装冲突法"或"人道法"。使用"人道"一词强调的是保护受难者的因素，不使用该词则强调的是作战因素，然而不同称谓都指向同一个法律部门。本书将互换使用这些名词，就像使用"战争"和"武装冲突"等词语那样。本书的目的旨在介绍战争法的起源、特征、内容和当前面临的问题等。在此过程中，也会谈到上述其他相关法律部门，但将主要关注严格意义上的"战争法"。

从武装冲突法的角度看，战争在过去通常发生于国家之间，如今则经常涉及并非国家的有组织的武装团体。对开战问题的法律评估涉及诉诸战争权（*jus ad bellum*）问题，目前的核心内容是《联合国宪章》的法律。对涉及实际战争行为的战时法来说，发生武装冲突是事实问题，武装冲突所必然带来的人员死亡和对其他有价值物品的破坏同样也是如此。应当看到，战时法并未赋予国家或个人剥夺别人生命或造成其他破坏的权利，反而对战争行为进行了限制，从而为判断那些行为的正当性提供了评价标准。

同样应当看到，战时法所进行的限制并不打算把武装冲突变成一种全社会都能接受的活动（像中世纪的骑兵比武大会那样），目的只是为了防止肆虐的残忍和冷酷无情，并向直接受到冲突影响的人员提供必不可少的保护。

战争法的“限制”可以区分为原则和规则。首要的是军事必要原则和人道原则。第一项原则告诉我们，战争行为若要无可非议须在军事上具有必要性，这是一个实际考虑；另一项原则说的是，如果行为在人道方面超越了可以容忍的程度，那么也不具有正当性，这是一个道德因素。显然，这些原则极其宽泛，不过随着时间的推移，这些原则已经被阐发为越来越具体的原则和规则。

我们首先重点关注的战争法的另一个基本原则是交战方“平等”。交战方在很多方面可能完全不平等，比如20世纪的民族解放战争（国家与“民族”作战）、今天的国内武装冲突（例如在哥伦比亚的长期战争）或者2003年美国及其伙伴对伊拉克的侵略等，就是如此。尽管并不平等，交战方要受战争法原则和规则的同等制约。

本书标题提到了战争法的原则和规则，借用了格劳秀斯的名作《战争与和平法》中的一个词语，即“对战争的限制”。该部著作写于“三十年战争”（1618—1648年）期间，格劳秀斯比较了两种战争模式：一种是实际上毫无限制的战争，如他所说，就当时的实在法而言，交战方可以采取任何野蛮行为而不受处罚；另一种战争模式则较为值得称道，“基于更为高尚的理由，并在善良的人们当中赢得更多赞扬”，能够尊重“权利规则”并且避免某些行为。之后他将“适度战争”概念解释为更高道德指令的要求，这一概念与今天我们所理解的武装冲突法规则在很多方面是一致的。

如果没有这样的法律制约，战争可能极其容易退化为彻头彻尾的野蛮行径。结果必定不仅是“战争灾难”（《联合国宪章》在提到这一词语时明显充满了恐惧）将产生更加难以估量的破坏性影响，积极参加敌对行动的人员更多地失去作为人的尊严；而且可能导致战争之后，曾经毫不留情互相残杀的交战双方更加难以恢复和平，甚至可能根本无法恢复和平。

第2节 武装冲突法的渊源

武装冲突法历史悠久。我们了解到，即使是在遥远的过去，军事首领也会命令部队留下被俘敌人的性命并善待他们，或者命令不得杀戮平民居民；敌对行动结束时，交战各方可能会同意交换各自手中的俘虏。随着时间的流逝，或者基于得到普遍承认的原则，或者体现为战争的习惯法规则，这些做法逐渐得到普遍认可，成为即使在缺乏具有约束力的单方声明或具有类似效力的协定的情况下，武装冲突各方也应该尊重的法律规范。

这些不成文的战争规则的适用范围和内容长期以来并不确定，令人难以把握。国家消除这种不确定性的最为有效的方法就是缔结条约，就规则通过谈判达成一致意见，并将规则纳入到国际认可而又具有约束力的文件当中。这些文件通常称为条约，有的使用其他名称，比如公约、宣言或议定书等。条约可以由两个国家缔结（双边条约），这里关注的是很多国家间缔结的条约（多边条约）。

缔结多边条约在 19 世纪发展成为规范国际关系的重要手段。当时的国家数量比现在少得多，也没有联合国或类似机构，多边条约要在特定的国际会议上缔结，尽管国际会议并不一定专门为缔约而召开。19 世纪 60 年代召开了两次会议，分别对战争法的个别方面作出规范：一次于 1864 年在日内瓦召开，议题是关于战场上受伤士兵的命运；另一次于 1868 年在圣彼得堡召开，议题是关于使用爆炸性弹丸问题。这些相对低调的开端为这一法律部门的两个截然不同的分支奠定了基础，这两个分支从未完全分开，但各有自己的独特视角。一个分支通常称为“海牙法”（下文会说明原因），涉及战争行为和允许的战争手段和方法；另一个分支称为“日内瓦法”，特别关注落入敌方手中的战争受难者的境遇，例如战俘或者被拘禁的平民。

随着时间的推移，关于武装冲突的协定法逐渐涵盖更多领域，也更加详细具体，通常反映了之前的战争经验。目前所有国家以及梵蒂冈均已加入 1949 年在日内瓦缔结的四个主要公约。因此，人们可能会忽视这样的事实：公约的大部分内容是以得到普遍承认的原则为基础的，根据既有实践，这些内容也可能属于习惯法。对于这一领域中缔约方较少（有时很少）的其他条约来说，须牢记条约只对缔约国有拘束力。同时，这些条约中已经属于习惯法的规则，或者在条约缔结和生效后发展成为习惯法规则的规则，以及表明得到普遍承认的法律原则的规则，对非缔约国也有拘束力。

长期以来，武装冲突法领域缔结的条约仅限于国家间武装冲突意义上的“战争”。从 1949 年《日内瓦公约》开始，人们通常将其称为“国际性武装冲突”。也是从 1949 年《日内瓦公约》开始，条约法逐渐包含适用于在一国领土内发生的武装冲突的规则。这种冲突可能发生在该国武装部队与一个或多个有组织的武装团体之间，也可能发生在多个有组织的武装团体之间。《日内瓦公约》共同第 3 条是该公约适用于这种冲突的唯一条款，将其称为“一缔约国之领土内发生的非国际性的武装冲突”。这种冲突通常被称为“非国际性武装冲突”，我们倾向于使用更为简短的“国内武装冲突”。之后，由于发生得更为频繁，越来越多的已有的条约法规则也规定适用于这类冲突。近年发生的事件又提出了新问题：如果国家与不处于或不完全处于本国领土的非国家武装团体之间发生冲突，因此不是通常意义上的“国际”或“国内”冲突，应当适用哪种武装冲突规则（如果有这种规则的话）？

第二次世界大战之后不久，纽伦堡和东京国际军事法庭认为，1899 年缔结、1907 年修改的《海牙公约》及其附件《陆战章程》所确立的战争规则在第二次世界大战前已经取得了习惯法的地位。晚些时候，诸如国际法院和前南与卢旺达法庭等司法机构进一步发现，较近的一些条约法规则也具备了习惯法特征。特别是武装冲突的习惯法在适用范围上的最新拓展，似乎是基于这样的假定，即对这类武装冲突来说，关于更为可取的行为的一般意见比作为法律的可以证实的实践的要求更为重要。由于“关于更为可取的行为的一般意见”反映了人们接受的原则，我们更愿意使用这一称呼。

2005 年，红十字国际委员会出版了关于“习惯国际人道法”的全面的研究成果。第 26 届红十字和红新月国际大会在 1995 年邀请其承担这一任务。经过巨大努力，形成了这项研究成果，列举了红十字国际委员会确认现在属于习惯法的大量规则。可以再次指出的是，特别是对于国内武装冲突来说，并非所有这些规则都是基于实践的，正如习惯法规则在传统上所要求的那样。然而，这些规则可以反映现有原则，因此值得以该名义进行传播。

第 3 节　实施与执行

对于各国代表来说，谈判国际人道法规则是一回事，甚至可以相信，谈判时他们（通常是各国代表团中的军官们）已经将现实情况充分考虑在内了，以至于无法通过援引“军事必要”来证明背离这些规则的正当性。但确保规则应用于实践则是另一回事。

一方面，很多因素会对规则的实施产生负面影响。从高层说起，最高当局可能会决定对某些规则置之不理。例如在第二次世界大战中，战争双方都决定将敌方平民居民作为空中轰炸的目标；第二次世界大战即将结束时，美国总统杜鲁门决定使用原子弹轰炸日本城市。当情势更为有利于非法战斗方式时，另一个重要的负面因素就会显现出来。“非对称作战”可以算作一个例子，其他包括特别强调战争的所谓意识形态或宗教特征，将对手描述成野蛮人，将敌对行为作为远程技术行动来执行（高空轰炸机、远程导弹）或者在游击战争中运用使平民居民面临更大风险的战术等。

另一方面，如果武装部队的所有成员都是天使，或者恰好都是遵守规则的人员，那简直就是奇迹，如果在战争的每个阶段都能遵守规则，就更是如此。培训计划不够充分，指导思想错误或者纪律松弛等因素都可能对此产生影响。另外一个因素是对规则一无所知,这是很多违反人道法的行为的根源,从最高军政领导人到普通士兵,各级都是如此。

面对如此多的不利因素,还能做些什么来改善尊重武装冲突人道法的记录呢?首先应当指出,这首先是有关国家的责任,在国内武装冲突中也是非国家武装团体的责任。然而,人们早已意识到,这还不够,外界帮助也是必要的。已经屡次提到的红十字国际委员会是一个总部设在日内瓦的瑞士组织,活跃于世界各地,自 1863 年成立之日起就是狭义的日内瓦法的主要推动者和捍卫者,近年则已经拓展到人道法的各个领域。国家间和国际组织框架内的其他手段和方法也有所发展,有助于国际人道法的传播和在必要时的实施。后面的相关章节还会谈到这些不同的手段和方法。

第 4 节　本书的结构

还需要解释一下本书的结构。出于两方面的原因,本书和以往版本一样按照历史时期进行划分。首先,我们今天所了解的人道法体系最初是作为条约法而发展的。由于条约适用于缔约方,而且不一定会被后来相同主题的条约所取代,因此可能出现这样的情况:有些国家是新条约的缔约方,例如 1977 年两个附加议定书对战斗员行为和保护平民作出了广泛规范,而其他国家则只是旧条约的缔约方。因此,为了对所有读者都有用处,我们按照时间顺序安排了本书的主题。尽管如此,偶尔也会提到在相关历史框架中得到更为充分讨论的后续发展情况。

按照时间顺序安排还有另外一个原因:包括媒体在内的今天的评论者得以了解哪些法律适用于其所评论的事件。这可能有助于防止有时过于轻率的评论,用现在的标准去衡量过去的事件。举个例子来说,第二次世界大战中德国占领区的居民待遇是由 1899 年、1907 年《海牙章程》的相关规则来规范的,以从《海牙章程》通过后到战争爆发前可能形成的习惯法规则为补充,而不是由"关于战时保护平民"的 1949 年《日内瓦第四公约》所规定的占领法规则来规范的。1949 年《日内瓦第四公约》是作为战争结果而出现的,起草时吸取了从那段痛苦时期中获得的教训。

基于这些考虑,各章节主题划分如下:第 2 章对国际人道法的历史发展趋势作了总体描述,第 3 章较为详细地探讨了 1977 年(这一年通过了 1949 年《日内瓦公约》的两个附加议定书)以前的国际人道法,第 4 章介绍了两个附加议定书所形成的法律环境,第 5 章讨论了之后的诸多发展。最后,第 6 章简要总结了这一法律部门的一些基本特征。

第2章
主要分支:海牙法、日内瓦法和纽约法

海牙法(第1节)和日内瓦法(第2节)是武装冲突法的两个分支,产生于19世纪60年代。本章从这两个分支的产生讲起。

在大约恰好一个世纪以后的20世纪60年代和70年代,联合国开始以“武装冲突中的人权”的名义积极关注武装冲突法的推广和发展。这使得联合国大会能够将这一问题纳入到已有的议事日程,同时标志着武装冲突法与人权法的关系日益重要。这一“纽约分支”是第3节的主题。

本章第4节说明了海牙、日内瓦和纽约这三个“分支”如何在不丧失自身特性的同时,逐渐融合成一个独立的运动,以及后来如何在20世纪90年代还与国际刑法领域建立了密切联系。

第1节　海牙法

通常称为“海牙法”的武装冲突法分支的发展并不是从海牙开始的,而是始于两个离该城市较远的地方:华盛顿和圣彼得堡。

在1861年至1865年的美国内战期间,作为内战中的北方的美国总统于1863年在华盛顿颁布了题为《美国军队战场管理指示》的著名命令。这一命令的文本由移民到美国的德裔国际法学家弗朗西斯·利伯起草。从适当的战争行为和平民居民待遇,到诸如战俘、伤者、志愿游击队员等特定类别人员的待遇,这一命令(或者像通常那样称为《利伯守则》)对陆上作战的各个方面规定了详细规则。

虽然在技术上只是旨在供正在进行中的内战的一方使用的内部文件,但是《利伯守则》对战争法的后续发展产生了重大影响,为19世纪在国际层面对战争法规和惯例进行得到普遍接受的编纂提供了范例和灵感源泉。

1868 年,另一个著名文献在俄国圣彼得堡问世——《关于在战争中放弃使用轻于 400 克的爆炸性弹丸的宣言》。在许多方面,它都与《利伯守则》截然相反。《利伯守则》属于国内立法,涵盖的问题非常广泛,而该宣言则属于国际条约,涉及一种非常具体的战争行为。规范的问题是,如何使用某些新近开发出来的轻型爆炸性或可燃性弹丸。特别是步枪的爆炸性弹丸已经在敌方装备上验证了使用效果。在用于对付人体时,这种弹丸并不比普通步枪子弹更为有效,只能使一个对手失去战斗力,但其设计会给受难者造成特别严重的伤害。

1868 年,应俄国政府邀请,国际军事委员会在圣彼得堡召开会议,“以考虑禁止在战争期间在文明国家之间使用某些弹丸的愿望”,并很快决定必须禁止使用这种新弹丸。该委员会首先提出“考虑到文明的进步,应尽可能减轻战争的灾难”,进而声称“各国在战争中应尽力实现的唯一合法目标就是削弱敌人的军事力量”。为此,“应满足于使最大限度数量的敌人失去战斗力”,而“由于武器的使用无益地加剧失去战斗力的人的痛苦或使其死亡不可避免,将会超越这一目标”。因此,这类武器的使用“违反了人道的法律”。

在国际军事委员会看来,所讨论的弹丸达到了无益地加剧痛苦或者使死亡不可避免的标准,因此下一步是规定“技术上的限制,在此限制内,战争的需要应服从人道的要求”。从表面看来,将 400 克作为临界重量在数字上颇为精确。不过选择 400 克实际上颇为偶然:步枪子弹要轻得多,而当时的炮弹则重得多。然而,关键在于在两者之间确立了固定界限。尽管爆炸性炮弹会造成同样严重的伤害,达到了“使失去战斗力人的死亡不可避免”的程度,但是炮弹一次可以使多人失去战斗力,因此与步枪子弹不在同一级别。此外,设计炮弹的初衷首先是用于打击截然不同的“硬”目标,因此须保持在禁止范围之外。对炮弹来说,军事用途与人道要求之间的平衡是以不同的方式实现的。

《圣彼得堡宣言》最后对武器的未来发展问题作了规范。这里,其正文同样值得注意,“一旦由于将来在军备方面的改进而提出明确的建议时,缔约国或加入国保留今后达成一项谅解的权利,以维护它们已经确定的原则并使战争的需要符合于人道的法律”。

1.1　海牙和平会议

下面我们终于可以说说海牙了。1899 年,又是在俄国政府的提议下(尽管这次是受荷兰政府邀请),29 个国家的代表开会讨论和平与战争问题。第一次海牙和平会议所确定的主要目的是,为阻止更多战争创造条件。会议期望通过引入强制国际仲裁,以及定期召开国际会议讨论与维护和平有关的问题等途径,来实现这个目的。但此次会议没能实现这一目标。尽管普遍认为国际仲裁是解决国家间争端的绝好方法,但是很多国家并未准备放弃将来针对各个争端的情况和具体环境来决定是否提交仲裁的权利。

维护和平可能是此次会议的主要目标,然而会议发起者也很现实,并未排除未来发生武装冲突的可能性。考虑到这种可能性,会议讨论了很多有关战争行为的提议。

一项提议是编纂"陆战法规和惯例"。该提议在很大程度上是基于1874年在布鲁塞尔举行的一次国际会议所起草的文本。这份《1874年布鲁塞尔宣言》从未生效,深受之前公布的《利伯守则》的影响。受这些早期做法启发,特别是在1868年《圣彼得堡宣言》精神的鼓舞下,1899年的海牙会议通过了《陆战法规和惯例公约》(也称1899年《海牙公约》,公约附件为"陆战法规和惯例章程",以下称《海牙章程》)。《海牙章程》规定了缔约国能够达成一致意见的涉及陆战所有方面的规则,例如承认为"交战者"的武装部队类别;战俘待遇;对战争方法与手段的限制,包括保护平民居民(特别是禁止轰炸不设防城镇)和文物的一些零碎但基本的规则;对占领国行为的限制等。《海牙章程》并不包括关于病者和伤者待遇的条款,因为1864年的《日内瓦公约》已经对此作出了规范。

会议中争论不休且最终悬而未决的一个问题涉及在被占领土拿起武器反对占领者的抵抗战士团体的身份:占领国有义务承认这些团体为交战者吗?可以简单地将俘获的抵抗战士作为志愿游击队员处死吗?在这个问题上,小国与大国针锋相对。前者意识到其领土可能会成为军事占领区域,因此极力拥护被占领土上的居民的抵抗权利。与此相反,大国认为,尽管参加武装抵抗的被占领土上的居民可能在其民众眼中是英雄,但不能承认其为合法战斗员,因此他们总是要为自己的行为负责。

尽管这一问题因此未获解决,但争论产生的一个重要派生产品是在公约序言中加入了一个相当著名的段落。作为对提出这段话的俄国代表的赞赏,人们将其称为"马顿斯条款"。缔约国承认无法解决所有问题,声明无意"使未预见的情况由于缺乏书面的约定,就听任军事指挥官任意武断行事";相反,在这些未预见的情况下,平民和战斗员都"仍应受国际法原则的保护和管辖,因为这些原则是来源于文明国家之间制定的惯例、人道法规和公众良知的要求"。尽管这段话是专门为了解决被占领土上的武装反抗这一棘手问题而提出的,但却获得了远远超过这一特定问题的意义。它恰好表明,不论缔约国难以就什么问题达成一致,战争行为总是要受既有国际法原则的规范。

"马顿斯条款"使用"人道法规"这一表述已经说明是受到了《圣彼得堡宣言》的启发,而1899年《陆战法规和惯例公约》在序言中甚至更为直接地引用了该文件的内容,指出《海牙章程》的条款是"出于在军事需要所许可的范围内为减少战争祸害的愿望而制订的"。这段话所表达的原则在《海牙章程》中再次出现,表述为全面禁止使用引起不必要痛苦的武器,反映了 1868 年国际军事委员会的根本工作原则——军事必要必须与人道要求相平衡。

第一次海牙和平会议继续务实地推进了 1868 年即已开始的工作,通过了关于禁止使用另一种新开发的步枪弹药的宣言(第三宣言)。这种弹药最初开发于邻近加尔各答的英属印度达姆兵工厂,并因此被称为达姆弹。这种子弹据称“很容易在人体内膨胀或变扁”,会像 1868 年所禁止的轻型爆炸性或燃烧性弹丸一样造成可怕的伤害。很明显,这一新的禁止性规定运用了圣彼得堡会议代表所表达的理念,即应对新武器开发进行评估,“以维护它们已经确定的原则并使战争的需要符合人道的法律”。

另一个值得一提的海牙宣言(第一宣言)规定,在五年内禁止“从气球上或用其他新的类似方法投掷投射物和爆炸物”。这是对《章程》有关禁止轰炸不设防城镇的规定的补充,首次预先警告了航空兵对战争行为的可能影响。

1907 年,第二次海牙和平会议按计划召开。会议主要目标是确保国际和平,但仍然难以实现。1914 年第一次世界大战的爆发实际上粗暴地打碎了在这方面存在的任何幻想,也有效阻止了计划召开的第三次和平会议。

第二次和平会议有关陆战法规的活动仅限于对 1899 年《陆战法规和惯例公约》和《海牙章程》进行的小幅修改。一个重要问题涉及轰炸不设防城镇。除炮击外,空中轰炸也更为明显地成为另一种可能。尽管既有技术仍局限于从气球上投掷炸弹,但只要考虑到进一步的可能性,就足以要求在禁止轰炸不设防城镇的现有规定中增加“无论以何种方式”的字眼。有关气球的宣言也得到了更新(第十四公约),这次“在时间上拓展到直到第三次和平会议结束”,但该次会议从未召开。至于其他方面,对后来被称为“战场法”的内容的处理仍然像 1899 年一样零碎。

另一方面,此次会议广泛探讨了海战问题。一个重要成果是《关于战时海军轰击的公约》(第九公约)。该《公约》第 1 条重申禁止轰击不设防城镇,第 2 条继而对诸如海军机构、可用于满足敌国舰队需要的工事等具体物体作出定义。尽管这些物体位于不设防城镇内,但也是军事目标,因此也可以受到攻击。这提醒我们,当时舰炮担负的是空军后来担负的任务,即轰击远离战场的军事目标。第 2 条的规则预示了此后的发展。不幸的是,只要地方当局“拒绝为停泊在该地的海军征集所急需的粮食和供应”,该《公约》第 3 条也允许轰炸整个不设防城镇。在今天看来,这一规定毫无疑问相当不合适。

同样是在海战领域,该次会议通过了一个公约(第八公约),对使用潜艇自动触发水雷和鱼雷施加了特定限制,还通过了几个有关中立方和敌对方商业航运利益的其他公约。其中较为突出的是关于建立国际捕获法院的第十二公约。然而,各国没有对法院在封锁、违禁品、临检和摧毁商船等问题上应该适用的实体规则达成一致。摧毁商船的问题在1907年仍然是未被触及的分歧领域。1909年在伦敦召开的海军会议确实就解决这些问题达成了一致意见，但是作为会议成果的《关于海战法规宣言》未能获得批准，关于国际捕获法院的公约也是如此。结果，国际捕获法院从未建立，捕获法事项留给国内管辖。

1.2　国际联盟时期

第一次世界大战之后建立的国际联盟从未重视武装冲突法的发展。毕竟，这个组织是要维护和平的，而"战争将不再发生"，至少在欧洲将是如此：在国际联盟指导之下，世界将裁减军备，武器贸易会受到控制。1925年在日内瓦为此召开的会议确实通过了一个关于监督国际武器贸易的条约。然而，该条约未获批准，从未生效。

1925年会议更为成功之处实际上在于一个副产品，即《禁止在战争中使用窒息性、毒性或其他气体和细菌作战方法的议定书》。1899年海牙《海牙章程》已经编纂了关于禁止使用"毒药或有毒武器"的古老规定，但是氯气、光气和芥子气等多种化学制剂在第一次世界大战中的运用，表明这一禁止性规定尚且不够充分。正如1925年议定书在序言中指出的，公众舆论强烈谴责使用化学作战手段，参加1925年会议的代表毫不犹豫地决定将其彻底禁止，并且颇有远见地增加了禁止使用"细菌作战方法"的规定：当时这种作战手段只是在理论上存在可能性。

"海牙法"中同样值得注意的是一个法律专家委员会在1923年起草的一整套空战规则。该委员会根据1922年华盛顿限制军备会议通过的一项决议设立，由美国、英国、法国、意大利、日本和荷兰的法律专家组成。考虑到第一次世界大战的经历，《海牙空战规则》（根据会议召开地点命名）对空中轰炸做了严格限制，也规定了其他事项。该规则虽有影响力，但仍然是一份不具拘束力的文件。尽管如此，为了对在西班牙某些地区和其他地方的空中轰炸作出回应，国际联盟大会在1938年9月通过了一份同样不具有拘束力的决议，指出了故意轰炸平民居民的非法性，并制定了从空中攻击军事目标的基本规则。

在国际联盟时期，人们再三努力防止使用潜艇危害商业航运，因为这些行动会给"战时海上中立者和非战斗员的生命"带来极大风险。这里引用的文字出自废弃的《关于在战争中使用潜水艇和有毒气体的条约》。该《条约》于1922年在华盛顿缔结，但未能生效。1930年的《伦敦限制和裁减海军军备条约》第22条再次为此做出努力，规定"作为国际法的确定法则"，"潜水艇在对商船的行动中，必须遵守水面军舰所应遵守的国际法法规”,除非商船执意拒绝停驶或积极抗拒,“不得在预先安置旅客、船员和船舶文书于安全地方以前击沉商船或使其不能航行”。这些“规则”在 1936 年《伦敦议定书》[1]中得到重申,尽管得到广泛接受,但从未证明富有成效。

国际联盟时期的这些工作表明人们日益担心国家战争能力的发展,这些发展使得平民在陆地和海上更多地面临敌对行为所带来的风险。1932—1934 年的国联裁军会议是为阻止这些发展所作的最后孤注一掷的努力。该次会议在酝酿于欧洲上空的政治风暴中悲惨地失败了。风暴最终于 1939 年爆发,摧毁的远不止此次会议,也包括国联本身。

1.3　第二次世界大战之后

骇人听闻的第二次世界大战使一般国际法和武装冲突法出现一系列重大发展。特别重要因而需要首先提及的是,1945 年通过了《联合国宪章》,建立了取代国际联盟的联合国。

另一个重要成就是设立纽伦堡和东京国际军事法庭,并对轴心国主要战犯进行起诉(第 1 章第 2 节曾简要提及),突出强调了战争罪的个人责任理念(参见第 2 章第 3.1 节)。

联合国成立伊始,“原子弹”即是其首要议题。联合国大会通过的首项决议,即 1946 年 1 月 24 日第 1(I)号决议,决定建立原子能委员会。该委员会的任务之一是建议在国家军备中消灭核武器。

除了这些以及由于涉及面更广而在本章第 3 节和第 4 节探讨的当代战争的其他方面以外,联合国的立场最初与国际联盟一样——集中精力维护和平,对发展武装冲突法总体缺乏兴趣,特别是对“海牙法”更不感兴趣。

这种缺乏兴趣的一个值得注意的例外涉及在武装冲突中保护文化财产。这是联合国教科文组织于 1954 年在海牙主办的一次政府间会议的主题。会议通过了《关于发生武装冲突时保护文化财产的海牙公约》和附件《条例》,以及专门对从被占领土输出文化财产进行规范的议定书。与《海牙章程》有关这一问题的寥寥数条规定相比,这些文件标志着在战时文化财产保护方面迈出了重要步伐。

---

[1]　*Proces-Verbal*,指《潜艇作战规则议定书》。(译者注)

第2节　日内瓦法

19世纪中叶,战场上受伤士兵的境遇在几乎所有方面都有待改善。从各方面讲,对伤者的照顾都简单而不充分:缺乏医务人员和辅助人员;外科手术和其他治疗通常不得不在非常简陋的条件下实施;缺乏对伤口进行消毒处理的意识;尚未发现抗生素和血浆等。不仅如此,可能最为糟糕的是,19世纪初的拿破仑战争结束了不攻击敌方战地医院以及医务人员和伤员的做法。相反,战地医院遭到炮击,战地医生和担架手成为射击目标;任何人落入敌手,无论受伤与否,无论是战斗员还是医务人员或辅助人员,一律作为俘虏。最终的结果是,当敌方部队逼近时,甚至传言敌方部队要逼近时,战地医院的医生和护士就会尽可能多地带上伤员,乘坐他们使用的简陋的救护车逃离,剩下的伤员则无人护理。

对伤者的救助也不可能总是指望附近的居民。人们永远无法知晓战斗的运气会偏向哪一边,照顾一方伤员的人面临的风险是被另一方视为敌方的积极支持者。

这些不利因素累积起来导致的灾难性结果广为人知。然而,是日内瓦商人J·亨利·杜南的率先行动使得世界对此采取有效措施。1859年,在发生于意大利北部的索尔费里诺战役之后,成千上万的法国和奥地利伤员被带到邻近的卡斯蒂廖内[1]村庄,多少出于偶然,杜南发现自己身处这些伤员之中。一连几天,他和其他几个志愿者竭尽全力救治这些伤员,努力为垂死者减轻痛苦。

深受所目睹惨状的影响,他随后从忙碌的生活中隐匿了一段时间,将自己的经历写成了一本书,题为《索尔费里诺回忆录》。该书于1862年出版,立刻在整个欧洲引起了轰动,特别是精英人士清楚地认识到不能再对现状听之任之了。实际上,杜南在书中已经提出了他认为必不可少的两个步骤:在各国建立全国性的私人救助组织,帮助军队医疗部门完成其本身装备不足以完成的任务;缔结一个条约,为这些组织的工作提供便利,确保更好地救治伤者。

实现这两个想法所花费的时间少得令人吃惊。1863年,包括J·亨利·杜南在内的几个日内瓦公民成立了"国际救助伤者委员会",宗旨是推进实现上述两个目标:创立国家救助组织和缔结便于其开展工作的条约。该委员会起初也被称为"五人委员会"或者"日内瓦委员会",不久更名为红十字国际委员会。

---

〔1〕 Castiglione,布伊斯梅尔的旧称。(译者注)

同样是在 1863 年,第一个国家救助组织在符腾堡(Wurttemberg)建立;奥尔登堡、比利时和布鲁塞尔在 1864 年紧随其后,荷兰的国家救助组织则成立于 1866 年。随着时间的推移,这些早期的国家救助组织在几乎所有国家都被名为红十字会或红新月会的类似团体取代。(关于后来发展形成的国际红十字和红新月运动的现状,参见第 5 章第 3.9.1 节)

期待中的条约不久也缔结了。一群热心的宣传者抓住每一个机会宣扬迫切需要这一条约的观点。其努力的结果是,应瑞士政府邀请,各国于 1864 年在日内瓦召开外交会议,并于同年 8 月 22 日通过了《改善战地武装部队伤者境遇的公约》。

该《公约》只有 10 条,最重要的特征可以概括如下:陆战中,野战医院和军队医院"被承认为是中立的。只要这类医院内有任何病者或伤者,它们就应受到交战各方的保护和尊重";医院和野战医院的人员,不仅不能被当成战俘或成为射击目标,而且"在他们执行任务期间,只要仍有伤者送入医院或得到救助,均应享有中立的待遇";"伤病的军人应受到接待和照顾,不论他们属于哪个国家";最后但并非最不重要的,"医院、野战医院和撤退单位"应该悬挂标有"白底红十字"的统一旗帜来区分。

这一起点朴实无华,随后出现了一系列发展"日内瓦法"的进一步举措,或者扩大受保护人员的范围,或者依据既得经验改进规则。1899 年缔结的一项条约使得 1864 年《公约》规定的原则也适用于海上伤者、病者和遇船难者。1906 年对 1864 年公约进行了首次修改,1907 年则根据 1906 年修改情况对 1899 年的条约进行了调整。

1929 年,经红十字国际委员会倡议,各国再一次应瑞士政府之邀在日内瓦召开外交会议。会议首先通过了关于陆上伤者病者待遇的条约,具体内容得到了大幅改进,充分考虑了第一次世界大战的教训。其次是商谈了关于战俘待遇的专门公约。

后一个条约显著扩大了日内瓦法所保护人员的类别。如前所述,有关战俘地位的规则确实早已存在:起初作为习惯法规则发展,1899 年被《海牙陆战章程》纳入。第一次世界大战旷日持久,战俘数量巨大,使人们认识到需要有更为详细的战俘保护规范。1929 年公约实现了这个目标。重要改进包括:有关俘获和在俘的规则和原则更加清晰完整;提出绝对禁止对战俘进行报复;认可在适用议定规则方面接受国际审查的原则。

西班牙内战和第二次世界大战中连续发生的悲剧性事件,促使日内瓦法作出另一次重大修改并进一步发展。再次经红十字国际委员会倡议和瑞士政府邀请,1949 年在日内瓦召开外交会议并通过了新的公约,取代了三个仍然有效的《日内瓦公约》(1907 年公约和 1929 年的两个公约),完善了许多现有规则,并填补了实践中发现的空白。例如,第二次世界大战期间,武装抵抗战士在德国占领的国家常常遭到残酷对待,为此,公约明确规定,满足一些(严格)条件的有组织抵抗运动的成员应具有战俘资格。

会上通过的关于战时保护平民的新公约进一步丰富了日内瓦法的内容。该《公约》为两类平民提供了特别保护:位于交战一方领土的敌国平民和被占领土上的居民;因为武装冲突而发现自己处于敌方权力之下的平民。这一最新发展使得日内瓦法最终包括了四项公约,涉及陆上伤者和病者;海上伤者、病者和遇船难者;战俘;以及受保护的平民。

1949 年外交会议有两个极其重要的创新点。第一个创新点涉及公约的适用范围,在上文简要提过。与海牙陆战公约和类似文件一样,《日内瓦公约》最初是为适用于国家间的战争而起草的。西班牙内战表明了国内武装冲突各方尊重人道法基本原则的困难之处与必要性。为此,会议为 1949 年的所有四部公约增加了一个共同的第 3 条,“适用于在一缔约国之领土内发生非国际性之武装冲突之场合”。该条规定明确了在此类冲突中冲突各方“最低限度应遵守”的一系列基本规则。该条规定的通过标志着向前迈进了一大步,因为它表明可以对明确规范国内武装冲突情势的国际法规则达成一致意见。共同第 3 条另外一个引人注意的方面在于,新生的人权概念对它产生了明显影响。

另一个重要创新点是同样在所有四项公约中作出规定,要求缔约国采取必要的刑事、纪律和组织措施来处理严重破坏公约行为和其他严重违反公约的行为。

随着时间的推移,1949 年的四个《日内瓦公约》也开始暴露出不足,比如关于“民族解放战争”中被俘游击队员的待遇问题。为应对这些问题所作的努力是与武装冲突法其他领域的发展同步发生的,将在本章第 4 节讨论。

第 3 节　纽约法

上文提到,联合国最初对发展武装冲突法没有表现出多少兴趣。作为专门负责编纂和推进发展国际法的机构,国际法委员会在 1949 年决定不将武装冲突法列入议事日程,就体现了这种消极态度。联合国采取这种态度的原因在于:对这一法律分支的任何关注,都可能会被理解为对联合国维护国际和平与安全的能力缺乏信心。

尽管如此,两项具体议题在这一时期引起了联合国大会的关注:一是对战犯的起诉,二是原子弹作为特别恐怖的最新武器所带来的问题。

3.1　纽伦堡原则

从 1943 年开始,战争罪的个人责任问题成为关注的焦点。当时,同盟国在战争中就让人们知道,要让轴心国的主要战犯为其邪恶行为负责。如前所述,战后很快建立了两个起诉和惩处这些罪犯的法庭:一个建立于 1945 年,用于审判欧洲轴心国主要战犯(通常按照法庭所在地被称为纽伦堡法庭);另一个于 1946 年在东京建立,用于审判日本的主要战犯。

起诉欧洲轴心国战犯的依据是作为 1945 年 8 月《伦敦协定》附件的关于建立纽伦堡法庭的《宪章》。该《宪章》明确了法庭可以管辖且个人要承担责任的三种罪行:危害和平罪(或者侵略)、战争罪和危害人类罪。该《宪章》还规定了确定个人刑事责任可以适用的原则,尤其是被告的官方职位"不能成为免除其责任或者减轻刑罚的理由",上级命令不能免除被告责任,但"如法庭认为符合公正审判之需要时,于刑罚之减轻上得加以考虑"。

纽伦堡法庭重新阐述了这些原则,因此这些原则通常被称为"纽伦堡原则"。1946 年的联合国大会在第 95 号决议中确认这些原则属于一般有效的国际法原则。同时,联合国大会认为着手起草国际刑法典的时机已经成熟,因此在该决议中指示国际法委员会筹备起草《危害人类和平与安全罪法典草案》(正如本章第 4 节所指出的,直到 20 世纪 90 年代才解决在这一过程中所遇到的问题)。

3.2　联合国大会与"原子弹"

如前所述,"原子弹"是联合国大会早期迫切需要关注的另外一个议题。联合国大会还要求原子能委员会拟制建议,将核武器从国家军备中消除(参见本章第 1.3 节)。这些表述中明显包含裁军的要求(而不是武器的实际使用问题),在随后的几年中,原子能委员会和联合国大会主要围绕与之相关的问题展开了辩论。

作为这一趋势的例外,联合国大会在 1961 年 11 月 24 日通过了第 1635 号决议[1],集中讨论了使用核武器的问题。决议开头即宣布使用核武器为非法,但第二部分却大大削弱了这一坚决的开场白的效果,要求秘书长"与各会员国政府磋商,以确定彼等认为有无可能召开特别会议签订一项禁止以核及热核武器供战争用途之公约",并要求在下一届会议上报告结果。毫无疑问,磋商仍然没有结果。由于相当多国家(包括美国、英国和法国这三个核国家)投了反对票或弃权票,决议的影响进一步遭到削弱;投票结果是 55 票赞成、20 票反对、26 票弃权。不过,尽管存在这些不足,该决议反映了参加联合国大会的大多数国家的意见。

---

〔1〕 原文有误,应为第 1653 号决议,《禁止使用核及热核武器宣言》。(译者注)

3.3 联合国大会与“武装冲突中的人权”

1968年是“人权年”,标志着联合国开始对武装冲突法有了更为广泛和积极的兴趣。1968年4月22日至5月15日,联合国主办的国际人权大会在德黑兰召开。在会议的最后,没有经过多少争论,就通过了关于“武装冲突中的人权”的第23号决议。该决议要求联合国大会邀请秘书长研究具体步骤,以“确保现有国际人道公约及规则在一切武装冲突中更妥为适用”。

德黑兰决议还要求调查,“为保证所有武装冲突中之平民、俘虏及战斗员确获较好保护并保证若干战斗方法及工具之使用确受禁止及限制,是否需要增订国际人道公约或修订已有公约”。

联合国大会于1968年12月19日通过了第2444号决议,请秘书长与红十字国际委员会磋商,承担德黑兰决议要求开展的研究工作。这一决议的标题是“武装冲突中对人权之尊重”,联合国与武装冲突法有关的许多行动自此之后都以这一名义开展。如前所述,在这一名义之下,联合国不仅表明了积极关注武装冲突法问题的历史缘由,还为本身态度的急剧转变提供了正当理由:根据《联合国宪章》,促进和保护人权是联合国的主要职能之一。

第2444号决议通过以后,在发展武装冲突法方面,联合国开展的活动可以分为两个完全不同的类别。一是秘书长在系列年度报告中充分介绍武装冲突法(按照联合国的说法,即人权在武装冲突中的适用),为这一法律部门的发展提出很多有益建议。这些报告通常伴随有联大决议,对正在进行的工作表示总体支持。二是联合国大会及其各种专门委员会不断辩论并通过决议,集中关注了几个定义明确的具体问题,尤其是保护妇女和儿童,新闻记者地位,以及民族解放战争中解放战士的境遇。

3.4 联合国大会与民族解放战争

联合国大会特别关注“民族解放战争”问题。这可以理解,因为这种战争涉及两个多年来让联合国深感不安的问题。首先是中东局势,多个团体组成巴勒斯坦解放组织,作为解放战士行事;其次是非殖民化进程,在亚洲和非洲的冲突旷日持久。

对非殖民化进程问题,联合国大会的立场日益鲜明。大会和其他联合国主要机构在决议中反复强调相应民族的自决权,呼吁执政当局不再反对这一权利的实现。在解放被殖民领土的过程中,暴力日益增多,这些决议更加明确地宣告,在“民族解放战争”中使用武力是正当的,并呼吁其他国家为解放战士提供援助和支持。这些决议还反复申明

（这与我们探讨的主题有关），民族解放战争是国际性武装冲突，要求将俘获的解放战士视为战俘，并给予战俘待遇。特别是通过这种方式，联合国对同时在日内瓦开始的有关游击队员地位等问题的磋商产生了积极影响（这一磋商由红十字国际委员会指导）。

3.5　联合国大会与常规武器

20 世纪 70 年代，联合国大会又通过了与可能禁止或限制使用特定“常规武器”问题有关的一系列决议。“常规武器”指的是那些所谓的大规模毁伤性武器（即核武器、化学武器和细菌武器）以外的武器。下文将提到，各国在另一个场合早已围绕这一问题展开了激烈辩论。联合国大会决议之所以重要是因为这些决议使得这一话题进入了公众视野。

总之，联合国在 20 世纪 70 年代关于确认和发展战争法的活动在三个方面具有重要意义。首先，有助于打破在这一问题上的禁忌。其次，突出了即使在武装冲突时也应保护人类基本权利的思想。最后，为许多具体问题的辩论作出了有益贡献，尤其是民族解放战争中游击队员的地位问题。

第 4 节　合流:1977 年及以后

尽管起初只涉及严格意义上的“日内瓦法”，但红十字国际委员会在 20 世纪 50 年代就已经开始进入“海牙法”领域:1955 年和 1956 年，红十字国际委员会连续两次针对海牙法规定极不充分的领域提出了一系列的规则草案，即保护处于未被占领领土的平民居民免受军事行动影响。这些建议在冷战高峰时期提出，并未得到充分积极回应。当时少数重要国家政府准备讨论的一个微妙问题是，对空中轰炸进行详细规范和限制。由于规则草案在谴责核武器时只作了些许掩饰，因此反应普遍非常消极。

10 年之后，红十字国际委员会从完全不同的角度提出了新倡议:这次不是关于确切规则的详细建议，而是对一些战争法基本原则的声明，没有人敢否认其有效性。这种方法取得了成功:1965 年在维也纳召开的第 20 届红十字国际大会通过了第 28 号决议，“庄严地宣布，所有政府和其他对武装冲突中的行动负责的当局应该至少遵守以下原则”:

（1）冲突各方采取方法以伤害敌人之权并非无限制者;

（2）对于平民以其为平民而施以攻击之行为应予禁止;

（3）必须时时将参与敌对行为之人与平民两者划分，俾使后者尽量免受伤害;

（4）战争法之一般原则适用于核武器及类似武器。

该决议通过时正值美国开始轰炸北越，标志着实现了一项重大突破。拥有完全投票权的《日内瓦公约》缔约国派出政府代表团参加红十字和红新月国际大会（大会在1995年之后即以此为名），并在维也纳会议上通过了上述决议，这一事实清楚表明，除红十字会与红新月会之外，政府也准备开始参与“确认和发展”武装冲突法。

1968年12月，联合国大会通过第2444（23）号决议，这更加清楚地表明政府已经做好了准备。该决议不仅请联合国秘书长“同红十字国际委员会磋商”开展研究，还重申并确认了上述维也纳会议通过的决议阐明的保护平民居民的原则（不包括最后一条原则，因为显得累赘，联大第1653（16）号决议早已声明使用核武器为非法）。通过第2444号决议，联合国大会坚决否定了对全体居民进行战争以迫使对方投降的观点。顺便提一下，人们自此广泛承认第2444号决议阐明的原则属于习惯法的内容。

第2444号决议标志着海牙法、日内瓦法和纽约法这三个分支开始加速汇合成为一股洪流。各国政府和联合国都参与了讨论，红十字国际委员会更是发挥了领率作用。讨论涉及海牙法方面的战斗规则，日内瓦法方面的保护战争受难者，以及在武装冲突中对人权进行国际保护的观点，这表明国际法的这些部门之间互动日益密切。

这一轮快速发展的最终结果是1974年应瑞士政府之邀在日内瓦召开了“关于确认和发展适用于武装冲突的国际人道法的外交会议”（以下称外交会议）。在1974—1977年的四次年度会议上，根据红十字国际委员会提交的文本草案，外交会议草拟了两个名为《1949年日内瓦公约附加议定书》的条约文本。《第一附加议定书》规范了保护国际性武装冲突受难者问题，而《第二附加议定书》则规范了保护国内武装冲突受难者问题。两个附加议定书融合了海牙法和日内瓦法的规定，并将人权方面的重要内容包括在内。外交会议在1977年6月8日通过了这两个议定书。1977年12月12日，许多国家在伯尔尼签署议定书，大部分国家后来批准了议定书。在两份批准书交存到作为保存者的瑞士政府6个月之后，议定书于1978年12月7日生效。

在本章第3节最后谈到的可能禁止或限制使用诸如凝固汽油弹、地雷和饵雷等常规武器的问题上，1977年的两个附加议定书并没有作出规定。有关这一问题的争论同样既属于海牙法也属于日内瓦法，还有很强的人权色彩。在1974—1977年的外交会议上，围绕这一问题的争论开始呈现出谈判的特征，但在谈判议定书的同时无法也对此做出结论。随后，联合国召开会议讨论了这一问题。经过1979年和1980年两次会议，于1980年10月10日通过了《禁止或限制使用某些可被认为具有过分伤害力或滥杀滥伤作用的常规武器公约》，以及关于“无法检测的碎片”“地雷、饵雷和其他装置”以及“燃烧武器”

的三个议定书。该公约及其所附议定书于1983年12月2日生效。

该《公约》在1995年增加了关于“激光致盲武器”的第四号议定书,并于2003年通过了关于“战争遗留爆炸物”的第五号议定书。1996年对《地雷议定书》(第二号议定书)作了全面修订。2001年又对公约第1条作出了修订,将公约适用范围从国际性武装冲突扩展到所有武装冲突。

这一时期还通过了两个相关公约:一个是在1997年通过的《全面禁止拥有和使用杀伤人员地雷的公约》(《渥太华公约》,1999年3月生效);另一个是在2008年通过的《全面禁止拥有和使用集束弹药的公约》(2010年8月1日生效)(更多内容参见第5章第1.2节)。

1977年两个附加议定书的通过和生效还带来了其他几个方面的进展,这里要简要提一下。一个方面的进展涉及文化财产保护问题。第2章第1节末尾提到的1954年《海牙公约》及其相关文件,后来被证明不足以实现保护文化财产的目标,因此有必要彻底修改。1977年附加议定书针对保护平民提出的解决方案,为解决武装冲突中文化财产保护的固有问题提供了借鉴。经过联合国教科文组织和众多积极关注这一问题的政府共同努力,《关于发生武装冲突时保护文化财产的海牙第二议定书》于1999年3月26日获得通过(2004年3月9日起生效)。在该议定书缔约国之间,根据1954年公约建立的文化财产保护体系在很大程度上被搁置一旁(更多内容参见第5章第2.3节)。

海战法同样长期没有显著发展,但日内瓦法相关部分却是例外,在1949年随着《第二公约》的通过而得以圆满完成。确实,继1907年和1909年建立国际捕获法院的努力遭遇失败之后,20世纪30年代为了控制潜艇战威胁商业航运安全而付出的努力同样并不成功,之后一直没有召开国际会议来制定诸如“保护平民和民用物体免受(海上)敌对行动影响”等方面的规则。面对这一困境,在圣雷莫国际人道法学院的支持下,通过与红十字国际委员会的紧密合作,由法律专家和海军军官组成的国际小组在1994年出版了《圣雷莫海上武装冲突国际法手册》。尽管本身并非造法性文件,但是该手册对海战法作出了权威阐述(更多内容参见第5章第2.1节)。

与此相似,一个由国际法专家、军队律师和空军军官组成的小组在哈佛大学“人道政策与冲突研究项目”支持下召开会议,并于2009年出版了《空战和导弹战国际法手册》。上一个专门规范空战问题的文件是本章第1节提到的1923年《空战规则草案》。尽管1977年《第一附加议定书》和其他文件(比如《关于发生武装冲突时保护文化财产的公约》)所包含的很多规则也适用于这些作战领域,但是将适应空战和导弹战特点的规则编纂成册会有所助益。与《圣雷莫手册》一样,《空战和导弹战手册》并不宣称是造法,只是旨在详细梳理规范空战和导弹战的现有法律,涉及的问题包括要求交战方从空中实施攻击时采取的预防措施,希望受攻击方采取的预防措施,平民、医务飞机和中立方飞机的保护,以及在交战空域设置禁飞区等(更多内容参见第5章第2.2节)。

海牙法、日内瓦法和纽约法“融合”的最后一个领域是起诉和惩处战争犯罪,在近期也有了新的发展。上文提到,第二次世界大战后发生了两起事件:一是1949年《日内瓦公约》中加入了关于严重破坏公约行为和其他违反公约行为的条款;二是建立了纽伦堡法庭和东京法庭。1949年《日内瓦公约》中有关“严重破坏公约行为”的条款,列举了缔约国有义务起诉的具体的严重违反公约行为。之后通过的1977年《第一附加议定书》也包含了类似条款。但是这些条款只考虑了国际性冲突中违反公约及其附加议定书的行为,而且公约及其附加议定书都没有对国际刑事诉讼程序作出规定。

公约及其附加议定书将对战争罪犯的起诉和审判交由国内法庭进行,而为起诉和惩处轴心国主要战犯而建立的纽伦堡和东京国际军事法庭则相反。之后继续为推进这些实践作了努力,但总是因为政治因素而遭受挫折,国际法委员会(联合国大会下设机构)在这方面的工作也处于完全停滞状态。直到20世纪最后十年,安理会才建立起两个特设国际刑事法庭:一个是1993年建立的前南法庭,目的是起诉对自1991年以来在前南斯拉夫境内实施严重违反国际人道法行为负责的人员;另一个是1994年建立的卢旺达法庭,目的是起诉对同年在卢旺达境内的种族灭绝和其他严重破坏公约行为负责的人员,或者应当对在其他地区的这类违法行为负责的卢旺达公民。

这两个特设法庭的成立为国际法委员会的工作提供了新的动力,最终联合国主持召开了外交会议,在1998年通过了《国际刑事法院规约》。该《规约》通常依据会议地点称为《罗马规约》,它适用于国际性和非国际性武装冲突中的犯罪行为。该法院的管辖权涵盖了破坏海牙法、日内瓦法和纽约法的行为,这三个领域之间的区分因而更加模糊。

国际刑事法院位于海牙。上述《规约》于2002年生效,首批法官、检察官和书记官在2003年上任。2005年,随着三个国家和安理会提交案件,该法院开始了司法实践。

除了建立两个特设法庭外,安理会在21世纪头十年还通过其他方式积极推进国际人道法,特别是涉及保护平民居民问题。一个具体模式是参与创设混合法庭,对在特定地区(柬埔寨、塞拉利昂、东帝汶、科索沃)严重违反人道法的行为作出处理。

最后,再次提醒读者:除1949年《日内瓦公约》外,前面提到的条约、公约和议定书作为条约法只适用于缔约国。同时,这些文件中的规则可能也反映了已经确立的原则或者习惯法,进而在原则上对所有方面都有拘束力。

第3章
1977年两个附加议定书以前的武装冲突法

本章将简要介绍武装冲突法从上一章提到的内容到1974—1977年外交会议的发展。首先探讨两个具有普遍性的重要问题：这一期间通过的条约的适用范围（第1节）以及与军事必要的关系（第2节）。然后分别介绍海牙法和日内瓦法的主要实体性内容（第3节和第4节）。最后探讨执行问题和不执行情况下的制裁问题（第5节）。

第1节　适用范围

武装冲突法在发生战争时适用。因此1899年《海牙公约》第2条规定，所附《章程》"只对缔约国在它们之中两个或两个以上国家之间发生战争的情况下具有约束力"。该条规定进一步指出，"在缔约国之间的战争中，一俟一个非缔约国参加交战一方时"，该《章程》"就失去拘束力"。这一所谓"普遍参加"条款早已失去意义：纽伦堡法庭和东京法庭认为该《公约》和该《章程》的内容甚至在二战前就已经发展成为习惯法规则，对所有国家都具有约束力。

第2条的表述清楚地表明，缔约各方当时考虑的是国家间战争。这并不是因为缔约方认为自己确立或承认的规则不适合应用于美国内战等情形，而是因为他们的头脑中甚至还没有为这样的内部局势制定条约规则的想法。

1949年外交会议时的情况截然不同：有人明确建议将《日内瓦公约》全部适用于国内武装冲突，但是得到了同样明确的拒绝。各国尚未准备接受公约详尽复杂的规定在国内情势中作为条约法对其有拘束力。相反，正如第2章第2节提到的，《日内瓦公约》共同第3条最终确立了一套最低限度的规则，专门适用于"在一缔约国之领土内发生非国际性之武装冲突之场合"（第3章第4.7节对此作了进一步探讨）。

1949年《日内瓦公约》以及后续的武装冲突法方面的条约不同于旧条约，不再仅围绕着“战争”问题。1949 年《日内瓦公约》共同第 2 条规定，公约完全适用于“两个或两个以上缔约国间所发生之一切经过宣战的战争或任何其他武装冲突，即使其中一国不承认有战争状态”。各国在过去可以争辩说，未经明确承认为“战争”的情形并不构成法律意义上的战争，新方案的制订者因此希望增加可以客观确定的“武装冲突”情形，以避免国家将狭义上的“战争”作为挡箭牌。

后来发生的事件表明，新方案并非无懈可击。20 世纪 50 年代初，荷兰与印度尼西亚为当时的荷属新几内亚（现在是印度尼西亚的一部分，称为巴布亚）爆发激烈冲突，大量渗透进入荷属新几内亚的印尼武装人员落入荷兰人手中，荷兰否认 1949 年《战俘公约》的可适用性，因为双方都不将当时的情形视为武装冲突。1954 年关于保护文化财产的海牙公约的起草者消除了这一借口，在上一段引文的结尾部分加了三个字，“即使其中一方或多方不承认有战争状态”（第 18 条）。

事实依然是，尽管客观的表述方案在 1949 年得到接受，实践中某种情形是否构成武装冲突仍然取决于各方对适用条约义务的利益考量。除此之外，该方案标志着此前情形的显著改善，为第三方（例如未卷入冲突的国家、红十字国际委员会或者安理会等）提供了向未能适用条约的冲突各方施加压力的工具。实际上，在荷兰和印度尼西亚的冲突中，正是红十字国际委员会的不断坚持最终使荷兰当局改变立场，将《战俘公约》适用于俘获的渗透进来的武装人员。

以上内容涉及实际处于战争状态的各方适用相关法律的情况，而后来在国际或国内司法实践中的适用则大不相同。在后一种情形中，法庭要确定是否认为冲突是或已经是条约或习惯法相关规则意义上的国际性或非国际性武装冲突。

同样是针对“适用范围”问题，必须提一下第二次世界大战之后出现的一个问题，与联合国维持和平行动或强制和平活动有关。联合国无法成为《日内瓦公约》的缔约方，因为公约是作为国家间条约以传统方式起草的，并未对非国家实体加入公约做出规范。然而，红十字国际委员会不断敦促联合国正式找到加入公约的途径，联合国同样对此不断提出反对意见，只是同意将指导其部队遵守该法律的“原则与精神”。此外，为联合国行动提供部队的各国要保证其部队遵守对该国有效的人道法规则。不过下面我们会谈到，情况有了变化，秘书长在 1999 年发布了一条指示，进一步明确了联合国愿意要求其部队遵守的具体规则，至少是部分满足了需要（更多内容参见第 5 章第 3.1.2 节）。

第 2 节　战争法与军事必要

有时会听到这样的观点:战争法规则必须向高于一切的军事必要让步。这是不正确的。1899 年《海牙公约》在序言中已经强调,《海牙章程》的规定"*是出于在军事需要所许可的范围内为减轻战争祸害的愿望而制订的*"。1907 年重申并确认了这一观点。斜体部分意味着,在起草这些规则时已经全面考虑了军事必要因素。因此,只有在明示许可的情况下,才能以军事必要为由不遵守既定规则。例如,《章程》第 23 条第 7 款明确规定了不强求执行的情形:禁止"毁灭或没收敌人财产,除非此项毁灭或没收是出于紧迫的战争需要"。

1949 年《日内瓦公约》在这一问题上同样很明确。共同第 1 条要求缔约国"在一切情况下尊重本公约并保证本公约之被尊重"。公约中同样有一些规则针对军事必要作出了保留。例如,《第一公约》(关于战地武装部队伤者和病者)第 12 条规定,交战一方"被迫委弃伤者、病者于敌人时,*在军事的考虑许可范围内*,应留下一部分医疗人员与器材,以为照顾彼等之助"。但须重申,在没有明确作出这样的保留时,公约规定一律适用。

第 3 节　海牙法

本节将按以下顺序讨论 1977 年以前的传统海牙法:战斗员资格(第 3.1 节);作战手段与方法(第 3.2 和 3.3 节);"军事目标"的概念,与之相关的保护平民居民问题(第 3.4 节);与使用核武器有关的问题(第 3.5 节);保护文化财产问题(第 3.6 节)。

3.1　武装部队、战斗员

第 2 章第 1 节提到,《海牙章程》并未将个人定义为"战斗员",而是对有资格作为"交战者"的各类武装团体作出了定义,并且在第 1 条规定"战争的法律、权利和义务"适用于这些团体。这些团体首先指的是交战国的武装部队(军队医务和宗教人员等非战斗员除外)。第 1 条随后提到的是"民兵和志愿军",要求其同时具备四个条件:(1) 由一个对部下负责的人指挥;(2) 有可从一定距离加以识别的固定明显的标志;(3) 公开携带武器;(4) 在作战中遵守战争法规和惯例。现代的表述强调的是个人参与者,军队、民兵和志愿军的成员被称为战斗员。第 2 条增加了一个类别,"未占领地的居民在敌人迫近时,自动拿起武器以抵抗入侵部队而无时间按照第一条组织起来"。参加这种"居民军”的人只需遵守最后两个条件:“只要他们公开携带武器并尊重战争法规和惯例,应被视为交战者”。

“民兵和志愿军”以及居民军的提法反映了19世纪的实践,特别是1870年法德战争的实践。这些类别划分在很大程度上已经失去了实际意义。“被占领土上的抵抗战士”这一类别则恰恰相反,《海牙章程》没有提及这类人员,因为正如第2章第1节所提到的,1899年时还没有商定是应当承认他们是战斗员还是应当将他们视为游击队员而简单地予以处决。

对幸免于难的抵抗战士来说,是因为类似战争的行为而被送上审判台,还是享受战俘待遇,不必仅仅因为参加敌对行动而遭受惩罚,这截然不同。1949年采纳的是后一个解决方案,但仅仅是针对满足上述四个条件的“抵抗运动”(《战俘公约》第4条;另参见本章第4.1节)。如果这一规则在第二次世界大战期间就已生效,法国反对纳粹的内地军游击队员和铁托元帅领导的南斯拉夫抵抗军都符合这些条件,但是在被德国占领的欧洲国家的大部分抵抗运动仍然无法满足这些条件。

在这里回顾一下,1899年《海牙公约》在序言中加入“马顿斯条款”时,正是考虑要防止出现这样的观点:由于被俘抵抗战士的待遇是尚未达成“书面约定”的“未预见情况”,因此“就可以听任军事指挥官任意武断行事”(参见第2章第1节)。

还有两点需要指出:一是在20世纪的最后25年,人们趋向于特别是对第二和第三个条件进行相对自由的解释。这符合正规武装部队的实践,其成员不再引人注目地身着制服投入战斗,也不再并无必要地挥动步枪或者手榴弹。二是被拒绝给予战俘待遇的抵抗战士和其他非正规战士的地位:他们是“非法战斗员”吗?这是作为一种描述还是正式确认资格?依据第三公约或第四公约,这两种理解会影响他们受到的待遇吗?

后一个问题在“9·11”之后的“打击国际恐怖主义”行动中突显出来。对这一问题已有很多评论和著述,特别是由于美国在一段时间里坚持的政策是:拒绝给予怀疑属于或支持基地组织的被俘人员战俘待遇。对此只须指出,对特定人员适用《日内瓦公约》的前提条件是该人在(或涉及)可能被合理认为属于(国际或国内)武装冲突的情况下被俘。在武装冲突框架之外计划或者实施的恐怖活动不属于武装冲突法的范畴。

3.2 作战手段

《海牙章程》规定了几条有关作战手段的规则和原则。首先是第22条规定,“交战者在损害敌人的手段方面,并不拥有无限制的权利”。不那么抽象的规则包括禁止使用“足以引起不必要痛苦的武器、投射物或物质”(第23条第5款)。在这一规则中,“不必要”指的是特定作战手段所导致的痛苦程度没有因为它的军事效用而被正当化，要么是由于没有效用或者即使有也不值得一提，要么是由于在权衡效用和痛苦时倾向于后者。然而，这一原则仍然过于抽象，无法即时产生成果。除了各国明示同意禁止使用某些武器之外（比如 1868 年在俄国圣彼得堡同意禁止使用轻于 400 克的爆炸性武器或易燃性弹丸），一旦纳入武器库，国家不会因为有人说该武器会导致不必要痛苦而轻易决定将其放弃。

由于后来的技术发展和国家实践，《圣彼得堡宣言》有关禁止使用轻型爆炸性或易燃性弹丸的规定在很大程度上失去了意义。从海牙和平会议时期开始，相关禁止性规则还涉及使用达姆弹、毒物和有毒武器等。

1899 年海牙《第三宣言》提出禁止使用达姆弹，将达姆弹定义为“在人体内易于膨胀或变形的投射物，如外壳坚硬而未全部包住弹心或外壳上刻有裂纹的子弹”。这一禁令秉持的理念是，符合以上情形的子弹容易产生类似于 1868 年禁止使用的轻型爆炸性或易燃性弹丸所造成的效果；这些子弹在人体内造成的伤害要比普通子弹造成的伤害严重得多，而对迫使敌方退出战斗来说实际上并不必要。因此可以说，这一禁令显然适用了禁止使用导致“不必要痛苦”的武器这一规则。

《海牙章程》第 23 条第 1 款规定禁止使用毒物和有毒武器，这主要是从历史角度讲还具有意义。适用多年的 1925 年《日内瓦议定书》更为重要，宣告“在战争中使用窒息性、毒性或其他气体，以及使用一切类似的液体物体或器件，受到文明世界舆论的正当的谴责”，并且指出，缔约国同意“将这项禁令扩大到禁止使用细菌作战方法”。该议定书一直面临诸多问题：一是批准国家数量少；二是频繁作出保留，如果敌对方使用毒气则议定书不再具有约束力；三是解释的问题，特别是关于上述表述是否包含催泪瓦斯和除草剂的问题。美国从未接受将这两类制剂也纳入禁止范围。1975 年最终批准该议定书时，美国总统坚持了这一传统立场，同时宣布，“作为国家政策”，放弃“在战争中首先使用除草剂”（军事基地和设施内部或周边除外），放弃“在战争中首先使用控暴剂，为挽救生命而进行的防御性军事行动除外”。美国政府随后发布了一份行政命令，在一定程度上阐述、澄清了这些例外情况。“自愿”放弃使用“控暴剂”（即催泪瓦斯）的一个例外情形是用于对付战俘营里参加骚乱的战俘。与作战使用相比，这当然更加接近于通常警察使用催泪瓦斯的情形，不一定会招致敌方报复，也不大可能导致中止适用完全禁止使用化学武器的规则。

1925 年的毒气议定书随着以下两个公约的通过而完全失去实际意义，一是 1972 年的《细菌（生物）和毒素武器公约》，二是 1993 年的《化学武器公约》。这两个公约都得到了广泛的接受,不仅禁止使用而且禁止拥有和生产这些武器。化学武器公约在表述上考虑了美国的上述反对意见(更多内容参见第 5 章第 1.2.3 节)。

以上关于使用武器的原则和规则,或者普遍适用于所有战斗行动,或者更为具体地适用于陆上战斗行动,值得一提的是 1907 年《关于敷设自动触发水雷的海牙第八公约》(用于限制而非禁止使用这种水雷以及鱼雷)所确立的规则。该《公约》第 2 条规定,禁止"以截断商业航运为唯一目的而在敌国海岸和港口敷设自动触发水雷"。国际法院在 1986 年对"尼加拉瓜诉美国案"(*Nicaragua v. the United States*)所作判决中适用了这一规则,认为美国在尼加拉瓜附近海域敷设这种水雷违反了该条规定。

以上就是 1977 年以前有关禁止或限制使用某些武器的情况。使用凝固汽油弹和"杀伤炸弹"等多种广受诟病的爆炸性和燃烧性现代武器未被明确禁止,战时使用核武器也是如此。核武器的存在和可能使用所带来的问题在本章后面部分会谈到。第 5 章第 1.1 节探讨了 1977 年以后对使用特定现代"常规"作战手段进行限制的情况。

3.3 作战方法

《海牙章程》第 23 条第 2 款规定,禁止"以背信弃义的方式杀、伤属于敌国或敌军的人员"。同时规定,"采用战争诈术……应视为许可的"(第 24 条)。就其本身而言,这些规则具有无可争辩的正确性。问题在于要确定什么构成战争诈术,什么又是背信弃义行为。对于后一个问题,第 23 条第 6 款提供了一些例子:"滥用休战旗、国旗或敌军军徽和制服以及日内瓦公约所规定的标记"(休战旗是白旗,用于保护谈判者或信使;"日内瓦公约所规定的标记"是指白底上带有一个红十字或红新月的臂章)。至于其他方面,人们发现康德在大约两个世纪以前 18 世纪提出了一条一般准则,利伯后来在《美国陆军指示》中重复了这一准则的内容:信任对于恢复和平不可或缺,而背信弃义是指所有破坏信任基础的行为。即便如此,在具体情况下仍然难以解决问题(后面我们将谈到,协商起草 1977 年两个附加议定书的外交会议再次探讨了这一问题,参见第 4 章第 1.4.2 节)。

《海牙章程》还规定,禁止"杀、伤已经放下武器或丧失自卫能力并已无条件投降的敌人"(第 23 条第 3 款);"宣告绝不纳降"——意味着格杀勿论(第 23 条第 4 款);"抢劫即使是以突击攻下的城镇或地方"(第 28 条)。制定这些禁止性规定与其说是因为这些行为的背信弃义性质,倒不如说是因为这些行为所暴露出的残酷性以及文明标准的降低。

应该指出,有关投降和纳降的规则并不是简单地规定不得肆意杀害战俘:虽然确实包括这层意思,但同时更为重要的是,这些规则的目的是填补从战斗员退出战斗(通过放下武器或者出于任何其他原因)到作为囚犯这段时间在保护制度方面的空白。

3.4　军事目标与平民居民保护

“各国在战争中应尽力实现的唯一合法目标”,用 1868 年《圣彼得堡宣言》的话来说,是“削弱敌人的军事力量”。实现这一目标的一个显而易见的方法是消灭那些可以被视为严格属于“军事目标”的“物体”,例如敌方武装部队单位及其装甲车辆和自行火炮,以及诸如固定炮台和弹药库等军事设施。毫无疑问,所有这些物体都是合法的军事目标。

另一种方法也很有用:使敌人无法获得或生产武器、弹药和其他持续开展军事行动所必要的物品。实现这一目标不必采取暴力手段,可以通过封锁或者经济战手段等,断绝上述物品或者生产这些物品的原材料的供应;也可以诉诸武力,将参与生产上述物品的工厂作为军事行动目标。从理论上讲,此种行动可以由炮兵实施,要么为地面部队提供近距离支援,要么独立于步兵和骑兵实施远程轰炸,但这取决于自身射程。

在 1900 年前后起草《海牙章程》时,地面炮兵还无法实施这种远距离行动。发射火炮的目的在防御行动中是支援地面部队抵御敌方攻击,在攻击行动中则是为了突破包围中的防御工事。《海牙章程》因此没有对远程轰炸作出规范。第 25 条规定禁止“攻击或轰炸”未设防城镇,第 27 条规定在围攻和轰炸设防地域时应当尽可能避免攻击特定建筑(教堂、博物馆、医院等),除非该建筑当时被用作军事目的。

相比之下,军舰可以靠近沿海地区,并将该地区的物体作为攻击目标,而陆军则只能望洋兴叹。1907 年关于海军轰击的《海牙公约》在第 2 条反映了海军的这一能力:该条规定列出了一个清单,即使清单上的物体位于未设防地点也可予以轰击,不仅包括“军事工程、陆军或海军设施、武器或战争物资仓库……以及停泊在港口内的军舰”(这些显然是军事目标),还包括“可用于满足敌国舰队或军队需要的车间和设施”。

该条规定最后本来可以提出的问题是:哪些设施可以被视为“军事目标”,而哪些则不可以。自海牙和平会议之后不久,空军开始发展起来。由于空军日益明显地不仅能为地面部队提供近距离支援,还能越过陆上作战地域独立行动,上述问题迫切需要得到回答。对桥梁、铁路站场、道路枢纽等很多其他目标也可以提出同样的问题。除了具有军事意义以外,这一问题极其重要,因为“军事目标”概念的扩展会给平民居民带来更大风险。

如前所述,《海牙章程》并没有对这个问题作出规范,1923 年《海牙空战规则》对此作了规范,但只是一个不具有拘束力的文件。20 世纪 50 年代,红十字国际委员会着手处理这一问题,提出了一份必要时可以定期调整的清单,列举了可被视为军事目标的物体的类别,提议各国政府接受,但是这一努力仍然没有成功。如果在合法军事目标和其他物体之间没有一条一致同意、界限清楚的分界线,那么唯一的划分标准是:只要在当时情形下将其消灭可以显著"削弱敌人的军事力量",因此意味着攻击者获得明显的军事优势,那么任何物体均可视为军事目标。这个标准大致等同于军事经济原则,根据该原则,那些在摧毁之后可能对敌方军事力量产生最大、最直接影响的物体,是首要的攻击目标。

除了这个显然非常模糊的总体标准外,在现有的成文法中可以找到一些有关目标选择的原则。值得一提的是,《海牙章程》第 25 条禁止攻击或者轰击未设防城镇;第 26 条要求指挥官在开始轰击设防区域之前(突击行动除外)尽其所能警告地方当局;1907 年《海牙公约》第 2 条和第 6 条关于海军轰击的类似规则;以及尽管是临时性的,1907 年海牙《第十四宣言》规定禁止从气球上"或用其他新的类似方法"投掷投射物和爆炸物等。事后看来,人们希望从这些条款中解读出一些理念,包括攻击前确认目标的义务,禁止实施区域轰炸(指的是盲目轰击包括零星军事目标的建筑密集区),以及攻击军事目标不得对平民居民造成超出所获军事优势的伤害的原则等。

尽管如此,作战技术的后续发展表明,1899 年和 1907 年相关条约的简单规定完全不足以为处于战争状态的国家的平民居民提供充分保护,难以避免其受到军事行动的影响。第二次世界大战期间,战争双方试图以对敌方早先实施的不合法行为进行报复为理由,证明可以采取大规模轰炸敌方城市等可能原则上并不合法的空战行动,这使得平民遭受到了更为严重的战争影响。

可以再次强调的是,战后成立的纽伦堡和东京国际法庭明确指出,之前有关陆战的条约规则具有习惯法效力。第 2 章第 4 节提到的两个决议尤为重要:第 20 届红十字和红新月国际大会(1965 年在维也纳召开)第 28 号决议和联合国大会第 2444 号决议(1968 年)。这两个决议重申了一些"原则,俾由所有对武装冲突中行动负责之各国政府及其他当局遵守之",这里再次引用一下其中的两条原则:(1) 对于平民以其为平民而施以攻击之行为应予禁止;(2) 必须时刻将参与敌对行为之人与平民两者划分,俾使后者尽量免受伤害。尽管可以说这些决议确认了保护平民居民免受战争危险这一原则的有效性,但直到 1974—1977 年外交会议才明确了各国在这方面准备接受的明确的禁止性规定和限制性规定,包括诉诸报复问题。有关这一问题的更多内容参见第 4 章。

1977 年以前的其他具体规则规定,禁止以某些地点和物体为攻击目标,比如医院、伤员运输队、交战方认可的安全地带以及受保护的文化财产等。本章下面相关各节将对此进行讨论。

3.5　核武器

1945 年美国对日本广岛和长崎使用“原子弹”，此后核武器的继续发展和威胁使用引发了诸多政治、国际关系和国际法问题。这里主要探讨 1977 年以前武装冲突法有关这一具体领域的内容。

有一个问题一直备受争议：是否以及在多大程度上能够认为关于使用武器和保护平民居民的传统规则和原则也适用于核武器的使用（而非拥有核武器的其他方面）。拒绝适用这些规则的人主要持两个观点：核武器属于新式武器；核武器不同于其他武器。

因为核武器属于新式武器而拒绝适用上述规则是完全站不住脚的。有关使用作战武器的规则和原则在形成时，并没有暗含局限于现有武器的意思，人们总是认为这些规则和原则毫无例外地适用于使用各种新式武器的情形。

核武器有所不同吗？不论是从即时效应还是从长远影响来看，即使是 1945 年，两枚核弹的破坏性也都非常可怕。由于这两次爆炸一直是仅有的实际使用核武器的案例，因此人们对核武器的讨论从一开始就没有集中在核武器的使用问题上，而是集中在拥有核武器和在和平时期部署核武器所产生的威慑效果上。探讨的中心问题是所谓的“反城市战略”，即威胁对敌方城市使用（百万吨级）核武器。赞成这一观点的人认为，这种威胁对于维护和平不可或缺，因此不可能是非法的，并且得出结论：战时使用核武器也应被排除在现有法律之外。

毫无疑问，为维护和平而在和平时期威胁摧毁整座城市，无论人们怎样看待这种威胁的合法性，如果威慑失败并爆发武装冲突，威胁使用核武器的反城市战略的实际实施将带来超出想象的破坏力，不能简单地用核武器具有“不同特征”来证明其正当性。因此，只要现有法律持续有效，实施这一战略最多也只是作为对之前类似错误的一个报复措施而具有正当性。

其他可以想到的“军事色彩”更浓的做法是对敌方武装部队集群、导弹发射场或其他重要军事目标等使用（小型）核武器，甚至更不支持那些希望否认现有法律可适用性的观点。所有这些军事利用核武器的情形都必须要经受现行有效的规则和原则的检验，这些规则和原则包括保护平民居民的内容，是军事利用所有作战武器的一般标准。

总之，将 1977 年以前的海牙法规则应用于战时可能使用核武器的情况，不能保证得出这样的结论：战时使用核武器在所有情况下都是禁止的。对允许使用的武器的限制性规定过于模糊和灵活，以至于在某种情况下使用核武器至少在理论上可能不会超出这些限制（关于 1977 年《第一附加议定书》通过和生效之后的情形，参见第 4 章第 1.5.9 节；

关于国际法院在 1996 年的咨询意见,参见第 5 章第 3.2.1 节)。

3.6　文化财产

1954 年《关于发生武装冲突时保护文化财产的海牙公约》确立了总体上尽可能使文化物品免受损害的原则,可以确定无疑地认为它具有普遍效力。1907 年《海牙章程》第 27 条关于包围和轰击的规定和 1907 年《海牙公约》第 5 条关于海军轰击的规定,已经体现了这一原则。在上述两种情况下,保护相应的文化物品都以“当时不作军事用途”为条件,并且要求用识别标志标明这些物品的所在地。

上述 1954 年《公约》将上述原则拓展为详细的保护制度。第 1 条明确了“文化财产”的定义,规定包括下列内容:(1) 对每一民族文化遗产具有重大意义的可移动或不可移动的财产,例如:纪念碑、艺术作品、手稿、书籍以及科学收藏品;(2) 其主要和实际目的为保存或陈列(1)项所述可移动文化财产的建筑,例如图书馆、博物馆和拟于武装冲突情况下保存有关物品的保藏处;以及(3) 保存有大量(1)和(2)项所述文化财产的中心。保护可以是一般性的,也可以是特殊性的。一般保护是较低标准,包括保障和尊重两个要素(第 2 条)。第 3 条详细阐述了“保障”要素,要求各国在和平时期做好准备,以保障位于其领土内的文化财产免受武装冲突可预见的影响,例如建造避难所,为将文化财产运送到安全地带做好准备,或者按照第 6 条规定为文化财产设置识别标志。第 16 条将识别标志规定为“盾状,下端尖,蓝白色呈 X 形相间”;用通常的语言来说,就是“盾的组成为,一纯蓝色正方形,其一角作为盾尖,正方形之上为一纯蓝色三角形,两边的空间各为一白色三角形”。

荷兰做了这种和平时期的准备,把符合这一描述的盾形标志设置在各种各样的建筑物上,通常是在其入口附近。遗憾的是,这些盾形标志尺寸很小(大约 10 厘米高),必须观察力非常敏锐才能注意到。这不禁让人怀疑这种盾形标志在发生武装冲突时能否发挥保护作用。

第 4 条要求缔约国“尊重”在本国和其他缔约国领土内的文化财产。无论是在本国还是其他缔约国领土,缔约国必须避免“为可能使之在武装冲突情况下遭受毁坏或损害的目的,使用文化财产及紧邻的周围环境或用于保护该项财产的设施”。就缔约国本国领土而言,以上规定还可以被解读为包括即使在和平时期也应避免这种使用的义务。这两种义务“仅在军事必要所绝对需要的情况下方得予以摒弃”。

第 4 条还要求缔约国“禁止、防止及于必要时制止”针对文化财产的诸如盗窃和故意破坏等行为,并且禁止对这种财产“施以任何报复行为”。颇为重要的是,第 19 条进而规定,在国内武装冲突中“每一冲突方(同样)应至少有义务适用本公约关于尊重文化财产的各项规定”。

“一般保护”所提供的保护显然非常有限。更加完善的保护要冀望于“特别保护”制度,但这种制度的适用范围则必定有限。因此,第 8 条将可能置于特别保护之下的文化财产限制为“有限数量的准备在武装冲突情况下用以掩护可移动文化财产的保藏所、纪念物中心和其他极其重要的不可移动文化财产”;为了具备特别保护资格,这种物品必须与重要军事目标保持足够距离,或者(就保藏所而言)“其建造得在任何情况下均不致为炸弹所损害”;并且该物品在任何情况下都不得“用于军事目的”。

正如第 8 条所规定的那样,文化财产一经载入“受特别保护的文化财产国际登记册”,即给予特别保护。该登记册由联合国教科文组织总干事保管。其他缔约国可以依据该物品根本不具备作为文化财产的资格,或依据该物品不符合第 8 条规定的条件,对载入登记册的请求提出反对意见。

“特别保护”自物品登记时起开始适用。缔约国有义务“保证(该物品的)豁免”,避免针对该物品的“任何敌对行为”,以及“为军事目的使用此项财产或其周围环境”(第 9 条)。这一“豁免”条款已经比一般保护的保障和尊重更进了一步,而要求用“呈三角形重复三次(下面有一盾)”的识别标志标记该文化财产,以及在武装冲突期间由联合国教科文组织施加管制(第 10 和 16 条)则进一步强化了保护。

特别保护制度的另一个显著特征在于“豁免撤回”规则。根据第 11 条,这可能在两种情况下出现。一种情况是缔约国违反了第 9 条规定的义务,使得对方“保证(物品)豁免”的义务得到解除。但是即便如此,“只要有可能”,另一方“应首先要求在合理的时间内终止此项违反”。

另一种情况是“无可避免的军事必要”。这显然是比一般保护规则中的“绝对军事必要”更加严格的要求。这种“无可避免的军事必要”“只在此项必要存续期间内”适用,而且只能“由指挥相当师或更大规模部队的军官”确定。此外,撤回豁免的缔约国有义务“以书面形式”通知文化财产专员官长,“并述明理由”。(文化财产专员官长是有关缔约国选择的人选,或者由国际法院院长从缔约国提名的有资格人员的国际名册中任命。)

一般保护和特别保护制度在实践中都暴露出重大不足。例如,有关特别保护的规则很难在人口密集和高度工业化地区实施。上文提到,结果是人们希望彻底修订该公约,并最终于近些时候通过了新文件。该文件内容将在第 5 章第 2.3 节阐述。

第4节　日内瓦法

1949年《日内瓦公约》既有共同条款，又有特别规定。前面已经指出，公约总体适用于国际性武装冲突，但公约共同第3条专门适用于国内武装冲突。因此，本节结构作如下安排：首先探讨第一至第三公约和第四公约分别定义的“被保护人”概念（第4.1节）和公约关于保护的原则的部分内容（第4.2节）；然后介绍各公约自身的实体内容（第4.3至4.6节）；最后讨论一下共同第3条（第4.7节）。

4.1　被保护人

日内瓦法的作用是保护武装冲突中因落入冲突一方手中而并非该冲突方国民的人员。换句话说，日内瓦法并非旨在免除战争暴力本身造成的影响。上文提到，日内瓦类型的保护在1864年首次给予了“战地武装部队伤者”。1949年后，这种保护延伸至四部《日内瓦公约》列为被保护人的所有类型人员：

> 为了改善战地武装部队伤者、病者境遇的第一公约（《第一公约》或《红十字公约》）；
>
> 为了改善海上武装部队伤者、病者及遇船难者境遇的第二公约（《第二公约》或《海上红十字公约》）；
>
> 关于战俘待遇的第三公约（《第三公约》或《战俘公约》）；以及
>
> 关于战时保护平民的第四公约（《第四公约》或《平民公约》）。

第一至第三公约涉及落入敌方手中的战斗员（以及一些相关团体）。具体说来，《第一公约》和《第二公约》保护的是受伤、生病或遭遇海难的战斗员，《第三公约》规定了关于战俘地位、保护和待遇的一般规则，无论他们身体健康还是身有伤病。

至于第一至第三公约所保护的人员类别，可参看《第三公约》第4条。以下所列内容摘自该条款：

> （1）冲突之一方之武装部队人员，即使其宣称效忠的政府或当局未经敌方承认；
>
> （2）冲突之一方所属之其他民兵及其他志愿部队人员，包括有组织之抵抗运动人员之在其本国领土内外活动者，即使此项领土已被占领，但须其所属之集团满足《海牙章程》第1条所规定的上述四个条件，这四个条件在四公约的相关条款中也

被重复提及：

① 有一为其部下负责之人统率；

② 备有可从远处识别之固定的特殊标志；

③ 公开携带武器；

④ 遵守战争法规及惯例进行战斗；

(3) 参与居民军之人，只要其公开携带武器，并尊重战争法规及惯例；

(4) 伴随武装部队而实际并非其成员之人，如正式委派的战地记者和福利工作人员；

(5) 冲突各方之商船队之船员，以及民航机上之工作人员。

第(1)至(3)类的人员都是真正意义上的"战斗员"，一旦被敌方抓获，在敌对行动期间可以被作为战俘关押。第(4)类和第(5)类的人员是平民，但是因为与敌方武装部队或战争努力密切合作(尽管原则上是非战斗性的)而被俘获。尽管俘获方可以决定直接将其释放，但也有权在有限时间内或者在武装冲突期间，对其实施关押。如果实施关押，俘获方必须将其作为战俘来对待。

《第四公约》保护"在冲突或占领之场合，于一定期间内及依不论何种方式，处于非其本国之冲突之一方或占领国手中之人"。这一定义的涉及面较广，例外情形是处于冲突一方领土内的中立国国民和共同作战国国民，条件是"在其本国尚有通常外交使节驻在控制彼等之国家"。当然，第一至第三公约(第 4 条)所保护的那些人员也被排除在外。

这里首先需要强调的一点是，《平民公约》的适用范围有限。尽管标题很大，但这一公约既不旨在保护平民免受在其本国领土上可能遭遇的战争危险(比如空中轰炸)，也不旨在保护平民免受其国籍国行为的伤害。这种保护实质上针对的是处于敌方权力之下的平民。下文将谈到，第二部分是例外，适用于冲突各国的所有居民。

需要强调的另外一点是，某个人员究竟是属于第一至第三公约的适用范围，还是属于《第四公约》的适用范围，这样的关键问题显然并不总是容易回答的。由谁来回答？应该如何对待相关人员(比如，被占领土上的抵抗战士)？《战俘公约》第 5 条给出的答案是，"凡曾从事交战行为而陷落于敌方者，其是否属于第四条所列举各类人员之任何一种发生疑问时，在其地位未经主管法庭决定前，应享受本公约之保护"。这一规则避免了指挥官个人任意决策的风险，至少提供了经过恰当考虑再作出决定的可能性。例如，美国在越南战争中，以色列在中东战争中都适用过这一规则。值得注意的是，如果决定结果是消极的，确定某个人员不属于第一至第三公约(第 4 条)规定的保护类别，则说明该人要受《第四公约》的保护。

4.2 保护的原则

《日内瓦公约》的保护制度依据的根本原则是，在任何情况下，被保护人均须受到尊重和保护，均须受到人道待遇，不得基于性别、种族、国籍、宗教信仰、政治意见或其他类似标准而有所歧视(《第一公约》和《第二公约》第 12 条，《第三公约》第 16 条以及《第四公约》第 27 条)。

“尊重”和“保护”是相辅相成的概念。“尊重”是消极要素，表明有义务不伤害、不使之遭受痛苦以及不杀害被保护人；“保护”是积极要素，表明有责任避免危险、防止伤害。上述根本原则涉及的第三个要素是“人道”待遇，这涉及决定被保护人各方面待遇的态度问题；这种态度的目标应当是保证这些人作为人的生存价值，尽管(并且完全承认)其当时处境甚为艰难。禁止歧视是最后一个关键的要素，在考虑其他三个主要要素时，也必须将其考虑在内。

从这些基本概念开始，公约的大约 400 个条款(部分规定非常详细)为保护各类被保护人提供了精心设计的规则体系。这一法律部门内容丰富，这里仅介绍其主体部分。有关执行和制裁的共同规定在本章第 5 节介绍。

4.3 《第一公约》

第 12 条规定，“冲突之一方，对于在其权力下”的伤者、病者应予以人道待遇及照顾，另外，“只有医疗上之紧急理由，可以给予提前诊治”。该条规定禁止任何“对其生命之危害或对其人身之暴行”，特别禁止谋杀或消灭伤者病者，对其施以酷刑或供生物学的实验，故意不给予医疗救助及照顾，或造成使其冒传染病危险的情况。

该《公约》要求冲突各方采取各种可能措施，特别是在每次战斗后，“搜寻并收集伤者、病者”(第 15 条)。任何能帮助确认伤者、病者或死者身份的细节都必须尽快记录下来，并尽速将这一信息送至冲突各方在敌对行动开始时即有义务设立的国家情报局。国家情报局进而通过“战俘中央事务所”将信息转达给上述人员“所依附之国”(第 16 条)，实践中通过位于日内瓦的红十字国际委员会中央寻人局转达(更多内容参见本章第 4.5 节和第 5 章第 3.9.2 节)。

该《公约》还要求冲突各方尽最大努力搜寻和确认死者身份。遗嘱和其他“具有实质价值或情感价值”的物品必须予以收集，并保证死者得到荣誉的安葬，“除因卫生上迫切之理由，或出于死者所奉宗教之动机外”，不得焚化尸体(第 15 至 17 条)。冲突各方在战事开始时应即组织正式坟墓登记处(第 17 条),该登记处的工作主要是登记、维护、标记坟墓(或者根据具体情况,也包括骨灰),“以便事后迁葬,并保证认明尸体,不论坟墓位置如何,及可能运回本国”。

除官方机构外,个人也应关心伤者病者的命运,将其接到自己家中,并给予照顾。自 1864 年《公约》以来,就牢固确立了这样的原则,冲突各方均不得指责个人的这种行为,当局反而应当予以鼓励。《第一公约》第 18 条明确确认了民众的这一角色。该条规定同时强调,平民居民也必须尊重伤者病者,并且务必“不得施以暴行”。

至于其他方面,照顾伤者病者是军事医务部门的主要职责。军事医务部门的职能实际上是双重的:一方面,为本国武装部队的员额和战斗力作贡献;另一方面,为因为武装冲突而需要照顾的友军或敌军战斗员提供医疗救助。如前所述,优先救助的决定只能以紧急的医疗原因为依据,不能以该战斗员属于己方为依据。

为了便于履行职责,保护也扩展至军事医务部门及其所主管的固定医疗所和流动医疗队(战地医院以及其他医院和救护车)。第 24 条规定,军事医务部门的正式医疗人员和行政人员(医生、护士、担架员等)以及随军牧师,“在一切情况下应受尊重与保护”。当这些人员落入敌方手中时,“仅在战俘之健康状况,精神需要以及人数上均有此要求时”,方可留用(同时第 28 条规定不得将其视为战俘)。至于比如护士等曾受训练以备履行类似职能的辅助人员,第 25 条规定,“如其执行任务时与敌人接触,或落于敌方之手,应同样受尊重与保护”。在后一种情况下,他们“应为战俘,但于需要时应令其担任医务工作”(第 29 条)。

如果冲突各方国家红十字会或红新月会的人员,担负与第 24 条所述军事医务部门人员相同的任务,只要其遵守军事法律法规的约束,则与军事医务人员同样享受保护(第 26 条)。获得认可的中立国的团体如果希望为冲突一方提供医疗人员和医疗队,须经本国政府事先同意和相关冲突一方核准。承担这一任务的人员和单位应受该冲突一方管制。该中立国政府须将此项同意也通知敌对方(第 27 条)。如果这些人员落入敌方之手,不得拘留而且原则上必须准许其“返回本国,如其不可能,则一俟归路可通及军情许可,应准予返回其所服役之冲突一方的领土”(第 32 条)。

不得攻击军事医务部门的固定医疗所和流动医疗队,比如战地医院和救护车等(第 19 条)。但这些组织也不得“越出其人道任务之外,用以从事有害于敌方之行为”(第 21 条)。

第 23 条规定设立“医院地带及处所”以保护伤者、病者,以及负责照顾上述人员免受战争影响的人员。为确保有效,这一措施要求敌对方明确承认。

本公约关于保护伤病员(或医疗设备)运输队的规则中,涉及医务飞机的内容值得特别注意。第 36 条规定的相关规则非常严格,导致实际上无法有效使用这种飞机:飞机必须“专用以搬移伤者、病者,及运送医务人员及设备”;飞行的所有细节(高度、时间及航线)必须由“各有关交战国特别约定”;不得飞越敌方领土或敌方占领领土,并且必须“服从一切降落命令”。在制定这些限制性规则时,对滥用医务飞机的担心(特别是用于空中侦察目的)超越了所有其他考虑。

尽管以上关于人员和设备,医院和救护车以及运输队的保护制度,并不依靠外部标志产生法律效力,但是其实际效果同样有赖于使用和尊重白底红十字或白底红新月这一识别标志。第 38 至 44 条详细规定了识别标志的展示方式。第 38 条还提到伊朗过去曾使用过的白底红狮与太阳的标志。自 1948 年创建以来,以色列使用的是白底红大卫盾。[1] 虽然这一识别标志在 1949 年没有获得国际承认,因而公约中没有提及,但在实践中经常得到尊重。第 5 章第 2.5 节将谈到,2005 年设立了第三个识别标志,即“红水晶”,目的是帮助解决像以色列这样不愿意使用红十字或红新月的国家所面临的问题。

最后要指出的一点涉及报复问题。第 46 条规定,绝对禁止对“本公约所保护的伤者、病者、工作人员、建筑物或设备”实施报复。这意味着冲突一方无法声称为促使敌方重新尊重武装冲突法而有权将本公约规则置于一旁。

4.4 《第二公约》

《第二公约》第 12 条复制了《第一公约》第 12 条的文本内容,将海上遇船难者也纳入被保护人的范畴,明确规定“‘船难’一词应了解为系指任何原因之船难,并包括飞机被迫降落海面或被迫自飞机上跳海者在内”。

海上事件导致出现的情况比陆地上更加多种多样:遇船难者可能会被悬挂交战国或中立国旗帜航行的军舰、医院船、商船、游艇或其他船只收容,并有可能被送至交战国或中立国港口。为此制定了很多特别规定,这里只提其中一个条款:第 14 条确立的规则是,交战国军舰有权要求“交出”军用或其他医院船,商船,游艇等船只上的伤者、病者或遇船难者,“不拘国籍”。就伤者、病者而言,这要满足双重条件,即“处于适合移动之情状,且该军舰具有必要的医治之适当设备”。这样,该军舰就可以俘获在该船只上发现的

[1] 1950 年 7 月,以色列议会通过法律,宣布红大卫盾会正式成为以色列的国家急救服务机构。2006 年 6 月,红大卫盾会作为以色列的国家红会获得了红十字国际委员会的正式承认,并成为红十字会与红新月会国际联合会的成员。(译者注)

敌方战斗员,并将其作为战俘。

医院船在《第二公约》中占有重要地位。第 22 条将其定义为“特别并专用以救助、医治并运送伤者、病者及遇船难者而建造或装备之船只”。因此,这些船只兼具医院和医疗运输队的功能。

该《公约》对“军用”医院船(并非军舰)和红十字会、红新月会、其他私人机构或个人使用的医院船进行了区分。如果这些船只满足一些条件,则“在任何情况下,不得加以攻击或拿捕,而应随时予以尊重和保护”。最重要的条件是,“于使用前 10 日,将该船之名称及其说明通知冲突各方”。“说明”必须包括其“注册之总吨位,自船首至船尾之长度以及桅杆、烟囱之数目”。作为一项额外要求,非军用医院船必须“经其所依附之冲突一方”正式委任,如果是悬挂中立国旗帜的医院船,则要求有其本国政府的预先同意和管辖其职能履行的冲突方的认可(第 22 至 24 条)。

第 43 条规定,医院船必须漆成白色,并喷涂尽可能大的深红色识别标志(红十字或红新月),并且“其位置以自海上及空中最易于望见者为宜”。这样,在白天天气状况良好并在视力范围内时,足以辨明该船为医院船;天气状况不好时,则必须运用其他的识别手段。

与医务飞机不同,原则上医院船可以在任何地点和时间履行职能。然而,在这样做时“绝不得妨碍战斗员之行动”,如果在战斗期间和战斗后不久采取行动,后果自负(第 30 条)。此外,冲突各方可以通过多种方式大大地限制医院船的所谓行动自由。第 31 条承认冲突各方有权控制和搜查此类船只,并且有权“拒绝这些船只的协助,命令其离开,指定其航线,控制其无线电及其他通讯工具之使用,如因情况之严重性有此必要时,并得扣留之,其期限自截留之时起,不超过 7 日”。

第 27 条规定与适用于医院船的条件相同,“国家使用或官方承认之救济团体为沿海岸救生用之小型船只”,“在行动需要之许可范围内”,应予以尊重及保护。这种保护也应“尽可能适用于前述船只在其人道的任务上所专用之海岸固定设备”。

与《第一公约》一样,《第二公约》也禁止对其旨在保护的人员和物体进行报复(第 47 条)。

4.5　《第三公约》

战斗员自落入敌方手中之时起即为战俘。谁应该对他们的境遇负责:俘获者还是国家?《第三公约》第 12 条规定的原则是,“战俘系在敌国国家手中,而非在俘获彼等之个人或军事单位之手中”。这表明拘留国应对战俘的一切遭遇负责。国家的这一责任丝毫不会减损个人因违反该公约而应承担的责任。

第 13 条规定“战俘在任何时候须受人道之待遇”,禁止“任何不法行为或因不法行为……导致战俘死亡或严重危害其健康”。显然,不得任意杀害战俘:实际上战俘必须受到保护,“尤其免致遭受暴力或恫吓及侮辱与公众好奇心的烦扰”;同时,禁止针对战俘的报复行为。此外,战俘“在一切情况下应享受人身及荣誉之尊重”(第 14 条)。

对拘留国当局来说,战俘的主要作用是作为潜在的情报来源。为了获取这些情报,他们可以讯问战俘,通过使用温和的话语和创造适宜的氛围使其开口,也可以监听其谈话内容等。然而,不得施以“肉体上或精神上之酷刑”或“任何其他胁迫方式”。每个战俘有义务告知的只有“其姓名、等级、出生日期,及军、团、个人番号,如其不能,则提供相当之材料”(第 17 条)。

对在作战区域俘获的战俘,如果其身体条件允许,应在俘获之后尽快转移至远离危险区域的战俘营,由拘留国将战俘拘禁(第 15、19、21 条)。每一个这样的战俘营“均应由属于拘留国正规部队之负责军官直接管辖之”。在其政府指导下,该军官负责在战俘营中适用公约,不仅自己须备有一份公约文本,还应“保证该营职员及警卫均知悉其中条款”(第 39 条)。此外,本公约的内容应“以战俘本国文字,张贴在人人均能阅读之处”(第 41 条)。

国际法并未规定战俘试图脱逃为非法行为。战俘营当局可以采取措施防止此类行为,但可供选择的手段并非没有限制。第 42 条规定,对战俘使用武器只能作为“最后之手段,并应每次先予以适合于当时情况之警告”。战俘企图脱逃而失败后,只受纪律性处罚(第 92 条)。

原则上,拘留战俘可延续至“实际战事停止后”,之后战俘“应即予释放并遣返,不得迟延”(第 118 条)。这一规定在实践中遇到严重困难,比如朝鲜战争结束后,落入美国手中的大量北朝鲜战俘拒绝被遣返回社会主义祖国。

拘留可以基于许多原因提前结束。第一个显而易见的原因是在俘期间死亡(第 120 条)。第二个原因是,一些重伤或重病的战俘,一旦其身体适合旅行,就必须立即被遣返回本国或交由中立国收容(第 109 条)。如果情况并非如此严重,而释放战俘“有助于改善其健康状况”,则“在战俘所依附之国法律允许下”,拘留国应将战俘“依宣誓或诺言”部分或完全释放(第 21 条)。

依宣誓或诺言完全释放战俘而使其返回本国,不应只限于可能改善其健康状况的情形,也可基于其他理由。通常的条件是,获释战俘在武装冲突期间将不再积极参加敌对行动。第 21 条规定,依宣誓或诺言获释的战俘应以其个人荣誉保证对敌方及本国当局严守相应条件。同样依据第 21 条,上述当局不应“要求或接受彼等从事违反其宣誓或诺言之任何服役”。

由于许多国家的法律不允许军事人员接受这种条件,或者只在特殊情况下才准许其接受,依宣誓或诺言完全释放的情况较为少见。实际上,部分释放可能更具相关性。部分释放指的是在有限时间内基于特定目的允许行动自由。正如第 21 条提到的,暂时自由地到战俘营外活动将对战俘的健康状况颇有助益。

公约中没有提到的关于终止拘留战俘的一个方法是,根据冲突各方明确达成的协议进行交换。通常,这样的协定是在武装冲突期间由红十字国际委员会协调达成并执行的。

《第三公约》明确规定的其他问题还涉及战俘的生活条件:住宿、饮食与衣物;卫生与医疗保健;宗教、文化与体育活动等。第 49 条规定,允许拘留国“利用体力合格之战俘之劳动”。虽然拘留国通常这样做只是想从额外的劳动力中获益,但是该条款明确规定,让战俘工作的政策应特别以保持其“身心健康”为目的。然而,对于军官,“在任何情况下不得强迫彼等工作”(但如果本人愿意也可以接受或者要求其工作),而对于士官,“应仅令其从事监督工作”。

第 50 条规定了可强迫战俘从事的工作的类别。在拟订这一清单时,尽管非常清楚战俘从事的任何形式的劳动最终都会对拘留国有利,但公约起草者还是在直接有助于战争行为的活动上划设了界限。因此,虽然允许强迫战俘从事“无军事性质或目的之公共工程及建筑”,但却不能强迫其从事具有军事性质或目的的类似工作。

在冶金、机械和化学行业的工作被明确排除在允许的劳动种类之外(第 50 条)。本章第 3.4 节探讨了“军事目标”的概念,以及随着远程空中轰炸成为现实可能,这一概念向某些工业目标的扩展。应当指出,不能依据具体提到了这些工业目标而得出结论:每一个冶金、机械或化学工厂都构成合法军事目标。如前所述,为使给定物体成为合法军事目标,将其消灭必须能够在当时情形下有助于削弱敌人的军事力量,从而使攻击者获得明显的军事优势。尽管仍很模糊,与第 50 条用以防止战俘从事各类过于直接有助于敌方战争行为的工作的规则相比,这一标准确实更加严密。

另外一个重要问题是,只有自愿者才可以被用于从事有害于健康或者具有危险性的劳动,例如扫雷(第 52 条)。

战俘与外界保持联系是允许的。因此第 70 条规定,战俘应能够将其被俘的事实、健康状况、移送医院或其他战俘营等情况通知其亲属。该公约附件提供的“被俘邮片”模板可以用于这一目的。除这些被俘邮片外,还必须“准其收寄信件及邮片”,尽管拘留国有权在必要时限制其所发信件及邮片的数量(第 71 条)。第 72 条提到战俘的另一项权利,"接受由邮递或依其他方法寄来之(各种)个人包裹或集体装运物资"(比如众所周知的红十字包裹)。同样,第 78 条承认战俘有权就其在俘情况(例如,被强迫从事劳动)向拘留国军事当局以及公约规定的监督机构代表提出请求与申诉(另参见本章第 5.2 节)。

除了战俘本身的这些通讯权之外,拘留国有义务从武装冲突开始时就设立情报局,负责收集有关战俘的所有信息(第 122 条)。情报局同样必须将这些信息提供给相关国家和第 123 条规定的"战俘情报中央事务所",该事务所的任务是"搜集一切自官方或私人方面可能获得的关于战俘的情报,并尽速将此项情报转送战俘本国或其所依附之国"。《第四公约》第 140 条规定设立类似机构,即中央情报事务所,提供有关被拘留或拘禁的平民的信息。两个事务所均由红十字国际委员会运营,实际上合并成为中央寻人局(另参见本章第 4.6.6 节和第 5 章第 3.9.2 节)。

根据第 82 条,战俘"应受拘留国武装部队现行法律、规则及命令之约束"。该条还明确规定,拘留国"对于战俘任何违犯此项法律、规则及命令之行为,得采取司法或纪律上之措施"。采取措施时,拘留国须尊重公约规定的关于"刑事及纪律制裁"的具体规则。第 82 条及其后条款制定了关于主管当局(即有能力处理本国武装部队成员所犯类似罪行的当局)、适用程序、允许刑罚,以及处罚执行等问题的详细规则,所有这些规则都着眼于确保公正审判和应有的处罚。

第 82 条没有排除拘留国因战俘在被俘前所犯罪行而对其进行审判的可能,特别是当其行为可能构成战争罪时。事实上,第 85 条隐含了承认拘留国在这方面的权力,规定当战俘因这种行为"而依据拘留国法律被诉追"时,"即令已定罪,应仍享有本公约之利益"。这一条款旨在避免重复第二次世界大战后同盟国对待轴心国战犯的做法。苏联和其他当时属于共产主义阵营的国家对第 85 条作出保留,以免受到下述义务的约束,即"将公约适用于那些根据拘留国法律和纽伦堡原则被判犯有战争罪和危害人类罪的战俘,同时承认被判犯有此类罪行的人员必须与该国经受此类惩罚的人员境遇相同"。许多国家对这一保留提出抗议,或者像美国那样拒绝接受。截至本书成稿时,只有俄罗斯仍然坚持这一保留。

4.6 《第四公约》

《第四公约》或者说《平民公约》共有两个实体部分,规范了两种完全不同的情势:第二部规定了居民的"一般保护"以免其受到战争的若干影响,而第三部则规定了符合"被保护人"定义的人员的"地位与待遇"。第三部又细分为五编:第一编明确了对冲突各方领土及被占领土的共同规定,第二编规范了在冲突一方领土内的外国人问题,第三编规范了被占领土问题,第四编明确了被拘禁人待遇规则(可能是在冲突一方领土内的外国人,或是在被占领土内的人员),第五编规范了情报局与中央事务所问题。我们按照这一标准对本部分内容作了划分。

4.6.1　对居民的一般保护以免其受到战争的若干影响

第二部的规定不加歧视地适用于“冲突各国之全部人民”,“目的在于减轻战争所致之痛苦”(第 13 条)。然而,制定这些规定时并未考虑为平民居民提供一般保护以使其免受敌对行动影响,直到 1977 年的两个附加议定书才对此作出了规定。第二部只是为特定类别的人员规定了特定形式的保护或援助。

首先,规定设立两种保护地带:“医院及安全地带与处所”(第 14 条)和“中立化地带”(第 15 条)。“医院及安全地带与处所”是为了“保护伤者、病者、老者、15 岁以下儿童、孕妇及 7 岁以下儿童之母亲,俾免受战争影响”,也就是那些不能指望为战争作出实质贡献的人员。这些“地带与处所”的有效运作须得到敌方承认,如果可能,可由交战双方达成明确协议(另参见《第一公约》有关医院地带及处所的规定)。

第 14 条的起草人员将医院及安全地带设想为很大的区域,而且远离任何战斗区域。直到今天,这一概念仍然只是在理论上具有可能性:历史上没有设立这种地带的先例,这个想法在任何人口密集和高度工业化的地区都是极难实现的——而恰恰这些地区的居民可能最为需要这种保护。

第 15 条规定的“中立化地带”计划设立在实际作战区域内,“旨在保护下列人等免受战争之影响,不加歧视:(甲) 伤、病战斗员或非战斗员;(乙) 不参加战事及虽居住在该地带内但不从事军事性工作之平民”。这里也要求交战双方达成协议,规定这种协议必须以书面形式缔结。“中立化”一词和对可允许避难人员的规定都反映了这些地带的不设防特征(关于后续发展,参见第 4 章第 1.5.10 节)。实践中,在少数情况下已经设立了这种中立化地带,通常由红十字国际委员会协调。

第二部的其他规定为伤者病者、弱者老者、儿童和产妇等特别容易受到伤害的群体提供了一定形式的保护。得到正式认可的民用医院及其工作人员,以及运送伤病平民、弱者或产妇的陆地、海上或空中运输队,有权受到与《第一公约》和《第二公约》为相关军事人员提供的一样的尊重和保护(第 18 条及其后条款)。显然,对医院的保护无法等同于使其绝对豁免于甚至是偶然的损害。第 18 条承认这一点,规定“鉴于医院临近军事目标不免遭受危险,故建议上述医院之位置应尽量远离该项目标”。

两次世界大战关于海军封锁的实践对第 23 条的内容有所启发,该条规定要求各缔约国“对于纯为(另一缔约国)平民使用之医疗与医院供应品,或宗教礼拜所需物品之一切装运物资,均应许其自由通过”,“即使该另一缔约国为其敌国”;“对于供15岁以下儿童、孕妇与产妇使用之主要食物、衣服及滋补剂之装运”,也应如此。允许自由通过的一方可以要求有充分的保证和监督措施,以确保这些类别的平民得到上述装运物资。需要注意的是,第23条并没有将所有居民都包括在内:1949年时,缔约国尚未准备好为该条规定列举的特别容易受到伤害的群体以外的人员提供保护,使他们避免因为封锁而遭受饥饿。

从众多武装冲突的实践来看,第二部关于对“因受战争影响成为孤儿或与家庭分离”的15岁以下儿童的保护措施(第24条)、家庭消息互递(第25条)以及与家庭离散者重新联系(第26条)等问题的规定,都同等重要。为被保护人设立的中央情报事务所在这方面发挥了重要作用。第140条规定该事务所“在中立国境内”设立,同时表示可以与《第三公约》所规定的事务所合并。实践中,红十字国际委员会设在日内瓦的中央寻人局为平民和战斗员履行了上述职能。各国红十字会和红新月会同样为这些规定的实施作出了巨大贡献。

4.6.2 对冲突各方领土和被占领土的共同规定

《第四公约》第4条将“被保护人”定义为“处于非本国之冲突一方或占领国手中”并受其他公约之一保护的人员。该条规定还将一些群体排除在外,包括“不受本公约拘束之国家之人民”(现在意义不大)、在交战国领土内的中立国国民和共同作战国国民。对后两类人员来说,条件是其本国“有通常外交使节驻在控制彼等之国家”。(另参见本章第4.1节有关《第四公约》保护的平民类别的内容。)

第三部第一编的共同规定明确了对人类基本权利的应有尊重,尤其是对妇女基本权利的尊重(禁止“强奸、强迫为娼或任何形式的非礼之侵犯”,第27、28条);明确了冲突一方对其权力之下被保护人待遇的责任(第29条);还明确了被保护人向监察机构和救助组织提出申请的权利(第30条)。禁止的虐待形式包括“身体上或精神上之强迫,……尤其是为了借以取得情报”(第31条),以及“任何足以使被保护人遭受身体痛苦或消灭之措施”。后一类措施包括“谋杀、酷刑、体刑、残伤肢体及非为治疗被保护人所需要之医学或科学实验”,以及“文武人员施行之其他任何残酷措施”(第32条)。

第33条规定,禁止因非本人所犯之行为而受惩罚,也禁止集体惩罚、“对被保护人及其财产采取报复行为”以及其他任何“恫吓恐怖手段”。最后,第34条迅速解决了绑架并最终杀害人质这种恶名昭彰的做法,简单但从根本上规定禁止“作为人质”。

4.6.3　在冲突一方领土内的外国人

第 35 条规定,属于被保护人的外国人(首先是敌方国民)有权“离境……除非其离去有违该所在国之国家利益”。如果遭到拒绝,他们“有权请求主管法庭或行政审议机关重新考虑”。

没有离境的被保护人仍然享有许多基本权利,例如接受救济和医疗照顾,举行宗教仪式,以及“与有关国家之人民同样”获准迁出“特别冒战争危险之区域”(第 38 条)。他们必须被给予机会自行维持生活;或者由该国保证维持其本人与受其赡养的人的生活(第 39 条)。敌方国民“只得被强迫担任通常为保证人类食、住、衣、行及健康所必需的工作而与军事行动无直接关系”(第 40 条)。应当指出的是,这条规定并没有将所有与战争行为有关的工作排除在外。

如果为了维护冲突一方的安全而必须采取措施,该冲突一方可以在己方领土上将被保护人拘禁或者安置于指定居所。另外,被保护人可以主动要求拘禁,例如为了寻求保护以免受敌对环境影响(第 41、42 条)。

以上在冲突一方领土内保护敌方国民和其他被保护人的制度受到一条重要规定的限制:第 5 条规定,如果有关国家“深信在其领土内之个别被保护人确有危害该国安全之活动之嫌疑,或从事该项活动,而本公约之各项权利与特权若为该个人行使将有害该国安全时,该个人即不得要求此等权利与特权”。立刻想到的一项权利是与家人、律师等的通讯权。

引文中多次重复“个别被保护人”“个人”是为了强调第 5 条绝不可用作集体措施。举例来说,这意味着禁止集体拘禁特定国籍人员:必须证明每个被拘禁人都有嫌疑从事危害该国安全的活动。该条规定明确,交付这一特殊制度的人员,必须“受人道待遇”;受审时,应给予符合公约规则的“公平正常的审判”;而且必须“尽早在合于该国安全时”结束这种特殊制度。

4.6.4　被占领土

在《海牙章程》中已有关于被占领土的规则。该章程第 42 条规定的原则是,“被视为占领的”领土必须“实际上被置于敌军当局的权力之下”;占领“只适用于该当局建立并行使其权力的地域”。第 43 条从这一事实性的情势中引出一项双重义务:一方面,占领国“应尽力采取一切措施,在可能范围内恢复和确保公共秩序与安全”;另一方面,“除非万不得已”,在采取措施时必须尊重“当地现行的法律”。

该《章程》所包含的条款涉及税捐、征用财产和劳务,以及国家所有的动产和不动产的命运等诸多问题。对这些具体规定我们不展开讨论。总的评论是,现代社会中,国家机构影响乃至直接参与经济和社会事务的程度远远超过了制定《章程》的时期。占领国必定会发现，自己面临着这些深刻的社会变迁和国家作用增强所带来的后果。

由于制定时变革正在发生，《第四公约》的规定反映了这一趋势。第三部第三编开篇就明确了一条重要原则，禁止“在任何情况下或依任何方式”剥夺公约赋予在被占领土内的被保护人的权益，不论是由于该被占领土制度的变更，还是由于被占领土地方当局与占领国订立的协定，或者由于完全或部分兼并被占领土（第 47 条）。

“不论其动机如何”而明确禁止采取的措施包括，从被占领土将被保护人个别或集体强制迁移以及驱逐至其他国家。唯一的例外情形是在特定地区施行迁移：“如因居民安全或迫切的军事理由，有此必要”，则允许迁移（第 49 条）。

第 51 条规定，可以强迫年满 18 岁的被保护人工作，但是只能在他们所处的被占领土内，并且“只能派任占领军，公共事业或被占领国居民之衣、食、住、行或保健所需要之工作”。不得从事构筑防御工事、炮台等工作：这种工作并非“占领军所需要之工作”，而是为占领国的（未来）军事行动服务的。

原则上，被占领土内的公共机构和公务人员一如既往履行职能。因为他们没有义务向占领国效忠，占领当局发布的每一个新的规定或指示，都可能使他们面临是否在执行这些指令当中继续合作的问题。比如，对警察部队来说，这个问题会变得非常尴尬。因此，公约第 54 条承认公务人员和法官有权“为良心原因拒绝执行其职务”。在这种情况下，占领国不得改变他们的地位，对他们施行制裁，或采用强迫或歧视措施：最多可以将他们撤离岗位。

占领国必须对儿童的健康给予特别照顾（第 50 条）。占领国应当“在其所有方法之最大限度内”，保证居民的食物和医疗供应（第 55 条），以及该领土上的公共保健和卫生（第 56 条）。第 57 条规定，占领国征用平民医院仅限于“为照顾伤病军事人员之紧急需要场合”，并且只能是暂时的，同时“须以在相当期间对病人之照顾与医疗及平民之住院需要，制定适当办法为条件”。占领国还“应允许宗教牧师对其本教教徒予以精神上之协助”（第 58 条）。

第 59 至 61 条规范了集体救济行动问题。为了向供给不足的居民提供协助，其他国家或“公正人道组织如红十字国际委员会”可以采取集体救济行动。如能满足引文所述条件，占领国有义务同意这种计划，并为其提供便利。除了这种集体救济行动之外，被占领土上的被保护人也可以接收个人救济物资：第 62 条规定这一权利仅需“受迫切的安全理由之限制”。同样，在“因紧急的安全理由所采用之暂时及例外措施”的限制下，占领国应当允许各国红十字会或红新月会“按照国际红十字大会所定之红十字原则进行活动”。其他救济团体,以及现有的民防组织,亦应获准在同样条件下继续开展工作(第 63 条)。

占领国有义务“采取一切措施,尽可能恢复和确保公共秩序与安全”。这项义务的一个重要方面在于占领国如何处理占领前适用于该领土的刑事法律。原则上这些法律仍然有效,但“遇该项法规构成对占领国安全之威胁或对本公约实行之障碍时”,占领方可予以废除或者中止。例如,某部法律使得无论以何种形式为占领国工作均构成犯罪等。同样,原则上,已有的法庭“对于上述法规涉及之一切罪行,应(继续)执行职能”(本段内容均参见第 64 条)。

同时,第 64 条也承认占领国有权制定颁布法规,但这些法规必须是“为执行其在本公约下所负之义务,维持该地有秩序之统治,并保证占领国、占领军与行政机关之人员及财产,以及其所使用之设置与交通线之安全所必要”。依此制定的任何刑事规定均应妥为“公布及用居民本国语言使居民周知”,而且不得具有追溯力(第 65 条)。显然,违反这些法规的行为须由占领方的法庭处理。第 66 条规定,这种法庭必须是“正当组织之非政治的军事法庭”;初审法庭必须“在被占领土开庭”,上诉法庭“最好(也在被占领土)开庭”。

第 67 条及其后条款规定了这些法庭在刑事司法中所必须达到的标准。除了程序规则以外,关于可以允许的处罚的规则尤为重要。对于“纯以损害占领国为目的之罪行”,拘禁或单纯监禁是最重的刑罚,条件是该项罪行“并非企图杀害占领军或行政机关之人员之生命或肢体,亦不构成严重之集体危险,复未严重损害占领军及行政机关之财产或其所使用之设备者”(第 68 条)。

第 68 条还对占领方判处死刑的权力作出了限制。首先是限制在特别严重的罪行上,即间谍罪,“严重破坏占领国军事设备之行为”,以及“故意犯罪致一人或多人于死亡”。进一步的条件是,“此种罪行依被占领土在占领开始前通行之法律亦受死刑之处罚”。如果犯罪时年龄不满 18 岁,则不得判处死刑,并且“法庭(必须已经)特别被提起注意被保护人因非拘留国之人民,不受对该国效忠义务之拘束之事实”。

第三编最后规定了占领国“由于迫切的安全理由”认为对被保护人需采取的必要安全措施。第 78 条限制了占领国在这方面的权力,“至多得置之于指定居所或加以拘禁”。这种决定还取决于上诉的结果,如果维持原判,还应定期复核。

关于可以允许的处罚和安全措施的上述规则,在效力上同样要受到第 5 条的影响。该条第 2 款规定,“在被占领土内个别被保护人如系因间谍或破坏分子,或因确有危害占领国安全之活动嫌疑而被拘留者”,可被剥夺“在本公约下之通讯权”,前提条件是认为

“绝对的军事安全”有此要求。即便如此,该被保护人仍应受到人道对待,若交付审判,须给予符合公约规定的“公平正常的审判”;并且这一特别制度应“尽早在合于该国或占领国之安全时”结束(第 5 条第 3 款)。

至于在被占领土内的武装抵抗行为,前面提到,只有在不满足《第三公约》为战俘地位规定的条件时,抵抗战士才有资格成为“被保护人”(本章第 3.1 节)。尽管有权享受平民待遇,抵抗战士显然容易被置于第 5 条的特别安全机制之下,只要“绝对的军事安全”如此要求,就会被剥夺公约所规定的通讯权。另外,他们还会因为被俘前采取的武装抵抗行动而遭受处罚。与此同时,与其他所有被告一样,他们在刑事诉讼中有权获得有关确保公平审判的规则所提供的保护。

对《海牙章程》和《第四公约》所确立的占领制度的最后一点评论是,设立这一制度时显然没有考虑长期占领的情形,比如在中东已经存在多年的以色列对约旦河西岸和加沙地带的占领。除了这种情势引发并且持续引发的其他问题外,2002 年,以色列开始在约旦河西岸建造围墙,将以色列人和巴勒斯坦人分隔开来。联合国大会在 2003 年对此作出反应,要求国际法院对建造围墙的法律后果发表意见。对于国际法院在 2004 年提供的咨询意见,参看第 5 章第 3.2.2 节。

4.6.5 拘禁

第四编规定了“被拘禁人待遇规则”,既适用于冲突一方领土,也适用于被占领土(第 79 条及其后条款)。这里需要指出的是,这些规定确立的制度与《第三公约》规定的战俘拘禁制度非常类似。

4.6.6 情报局与寻人局

第三部第五编规定设立国家情报局(第 136 条)和中央情报事务所(第 140 条),并明确了其职能。正如本章第 4.5 节提到的,第 140 条规定的“中央情报事务所”和《战俘公约》第 123 条设立的类似机构已经合并成为红十字国际委员会组织和运营的“中央寻人局”。

4.7 共同第 3 条

作为专门为国内武装冲突制定的唯一条款,1949 年《日内瓦公约》共同第 3 条被描述为“微型公约”或“公约中的公约”。鉴于现在大部分武装冲突都属于此种类型,该条规定获得了起草者无法预见到的重要性。

第 3 条预设了在一国领土内发生在至少两方之间的武装冲突情势,提到了“武装部队”及其“成员”,并且确立了冲突各方“作为最低限度必须遵守”的规则。然而,尽管该条规定确实提到了“不实际参加战事之人员”，但是并没有为任何一方积极参加敌对行动的人员提供像国际性武装冲突中那样的战斗员或战俘身份。从国际人道法的角度看（与国内法不同），积极参加敌对行动的人员就是那样，不论是属于正规武装部队还是非国家武装团体。

一个难题在于非国家武装团体并非而且无法成为缔约方。他们可以借此否认有义务尊重该条所规定的原则。另一方面，促使他们对本部分法律采取更为积极态度的一个观点是，尊重第 3 条规定的义务有助于改善其在国内以及外部世界的“形象”，因此可能有利。

同一问题的另一个方面是政府很少愿意承认叛乱者为正式的“冲突方”乃至独立实体。因此政府希望避免作出正式承认适用第 3 条的任何声明。为应对这种反对意见，第 3 条规定其适用“不影响冲突各方之法律地位”（第 4 款）。显然，这种形式的表述无法避免适用该条款可能（或被认为有可能）对叛乱者的政治地位产生的潜在影响。

面对这一困境的政府可能会认识到，尽管拒绝承认适用第 3 条可以表明其拒绝给予叛乱者政治地位，但在事实显而易见时，这种拒绝可能同时严重损害其自身在本国和外国民众眼中的“形象”。因为正如下文将要谈到的，第 3 条包含的规则是明白无误的最低限度的标准；换句话说，任何值得尊敬的政府只要无视这一标准就不再值得尊敬了。

应当指出的是，第 3 条适用于所有发生在一国领土上的非国际性冲突，不仅包括政府武装部队与非国家武装团体的冲突，也包括政府武装部队并未卷入的两个非国家武装团体之间的冲突（《第二附加议定书》的适用范围更为有限，具体内容参见第 4 章第 2.1 节）。

第 3 条规定不加歧视地给予那些没有积极参加敌对行动的人员人道待遇，包括“放下武器”或者因为“病、伤、拘留、或其他原因”而失去战斗力的武装部队成员（正规军或其他）。对于所有这些人员，“不论何时何地，不得有下列行为：(1) 对生命与人身施以暴力，特别如各种谋杀、残伤肢体、虐待及酷刑；(2) 作为人质；(3) 损害个人尊严，特别如侮辱与降低身份的待遇；(4) 未经具有文明人类所认为必需之司法保障的正规组织之法庭之宣判，而遽行判罪及执行死刑”（第 1 款第 1 项）。应当指出，有关人道待遇的上述规则与人权法中的类似规则没什么区别，只不过冲突各方都有义务尊重这些规则，而人权法只是要求政府遵守。

至于人道援助，第 3 条只是要求“伤者、病者应予以收集与照顾”（第 1 款第 2 项），登记，信息，或者医务人员、医院和救护车的地位等事项则完全没有提及。

第 3 款鼓励冲突各方“以特殊协定之方式，使（本公约之）其他规定得全部或部分发生效力"。实际上,当具有共同利益时,各方会准备这样做,例如,组织交换手中成为负担的战俘。这种协议通常是通过红十字国际委员会协调达成的(关于红十字国际委员会在国内武装冲突中的作用,另参见本章第5.2节)。

第5节 实施与执行

本部分探讨1977年以前用于推动尊重人道法的有关实施与执行的文件和机制,包括指令与教育(第5.1节),保护国和人道机构的活动(第5.2节)和违法行为的集体与个人责任(第5.3节和第5.4节)。

5.1 指令与教育

对于推动实施人道法来说,指令与教育至关重要。人道法在武装冲突状态下的实际实施,取决于社会各阶层的众多民众。如果事先没有尽可能广泛地充分进行传播,很难指望人们尊重规则,也很难指望比方说士兵总是能辨别出肆意杀害战俘或者手无寸铁的平民的命令的非法性。

这种观点早在1899年《海牙公约》中就已经有所反映。该公约第1条规定,缔约各国"应向本国陆军发出指令",以遵守作为公约附件的《章程》。1949年《日内瓦公约》进一步强调了这一点。四部公约分别在第47、48、127和144条要求缔约国,"在平时及战时""在各该国尽量广泛"传播公约条文,"尤应在军事,并如可能时在公民教育计划中,包括本公约之学习",以使公约包含的法律原则为全体民众所知晓。

1954年《海牙文化财产公约》第25条规定了类似义务。

对于这些明白无误的条约义务,很多缔约国的表现不能令人满意。对武装部队还有一些指示,但是对平民居民的教育则通常极度不足。在这样糟糕的情况下,红十字国际委员会,红十字会与红新月会国际联合会,以及各国红十字会与红新月会为弥补这一不足作出了重要努力。然而这种"替代性"活动不能免除当局的条约义务,实际上也不能免除其为如此不作为所导致的后果应当承担的责任。

5.2 保护国和其他人道机构

作为改善人道法实施状况的一种手段,外部监督在1949年以前主要在日内瓦法的框架内发展。外部监督发端于实践:当A国和B国断绝外交关系时,A国可能请求C国保护A国以及A国国民与B国有关的利益(经B国同意)。如果随后A国与B国爆发武装冲突,C 国很自然会继续保护 A 国国民的利益,在与 B 国关系上,这些 A 国国民突然就成了“敌方国民”“被拘禁者”或“战俘”。这一实践先后于 1929 年和 1949 年被纳入《日内瓦公约》,作为保卫国制度。尽管最近一次得到广泛运用是在第二次世界大战期间(中立国瑞典和瑞士为冲突双方的众多国家充当了保护国),这一制度仍然有效(虽然主要作为“书本上的法律”),因此值得在此推介。

四个《日内瓦公约》均规定,公约“之适用应与保护国合作并受其监察。保护国之责任为维护冲突各方之利益”(第一至第三公约第 8 条,第四公约第 9 条)。为了实现这一目的,保护国可以动用本国的外交或领事人员,或者任命特别代表(须征得执行任务相关冲突方同意)。冲突各方对这些人员或代表的工作“应尽最大可能予以便利”,而这些人员或代表则不得越权,尤其是必须始终“顾及其执行任务所在国之安全上迫切的必要”。

保护国在实践中的职能体现出利益协调和调解的特征。当获悉战俘居住条件恶劣或缺乏食物、被强迫从事禁止性工作、不允许寄发和接收邮件或受到其他任何形式的虐待等信息时,保护国可以努力改善这些状况。但是,保护国永远不得行使类似于公诉人的职能,调查并揭露违反公约的行为。

第一至第三公约的第 9 条和第四公约第 10 条强调,公约的规定“不妨碍红十字国际委员会或其他公正的人道组织,在有关冲突各方之同意之条件下,从事保护与救济(被保护人)之人道活动”。这里明确提到红十字国际委员会,等于正式承认了其在人道保护和援助事务中习惯法意义上的倡议权。

第一至第三公约第 10 条和第四公约第 11 条,规范了因为未就指定保护国达成一致而没有保护国履行职能的情况,现在这种情况较为普遍。在这种情况下,缔约国可以“同意将应由保护国负担之任务,委托于具有公允与效能之一切保证之组织”(第 1 款)。如不可行(经常如此),拘留国必须“请一中立国或此种组织担任(保护国所执行的)任务”(第 2 款)。尽管这并不要求敌方同意,但是如果没有敌方同意,同样难以找到准备接受保护国任务的这种国家或者组织,与前述情形一样困难重重。

作为最后措施,第 3 款要求拘留国始终“在本条之规定之约束下”,“请求或接受一人道组织,如红十字国际委员会,提供服务,以担任(依公约)由保护国执行之人道的任务”。值得注意的是,这里提到“拘留国”会将本款规定的保护的范围限定于因为某种原因被拘留的被保护人。除此之外,即使这一规定也没有发挥作用:拘留国可以无视其请求红十字国际委员会或其他人道组织提供服务的义务,而在没有首先确定将真正受到欢迎的情况下,红十字国际委员会也很难被指望去“提供服务”。

保护国制度只适用于日内瓦法(共同第 3 条除外)。海牙法没有形成类似的制度,

1899 年和 1907 年《海牙公约》都没有提及这一问题。1954 年关于保护文化财产的海牙公约是个例外,其中包括在适用该公约及其附件《条例》中开展合作与援助的制度,与《日内瓦公约》的保护国制度类似。这一制度包括理论上的保护国合作,也为联合国教科文组织规定了实际上更为重要的作用。

所有这些都看起来(而且确实)让人非常失望,值得庆幸的是,自 1863 年创立以来,红十字国际委员会在包括国内武装冲突在内的无数场合一直发挥着监督作用,维护了数百万战俘、被拘禁人和其他被保护人的利益,有时与保护国代表共同努力,更多时候则是独立开展工作。这一实践得到了承认,《第三公约》第 126 条和《第四公约》第 143 条赋予红十字国际委员会代表与保护国代表同样的特权,可以探视战俘、平民被拘留人员和被拘禁人员,也可以在没有其他人在场的情况下与他们进行交谈。这些探视是红十字国际委员会发挥保护作用的一个重要方面,纯粹是出于人道目的——保护被拘留人员身心完整、防止出现虐待、确保被拘留者享有法律赋予的适当的物质及心理条件等。

特别是对国内武装冲突来说,共同第 3 条第 2 款规定,“公正的人道团体,如红十字国际委员会,得向冲突之各方提供服务”。尽管这并不是正式授权的表述,但却可以防止有人指责红十字国际委员会通过提供服务来干涉有关国家的内部事务。公约缔约国承认的《国际红十字和红新月运动章程》为红十字国际委员会提供了授权,这使得红十字国际委员会作为无可争辩的公正的人道组织获得了进一步支持(关于国际红十字和红新月运动的结构和职能,参见第 5 章第 3.9.1 节)。

在开展活动过程中,红十字国际委员会经常遇到严重违反公约的情况。作为特殊情形,当与相关方进行秘密对话没有产生预期结果时,红十字国际委员会可以对相关做法笼统地进行公开谴责。然而,红十字国际委员会并不涉足追踪揭露那些应对违反行为承担责任的个人,因为它认为这种职能不符合其保护和救济的人道职责(本章第 5.5 节探讨了对违反武装冲突法的行为进行刑事镇压的问题,第 4 章 3.4 节和第 5 章第 3 节则讨论了近期的发展)。

5.3 集体责任

违反战争法的行为可能引发多种反应,既针对被认为应为违反行为负个人责任的某个人或某些人,也针对与这些人有关的集体(国家,冲突的另一方,某个村庄),无论是作为其中一员还是不作为其中一员。这些反应可能是即时的,也可能有所滞后;可能来自个人,也可能来自诸如敌对方、第三国或者像安理会那样的国际机构等集体;而且颇为重要的是,可能是合法的,也可能是不合法的。

至于容易被要求为违反战争法的行为负责的实体，首先想到的是冲突的国家方。早在 1907 年的《海牙公约》第 3 条中就写明了国家的责任，认为国家“应对自己军队的组成人员做出的一切行为”负责。这一特殊责任是国家对可归因于自身的国际不法行为应当承担的一种一般责任。因此，除了本国武装部队的违法行为以外，国家的责任还扩展到其他国家机构人员（警察、战俘营守卫）违犯武装冲突法的行为，甚至还包括平民的不法行为。

在国内武装冲突中同样也有集体责任问题，首先对于参加冲突的国家方来说就是这样。另外，如前所述，1949 年《日内瓦公约》共同第 3 条也决定了与其他类似团体或者国家武装部队战斗的有组织的非国家武装团体的地位。尽管无法成为公约的缔约方，但是这些团体通常被认为要受可以适用的国际人道法规则的约束，而且可能会被敌对方或者外部舆论要求对其成员的行为负责。然而，首先不能指望通过传统的以国家为中心的对等、报复和补偿等方法来追究责任（下文将对此作出探讨）。通过施加多种形式的外部压力可能会取得更大成功。

在本部分的第一段还提到了“村庄”，整个村庄可能要对村庄内或附近的违法行为承担集体责任。村庄显然不同于国家或者非国家武装团体：其他实体都是冲突方，而村庄通常不是。在本部分中我们将概要论述这一区别及其法律后果。

5.3.1　对等

当敌对方遇到违反某条或数条规则的行为时，会认为不再有义务尊重相关规则。国家或其他冲突方的集体责任这一概念正是在这种时刻最初萌发的。这种反应相当于严格地适用消极对等原则。1949 年《日内瓦公约》共同第 1 条要求缔约国“在一切情况下”均应尊重公约的规定，排除适用了这一并不完善的原则。

可能有人会问，这条规定在日内瓦法的背景下是否会百分之百有效，而对 1977 年以前的海牙法来说，情况则有所不同。相关条约并不明确排除消极对等，并且对于是否总是适合无条件排除也存有疑问。在违反特定规则的行为可能会给有罪的一方带来明显军事优势的情况下，产生疑问尤其正当。人们在这里会想到的是关于禁止或限制使用具有重要军事意义的武器的规则。如前所述，禁止使用化学武器长期以来都被认为是以对等为条件的。这也许符合其军事意义：在有能力以同样方法进行报复从而恢复军事平衡时，交战国要忍受对手使用化学武器所造成的负面影响，这似乎确实令人难以接受。

然而，当一方尊重法律，同时要求另一方也尊重法律时，对等也是一种积极因素。这一积极方面也可以化学武器为例进行说明：尽管第二次世界大战时双方都拥有化学武器，但实际均未使用。[1]

在《日内瓦公约》中，共同第 2 条第 3 款突出强调了积极对等的一种情形。该款设想的情形是，某些冲突方是公约缔约方，而另一冲突方则不是。该款规定，“设若后者接受并援用（公约）之规定”，前述各方在与该方关系中也应适用公约。如前所述，今天不会出现这种情形，因为当今所有国家都是公约缔约方。

5.3.2 报复

交战报复是冲突一方采取的故意违反武装冲突法特定规则的行为，目的是回应敌对方作为政策违反该部门法律相同规则或其他规则的行为。实施报复的前提条件是促使敌方停止该政策、尊重相关法律的所有努力均告失败（即“补充性”要求）。报复所造成的损害须与引发报复行为的非法行为所造成的损害成比例，一旦敌方停止该项被控政策，必须立即结束。第二次世界大战之前一些专家主张增加的另一个限制条件是，报复行为不能达到非人道的程度。

根据第二次世界大战之前的习惯武装冲突法，交战报复属于允许国家采取的一种执法措施。然而，交战报复通常会导致事态升级，并且往往影响到须对最初违法行为负责的个人以外的其他人。基于这些原因，诉诸交战报复行为的权利日益受到限制。为此，如前所述，1949 年《日内瓦公约》以及 1954 年关于文化财产的海牙公约明确禁止针对被保护人和财产的报复行为。

另一方面，1899 年和 1907 年《海牙公约》都没有这种禁止性规定，1925 年《日内瓦毒气议定书》中也没有这种规定。这带来了不确定性，例如，对平民居民的空中轰炸可否作为报复行为而取得正当性？如何看待这种措施的非人道属性？奇怪的是，当时认为这一要素是有效报复的一个前提条件的一些专家，却同时主张允许针对平民居民实施报复。

第二次世界大战期间，欧洲战场上的双方都对敌方领土的建筑物集中区域进行了大规模轰炸，有时是偶然，但更多时候是故意轰炸没有军事目标的区域。各方通常试图将这一政策辩解为报复措施，没有大费周章地声称遵守了补充性和比例性的要求。作为对这种做法的滞后反应，联合国大会于 1970 年通过第 2675 号决议，“确认”“平民居民或者个人不应作为报复的对象”是“武装冲突中保护平民的基本原则”之一。就其本身来看，这一“确认”并不足以有效消除目前在这一法律问题上的不确定性（参见第 4 章第 1.5.8

〔1〕 作者此说有误，日军在二战中在中国战场曾经大量使用毒气弹等化学武器，至今仍然对中国人民的生命和财产构成严重威胁。（译者注）

节)。

需要指出的是,在当今时代的国内武装冲突中,报复作为一种法律手段还从未出现过(另参见本章第 5.3.5 节有关集体惩罚的内容)。

5.3.3　赔偿

集体责任的另外一个可能的后果是:冲突一方必须对由其负责的行为所造成的损失进行赔偿。1907 年《海牙公约》明确规定国家有责任支付这种赔偿。根据该公约第 3 条(本部分概述中提到,该条规定要求国家对"自己军队的组成人员做出的一切行为"负责),对违反该公约《章程》所定规则行为负责的交战一方,"在需要时应负责赔偿"。

《第三公约》第 12 条和《第四公约》第 29 条提到,"不论个人之责任如何",国家对公约所保护人员的待遇负有责任。然而,这并不是从经济角度来确定这种形式的国家责任(但可参看下文有关本条规定与第一至第四公约第 51、52、131 和 148 条关系的内容)。

从当时的实践来看,国家为违反武装冲突法的行为支付赔偿这一责任,最多是导致了有好有坏的结果。第二次世界大战以后赔偿的一种途径是缔结一次性付清协定,通常是作为和平条约的一部分,使战败国承担向战胜国支付一定数额钱款的义务,表面上是作为对后者因战争而遭受的损失的赔偿。钱款的数额必定远远低于该方遭受的实际损失。更为重要的是,赔偿数额不大可能仅仅根据违反武装冲突法所带来的损失来确定,甚至不一定与之产生直接比率关系,战胜方也不会为其违反法律对战败方造成的类似损失作出赔偿。

一次性付清协定可以包括放弃进一步索赔的条款,无论是战胜国还是其国民都不得再要求战败国对战争损害作出赔偿。这种做法的结果是不确定的。除特别安排外,个人无法在国际层面向本人国籍国以外的国家索赔。然而,他们可以努力为所遭受的违法行为向责任国的国内法院寻求赔偿。这种案例在日本法院出现过,起诉者是二战期间曾遭受过日本武装部队伤害的战俘、被拘禁平民或者被占领土上的居民(关于这些案例,另参见第 5 章第 3.8 节)。

第二次世界大战在远东结束之后出现了一个重要情况,涉及战败国日本的国民遭受美国伤害的问题。两国和平条约规定,日本将为其国民向美国索赔承担责任。日本国民在东京地区法院提起诉讼,认为美国对广岛和长崎使用原子弹构成不法行为;通过缔结和平条约,日本放弃了其国民为此种不法行为向美国索赔的权利,因此,日本政府有责任为损害支付赔偿("下田案", the *Shimoda* case)。法院虽然认为使用原子弹确实不合法,但为了避免要求日本政府支付赔偿金,所以他们尽管认为个人在权利得到明确赋予的场合(比如,混合仲裁法庭)可以被视为国际法的权利主体,但最终认为个人通常无法在国内法院因违反国际法的行为主张赔偿。

“下田案”证实了赔偿责任可以转移至战败国的奇怪结果。1949年《日内瓦公约》排除了在刑事领域转移责任的可能性，对于严重破坏公约行为来说，无论如何都不可能。相关条款规定，“任何缔约国不得自行推卸，或允许其他缔约国推卸，其本身或其他缔约国所负之关于上条所述之破坏公约行为之责任”（分别是第一至四公约的第51、52、131和148条）。

值得一提的是，近些时候人们获悉，在一些国内武装冲突中，非国家方承认对武装团体成员的特定违法行为负责，还为对受害者造成的伤害和损害进行了赔偿。必须指出，这些确实都是较为罕见的现象。

5.3.4 外部压力

从以上所述可以看出，“集体”责任的各种传统表现形式的主要意义在于其威慑效果。任何违反武装冲突法的行为都会导致相关的国家方承担责任（因此，可能导致根据消极对等原则作出即时反应，也可能导致引发交战报复行为，或者长远看来可能导致该国家方在战后不得不为损害支付赔偿），意识到这一点可以使当局更有动力尊重并确保尊重这一法律部门。外部压力可以显著增强这种效果。

外部压力经常源自于公众舆论。诸如人权观察和大赦国际等非政府组织的报告和评论以及媒体会对公众舆论起鼓动作用。外部压力也可能体现为秘密或者公开的第三方代表的形式：政府，地区性或全球性政府间组织，以及红十字国际委员会。毕竟，作为国际社会（由国家组成）成员，同时在很多情况下又是遭到违反的条约或者习惯法规则的缔约方，确保这些法律规则得到尊重也符合第三方的利益。1949年《日内瓦公约》共同第1条表达了这样的观点，指出：所有缔约国“承诺在一切情况下尊重并保证”公约“被尊重”。用国际法院的话来说，“此种义务不仅源于公约本身，也源于人道法的一般原则，公约只是具体阐述了这些原则”（Nicaragua v. United States of America, Judgment on the Merits, 1986）。

5.3.5 集体惩罚

在本章概述部分提到，“集体责任”一词有时也用于表示要求某个群体（村庄或者城镇）为其中一个或几个人所实施的行为承担责任。这种“责任”经常导致针对该村庄或城镇居民的恶意报仇行为，例如针对武装抵抗占领国的行为所采取的措施。在当今的国内武装冲突中，人们注意到经常有类似的倾向，由于怀疑当地有人从事了支持另外一方的活动，当地居民受到残酷对待。

对国际性武装冲突来说，《第四公约》第33条明确禁止这种镇压行为，“被保护人不得因非本人所犯之行为而受惩罚。集体惩罚及一切恫吓或恐怖手段,均所禁止”。对于国内武装冲突来说,唯一相关的规则是共同第 3 条规定禁止作为人质,更不用说将这些人任意处决了。至于其他方面,共同第 3 条确立的一般原则是要对所有未积极参加敌对行动的人员施以人道待遇,并且明确禁止“对生命与人身施以暴力,特别如各种谋杀、残伤肢体、虐待及酷刑”,以及“损害个人尊严,特别如侮辱与降低身份的待遇”。这进一步表明,上述报仇性的行为不仅是绝对卑劣的,而且是绝不正当的。

5.4　个人责任

与违反武装冲突法应当承担的“集体责任”一样,为战争罪行承担个人责任这一概念的意义也是不断变化的。就实践而言,在很长一段时间里,个人责任的主要成就仍是二战后对轴心国战犯的大规模起诉和审判(尽管显然是单方面的)。

1899 年和 1907 年《海牙公约》并未对违反附件《章程》的行为规定个人刑事责任。这并不是说这种个人责任可能有违缔约国的意愿,相反,国家能够惩罚那些犯有战争罪行的本国国民或敌国国民,这早已被接受为习惯法,以至于不需要通过条约来明白确认。当然,能够处置与有义务处置是截然不同的。对于战争罪行来说,召开海牙和平会议时,还不存在惩罚这种罪行的一般义务,1899 年和 1907 年《海牙陆战公约》也没有创设这样的义务。

然而,这一观点并非不为人知。1906 年《日内瓦伤者病者公约》首次确立了国家采取立法措施约束某些违法行为的义务。1907 年,第二次海牙和平会议通过的《关于 1906 年 7 月 6 日日内瓦公约原则适用于海战的海牙第十公约》作出了类似规定。1929 年《日内瓦伤者病者公约》进一步发展了这一思想。不过,同一次会议通过的《战俘公约》仍然没有提及该问题。

最后,1949 年的四部日内瓦公约都对刑事制裁和起诉罪犯作出了详细规定。这些规定区分了两个层次的违反行为:“严重破坏公约行为”和其他可能不那么严重的违反公约行为。

第一至第四公约分别在第 49、50、129、146 条规定,各缔约国必须保证其立法“对本身犯有或令人犯有(公约规定的)严重破坏公约行为之人,予以有效的刑事制裁”。同时,各缔约国亦“有义务搜捕被控为曾犯或曾令人犯此种严重破坏公约行为之人”,并且必须“将此种人,不分国籍,送交各该国法院”,除非该缔约国更愿意“将此种人”送交已经初步证实案情的另一缔约国“审判”。这些规定在提到“人”时没有进一步的资格要求,比如其国籍,受害者国籍或犯罪行为发生地所属国别等。通常认为这相当于在适用普遍管辖权的原则,意味着无论该行为发生在哪里,无论犯罪者持有哪国国籍,国家对严重破坏公约行为都拥有管辖权。

各公约均列举了严重破坏公约行为(分别在第 50、51、130、147 条)。根据定义,"严重破坏公约行为"包括"对于受本公约保护之人或财产所犯(的行为)",例如故意杀害,酷刑或不人道待遇,故意使身体及健康遭受重大痛苦或严重伤害,非法驱逐出境,以及作为人质。这里明确提到"受本公约保护之人或财产"的用意是,在每个个案中都必须证明受害者是公约相关条款所定义的被保护人。对《第四公约》来说,问题最大,因为该公约第 4 条对"被保护人"的定义比较复杂(参见本章第 1 节和第 4.6.2 节)。这里值得一提的是,前南法庭认为不同种族可以满足"不同国籍"的要求。

第 49、50、129、146 条提到的"其他"违反公约行为被宽泛地描述为之前定义的"严重破坏公约行为以外的一切违反(公约)规定之行为"。对于这些其他的违反公约行为,缔约国的义务仅限于采取"必要措施,以制止(这些行为)"。这些措施可以是纪律纠正措施,也可以是包括刑事起诉在内的任何其他适当措施。

这里有两点需要指出。第一,严重破坏公约的行为和其他违反公约的行为都没有被定性为"战争罪行"。1949 年时出于政治原因明确规避了这一表述,与共产主义阵营的立场有关,涉及对战后被判为"战争罪犯"的战俘的待遇问题。第二,只字未提可能对违反《日内瓦公约》的行为进行国际裁决,尽管已经有了两个国际军事法庭的经验,而且完全不同于一年前《防止及惩治灭绝种族罪公约》所采取的立场(该《公约》第 6 条明确规定可能由合法"国际刑事法庭"进行审判)。诚然,"轻松"接受该条规定的国家可能并未期望很快建立这种法庭。

长期以来,以上规定几乎没有什么实际效果。很少有国家在立法时专门对犯有公约定义的严重破坏公约行为的人员规定刑事制裁措施。例如,荷兰立法机关长期以来仅限于将相当于违反战争法规和惯例的行为作为战争罪来进行处罚;尽管相关法律规定根据罪行造成伤害的严重程度来决定处罚措施,但是各个层次的严重程度与公约所确定的严重破坏公约行为毫无关系。此外,很多国家认为其现行刑法(通常是军事法)完全足以应对有关严重破坏公约行为的起诉,其他国家甚至不愿意花时间回复红十字国际委员会发出的定期信息请求。

至于调查和起诉的义务,情况也差不多。自《公约》1950 年 10 月生效以来,很少有国家对非本国国民的嫌疑人采取此类行动,即使是对本国国民也不多。

1954 年《关于发生武装冲突时保护文化财产的海牙公约》包含的制裁条款更为简单。该公约第 28 条规定,缔约国有义务"于其普通刑事管辖权范围内采取必要步骤,以对违反或唆使违反本公约的人,不问其国籍,进行起诉并施以刑事或纪律制裁"。

第 4 章
1977 年的两个附加议定书

第 2 章末尾提到,“关于重申和发展适用于武装冲突的国际人道法外交会议”(以下称外交会议)于 1977 年 6 月 8 日通过了 1949 年 8 月 12 日《日内瓦公约》的两个附加议定书的文本。《第一附加议定书》适用于国际性武装冲突,《第二附加议定书》适用于非国际性武装冲突。

会议“协商一致”通过了两个附加议定书,也就是说没有经过正式投票。这并不意味着每个条款对所有代表团来说都是同样可以接受的,远非如此。会议在结束时作出的声明确定无疑地表明,许多代表团仍然对《第一附加议定书》的某些条款存有严重疑虑,有些代表团甚至对《第二附加议定书》整体都持怀疑态度。为此,很多重要国家后来认识到应该批准或者加入两个议定书,还是值得一提并且令人满意的。

同样值得一提的是,《第一附加议定书》的大部分条款和《第二附加议定书》的某些条款,都体现了之前已经存在的习惯国际法,或者之后被承认为习惯国际法规则。对这些习惯法规则来说,一个国家是否批准或加入两个附加议定书可能无关紧要。实践中,像美国这样尚未批准附加议定书的国家还是会承认其认为属于习惯法的《第一附加议定书》相关规则具有拘束力。然而,批准或加入仍然很重要,不仅对于那些确定无疑新制定的而且尚未成为习惯法的条款来说是如此,对于那些得到更为准确详细阐释的之前被认为模糊、宽泛的习惯法规则来说也是如此,例如必须“尽可能不伤害”平民居民的戒律。

只有 1949 年《日内瓦公约》缔约国才能成为两个附加议定书的缔约方。截至 2010 年 8 月,《第一附加议定书》缔约国共有 170 个,《第二附加议定书》缔约国共有 165 个。

本章首先探讨了《第一附加议定书》,它在两个附加议定书中更为复杂、详细(第 1 节),然后探讨了《第二附加议定书》(第 2 节)。所讨论的问题在顺序上与第 3 章大体一致。由于两个附加议定书实现了“海牙法、日内瓦法和纽约法的合流”,在顺序安排上也有一些差异。

第1节　第一附加议定书

1.1　本部分法律的特点

“序文”部分重申,《日内瓦公约》和本议定书的规定“必须在一切情况下充分适用于受这些文件保护的一切人,不得以武装冲突的性质或起因为依据或以冲突各方所赞助的或据称为各方所致力的目标为依据而加以不利区别”。这一表述旨在明确:国际性武装冲突各方都有义务在相互之间遵守人道法规则,不论哪一方被认为是(或自认为是)攻击者或防御者,也不考虑各方所称的“正义事业”。

重申这一点很重要,因为根据《联合国宪章》的有关规定,国家之间禁止使用武力(实际上是禁止任何“威胁或武力,或以与联合国宗旨不符之任何其他方法,侵害任何会员国或国家之领土完整或政治独立”),但是仍然允许为抵御武装攻击而进行单独或集体自卫。尽管这里对攻击者(或者最恶劣情形下的侵略者)和防御者的区分在国际法的某些领域有相应影响,但是如果允许进行这种区分的目的是导致冲突各方根据该特定法律部门应当承担不同的义务,则是不可接受的,而且完全违背了武装冲突法的宗旨。

然而,相反的影响同样不可接受:也就是说,将交战方平等这个概念移植到国际法的其他领域;在这些领域中,攻击者与防御者的区分确实会导致不同的法律立场。为了排除这种未经授权的影响,“序文”中特别指出,本议定书或《日内瓦公约》的任何内容均不能“解释为使任何侵略行为或任何与《联合国宪章》不符的武力使用为合法或予以认可”。

与1949年《日内瓦公约》一样,《第一附加议定书》也规定缔约方有义务“在一切情况下,尊重并保证(其规定)被尊重”(第1条第1款)。这里同样不应怀疑作者在起草《第一附加议定书》各条款时已经考虑了“军事必要”因素。因此,背离规则的行为不能以军事必要为正当理由,除非特定规则明确允许。

第1条第2款使用有点现代色彩的表述重复了1899年的“马顿斯条款”,不容置疑地指出,在本议定书或其他条约的规则没有明确规范的情况下,也不能自动认为可以不受限制地对“军事必要”作出判断:

> 在本议定书或其他国际协议所未包括的情形下,平民和战斗员仍受来源于既定习惯、人道原则和公众良心要求的国际法原则的保护和支配。

1.2　适用范围

与 1949 年《日内瓦公约》一样,《第一附加议定书》适用于国际性武装冲突和占领的情形(第 1 条第 3 款)。第 4 款宣告,这些情形包括民族解放战争,并将其定义为:

> 各国人民在行使庄严加载《联合国宪章》和《关于各国依联合国宪章建立友好关系及合作的国际法原则宣言》(1970 年 10 月 24 日联合国大会 2625(25)号决议附件)的自决权中,对殖民统治和外国占领以及对种族主义政权作战的武装冲突。

这一表述的目的是在非殖民化进程的框架下,将"民族解放战争"纳入国际性武装冲突的范畴(因而属于《日内瓦公约》和《第一附加议定书》的适用范围),联合国大会在实践中已经这样处理了。其中提到的"殖民统治""外国占领""种族主义政权"以及"自决权"都旨在限制该条款的范围:之后如果自称为"自由战士"的团体将冲突界定为"解放战争",并且该冲突因而自动成为国际性武装冲突,则并非起草者的初衷。即便如此,这一条款的措辞依然很有弹性。西欧和其他地区有几个国家因此从一开始就担心,第 1 条第 4 款可能会为分离主义运动或以暴力反对现行社会秩序的运动打开方便之门,为其行动贴上"民族解放战争"的标签,至少借此赢得一些政治优势。

第 1 条第 4 款也提出了一个难题:为"行使自决权"而战斗的民族无法成为《日内瓦公约》或本议定书的缔约方。为了消除这一障碍,《第一附加议定书》第 96 条第 3 款规定,代表这一民族的当局可以向保存者(瑞士政府)递交单方面声明,称其承诺适用各公约和本议定书。该条款要求战争是"针对缔约国"的,因此只有在战争的对象国是本议定书的缔约国(因此也是《日内瓦公约》缔约国)时,根据第 96 条第 3 款作出的声明才有效。这种声明的效力是使《日内瓦公约》和本议定书在该武装冲突中适用,从而对冲突各方都同样具有拘束力。

应当强调的是,只有同时满足以下两个条件时,第 1 条第 4 款才能产生预期的效力:相关国家必须是本议定书的缔约国,而且代表该民族的当局必须通过向保存者递交声明来承诺适用《日内瓦公约》和本议定书。同样值得注意的是,第 4 条规定"各公约和议定书的适用……不应影响冲突各方的法律地位"。

自本议定书生效以来,实践中还没有出现这样的情况,没有一例武装冲突满足第 1 条第 4 款的条件,即相关国家为议定书的缔约国,并且代表这一民族的当局做出了第 96 条第 3 款所要求的声明。另外,一些叛乱运动的领导人声称进行的是民族解放战争。这样的声明不具有使《日内瓦公约》和《第一附加议定书》适用于该情势的效果。

这里可以重复一下在第3章第1节所作的一般性评论,国际司法机构有权自行决定《日内瓦公约》和《第一附加议定书》是否(或是否曾经)适用于特定的国际暴力情势。

1.3 战斗员和战俘地位

如何识别战斗员?过去,这对正规军来说没有太大困难:他们身着华丽制服骄傲行进,佩戴着引人注目的刀剑盾牌(后来是长长的步枪)。直到现在,在一些礼仪场合人们仍然能够看到这种色彩缤纷的展示。然而,无论是在过去还是近些时候,还有其他情况:一些群体在参加战斗时没有将自己与其他人清楚区分,例如被占领土上的抵抗战士、参加非殖民化战争的"解放战士",以及现在的各种非正规战士。他们都应该被承认为战斗员(在被俘时则作为战俘)吗?1899年为解决这一难题付出了努力,但完全失败了。1949年时,一种解决方案得到接受,但只是让正规军感到满意,非正规战士则几乎被忽略了。

谈判制定《第一附加议定书》的人员为解决这一难题再次作出努力,努力的成果体现在本议定书第三部第二编当中,下文将概要介绍。不过,作为本议定书第四部(平民居民)的开头,第48条的部分内容可以很好地说明其主要考虑,援引如下:

> 为了保证对平民居民的尊重和保护,……冲突各方无论何时应在平民居民和战斗员之间加以区别……

对整个《第一附加议定书》来说,不论其他的众多条款有多重要,这一规定确实是最基本的规定。这一条款曾经是最难以阐述清楚的,目前仍然是最难以适用和解释的。

1.3.1 "武装部队"和"战斗员"的资格:一般规则

作为解决这一问题的第一个步骤,第43条对"武装部队"和"战斗员"作出了全新定义。第1款规定:

> 冲突一方的武装部队是由一个为其部下的行为向该方负责的司令部统帅下的有组织的武装部队、团体和单位组成,即使该方是以敌方所未承认的政府或当局为代表。该武装部队应受内部纪律制度的约束,该制度除其他外应强制遵守适用于武装冲突的国际法规则。

这一定义没有区分(正规的)国家武装部队和(非正规的)抵抗或解放运动武装部队以及其他类似的非国家的武装部队,意味着对"正规"武装部队(即并非"民兵或志愿军"的部队)首次有了明确要求。

对所有"武装部队"来说,这些要求可以概括为:组织措施、负责任的指挥和专门旨在确保遵守武装冲突成文与非成文规则的内部纪律制度。与《海牙章程》的传统要求相比,最显著的区别在于:作为武装部队的资格不再取决于其成员是否无论何时都身着制服或公开携带武器,以与平民居民相区分。

在非正规作战中保护平民居民是一个古老的问题,接下来探讨一下 1977 年对此提出的解决方案的更为复杂的第二部分。这一解决方案的提出并非像过去那样以"武装部队"概念为背景,而是根据单个成员的权利和义务。第 43 条第 2 款首先列举了他们的权利,进而指出都是"战斗员,换言之,这类人员有权直接参与敌对行为"。"第三公约第 33 条的规定所包括的医务人员和随军牧师"属于例外,他们是武装部队中的非战斗员。

这一地位和权利与战斗员落入敌方权力之下时"成为战俘"的权利直接相关(第 44 条第 1 款)。单个战斗员自然"必须遵守适用于武装冲突的国际法规则",并为其可能实施的任何违反公约行为承担个人责任。第 44 条第 2 款强调,除例外情况外,个人违犯公约的行为"不应剥夺战斗员作为战斗员的权利,或者在落于敌方权力时成为战俘的权利":这些权利是其作为"武装部队"成员而固有的。例外情况出现在上述引文的结尾,"除第三款和第四款所规定外"。

1.3.2　战斗员使自己与平民相区别的个人义务

第 44 条第 3 款一开始就规定单个战斗员有义务使自己与平民相区别:

> 为了促进对平民居民的保护不受敌对行为的影响,战斗员在从事攻击或攻击前军事准备行动时,应使自己与平民居民相区别。

这一规定与上文引用的第 48 条的内容非常相似。第 48 条规定的是一方面,冲突各方的义务;这里则转换成了单个战斗员的义务。另一方面,战斗员不需要随时区别自己:只要在从事"攻击或攻击前军事准备行动"时这样做就足够了。这可能仍会涵盖相当长时间,在最终发起攻击前很长时间就应该开始。

但是,即使是诸如伏击或"打了就跑"等典型的游击活动,在行动最终开始之前数天(如果不是数周)就要开始准备。如果参与被占领土武装抵抗、民族解放战争或其他类别非正规战的人员在那段时期一直将自己与平民相区别,那么他们还有希望存活下来吗? 反过来说,如果非正规战士在平民区域从不将自己区别开来,平民还有望幸免于难吗?

1.3.3　关于"区分"的一般规则的例外

在勇敢尝试解决最后这一点问题时,"认识到在冲突中有一些情况使武装战斗员因敌对行动的性质而不能与平民居民相区别",第 44 条第 3 款在第二句话宣告,"该战斗员应保留其作为战斗员的身份，但在这种情况下，该战斗员须公开携带武器”，时间要求是：(1) 在每次军事上交火期间；(2) 在从事其所参加的发动攻击前的部署时为敌人所看得见的期间。相反，如果战斗员在“不符合第 3 款第二句所列的要求”时落于敌方权力之下，则“应失去其成为战俘的权利”（第 44 条第 4 款）。然而，同一段落中的规定弱化了这一后果的严重性：“但其所享受的保护应在各方面与第三公约和本议定书所给予战俘的保护相等”。这些“相等”的保护甚至适用于“这类人因其犯有任何罪行而受审判和惩罚的情形”，例如伪装成平民参加攻击或伏击的罪行——可能作为背信弃义行为受到惩罚（参见本章第 1.4 节）。除了这些“相等保护”之外，根据第 45 条第 3 款，甚至还有权享受“本议定书第 75 条的保护”。对处于冲突方权力之下无法获得《日内瓦公约》或本议定书规定的更为有利的保护的人员来说，这一权利为他们提供了基本保证（更多内容参见本章第 1.8 节）。

对被占领土上的抵抗战士来说，第 45 条第 3 款确立的规则值得关注：除非是作为间谍，“尽管有第四公约第 5 条的规定”，这类人员“也应享受该公约所规定的通讯的权利”。这至少防止了占领国完全禁止其通信。

第 44 条第 5 款明确规定，“未从事攻击或攻击前军事准备行动而落于敌方权力之下”的战斗员，仍然拥有“成为战斗员和成为战俘的权利”，而不论其之前从事了什么活动（或许同样可能因为背信弃义行为而遭受或者不遭受处罚）。

最后，第 44 条第 7 款强调指出，本条规定“无意变动各国关于被派于冲突一方正规并穿制服的武装单位的战斗员穿着制服的公认惯例”。

这套规则与例外情形反映了两种观点的妥协：有人要求给非正规战士以战斗员身份，同时不要求其将自己与平民相区别，另一些人则强烈反对任何有利于非正规战士的例外规定，无论是在正常场合还是在困难场合。这一妥协在满足双方利益上迈进了一大步：非正规战士原则上被视为战斗员，并且只在例外情况下才失去这一地位；另一方则有可能正是在这些例外情况下，审判和处罚那些被当场抓住而不具备战斗员地位的俘虏，因此并不会引发战时审判战俘时常导致的抗议和报复性行动。

值得注意的是，有几个国家在批准本议定书时明确指出，他们认为新规则仅在民族解放战争和占领敌方领土的情形适用。目前看来，民族解放战争实际上已经成为历史。对特别是美国和以色列等其他国家来说，这些新规则对他们决定不加入《第一附加议定书》具有重要影响。美国特别指出，尽管越共战士没有将自己与平民区别开来，但是美国在越战中还是将俘获的越共战士作为战俘，这反映的是美国的政策，而非法律义务。除此之外，在《第一附加议定书》通过并生效之后，在实际敌对行动中实施这些新规则并未取得任何进展。

1.3.4　间谍

《第一附加议定书》第三部第二编包括处置两种特殊情况的规则。一种涉及“在从事间谍活动时落于敌方权力下的冲突一方武装部队的成员”。第 46 条第 1 款对此规定了一般规则:这类人员“不应享受战俘身份的权利,而得予以间谍的待遇”。第 2 至 4 款对这条一般规则进行了细化。第 3 款专门对被占领土上的抵抗战士作了规范:

> 冲突一方武装部队的人员,如果是敌方占领领土的居民而在该领土内为其所依附的冲突一方搜集或企图搜集具有军事价值的情报,除其通过虚假行为或故意以秘密方式搜集或企图搜集情报外,即不应视为从事间谍行为。而且,这类居民除在从事间谍行为时被俘外,不应丧失其享有战俘身份的权利,并不得予以间谍的待遇。

例如,如果被占领土上的抵抗战士在试图搜集具有军事价值的情报时,只是身着平民服装而没有采取欺骗手段或者秘密行动,则并不丧失其战斗员地位。如果确实运用这种禁止手段(比如穿着占领军的制服),并在试图搜集其寻找的“具有军事价值的情报”的过程中被抓获,则丧失其享有战俘地位的权利。不过,第 45 条第 3 款适用于这种情形:该人员将享有第 75 条规定的最低限度保护。然而,根据《第四公约》第 5 条,占领国在这种情形中有权拒绝给予其(与任何其他间谍一样)公约所规定的通讯权。

如果抵抗战士在传送具有军事价值的情报时被抓获,则必须按照战俘对待。这样,他是否采取欺骗手段或者以秘密方式来搜集情报,就无关紧要了。

应当注意的是,对从事间谍活动的正规武装部队成员来说,这一规定同样适用并为其提供同等保护。

1.3.5　外国雇佣兵

另一种特殊情况是外国雇佣兵。第 47 条第 1 款规定,此类人员“不应享有作为战斗员或成为战俘的权利”。非洲国家群体引人注目地为使这一例外得到接受而付出努力,但在西方眼中,这与下述基本思想相悖:成为战俘的权利不应取决于促使某人参与敌对行动的动机,不管这种动机多么令人不快。然而,第 1 款的潜在灾难性影响在很大程度上被第 2 款消除了,第 2 款规定,作为雇佣兵要满足一系列条件,其中一个是他“不是冲突一方武装部队的人员”,这又属于广义上的第 43 条的范畴。

这一定义的影响在于:第 47 条规定的例外情形只适用于完全独立的雇佣军的成员,这些人员没有“为其部下行为向(冲突一方)负责的司令部”(第 43 条第 1 款)。这样看来,第 47 条甚至不能算是真正的例外,因为按照第 43 条的规定,这样的军队不算是“冲突一方的武装部队”。

1.3.6 身份不明人员的待遇

总体上,关于“武装部队”“战斗员”和“战俘”的新规则是对 1899 年《海牙公约》和 1949 年《第三公约》规定的旧规则的重要改进。然而,新规则可能很容易导致“参加敌对行动而落于敌方权力下的人”的身份在被俘时并不完全明确。对于被俘人员是否属于“有组织的武装部队、团体或单位”,或者所属团体是否符合第 43 条的要求,也可能存有疑问。是通过穿着的制服还是别的标志来确定他们是武装部队成员？他们是可以适用第 44 条第 3 款和第 4 款规定的例外情形的战士？抑或是第 46 条所规定的间谍？一定要将他们视为雇佣兵吗？

对于所有这些问题,第 45 条第 1 款首先创设了有利于“参加敌对行动而落于敌方权力下的人”主张战俘身份的假定,“如果他主张战俘的身份,或表现为有权享有这种身份,或其所依附的一方通知拘留国或保护国代其主张这种身份”。第二句话确认了《第三公约》第 5 条第 2 款关于“疑问”的规则,规定:

> 如果对于任何这类人是否有权享有战俘身份的问题有任何怀疑,这类人在主管法庭决定其身份以前,应继续享有这种身份,因而受第三公约和本议定书的保护。

第 45 条第 2 款规范的情形是:在“就敌对行动中所发生的罪行”受审时,落入敌方手中但没有被作为战俘的人员主张拥有战俘身份。即使是在这种情况下,“这样的人(也)应有权在司法法庭上提出其享有战俘身份的权利主张,并要求对该问题予以裁决”,如果程序允许,“应在审判罪行前(先进行这项裁决)”。保护国代表“应有权出席诉讼程序……除在例外情形下为了国家安全利益而秘密进行诉讼程序外”——拘留国必须将这一情况告知保护国。实践中,红十字国际委员会经常参加这样的诉讼程序。

1.4 作战方法与手段

1.4.1 基本规则

《第一附加议定书》第三部第一编在这一标题之下探讨了本书第 3 章题为“作战手段”和“作战方法”的几个问题。这一合并在第 35 条(“基本规则”)体现得尤为明显,该条规定重申了海牙法的两条既有原则,并且增加了一条新原则,在重申和增补中为对作战“手段”的传统限制增加了“方法”一词:

> (1) 在任何武装冲突中,冲突各方选择作战方法和手段的权利,不是无限制的。
>
> (2) 禁止使用属于引起过分伤害或不必要痛苦的性质的武器、投射体和物质及

作战方法。

(3) 禁止使用旨在或可能对自然环境引起广泛、长期而严重损害的作战方法或手段。

除了增加“方法”一词以外,在重申前面两条原则时并没有增加任何新内容。尽管在外交会议上有过讨论,但是一直等到另外一个场合(参见第 5 章第 1 节),这两条原则才被阐述为得到国际认可的关于使用特定常规武器(如燃烧武器、地雷和诱杀装置)的禁止或者限制性规定。新增加第三个原则主要是因为美军在越南战争中采取了大规模毁林措施。这一原则的表述,特别是有关“损害自然环境”这一概念的符合条件,过于模糊而具有限制性,以至于难以指望具体适用这一“基本规则”。实际上,在外交会议期间,“长期”一词被解释为指的是几十年;并且如果要将某一作战方法或手段归入禁止之列,其使用必须伴随有导致所要求的损害的意图或者预期。这里,明确禁止使用脱叶剂和除草剂(或者总体上承认 1925 年《日内瓦议定书》的禁止性规定也包括使用这类化学制剂)显然会更加有效。但是,这同样没有列入外交会议的议程。

外交会议能够并确实从另一个角度处理了作战手段和方法问题。第 3 章第 3.2 节提到,一旦被纳入军火库中,某种武器就不会仅仅因其会导致不必要的痛苦而被轻易弃置不用。因此,预先阻止引入可能有那种效果的作战手段或方法就非常重要。第 36 条对此作了规范,规定“在研究、发展、取得或采用新的武器、作战手段或方法时”,本议定书各缔约国要“断定,在某些或所有情况下,该新的武器、作战手段或方法的使用是否为(任何可适用的国际法规则)所禁止”。

有几个国家设立了这种单方面评估的程序。困难在于,新式作战手段和方法在实战中的影响通常不能得到充分了解,而且显然也不可能通过试验来测试。不过,第 36 条所规定的义务有助于实现禁止造成过分伤害的作战方法与手段这一目标。

在第 35 条的文本中引入“方法”一词并没有促使外交会议探讨后来成为热点的话题,即“定点清除”问题:通常从空中使用有人或者无人驾驶武装航空器对选定的个人实施攻击。这种方法在实践中引发一系列问题,涉及目标选择、信息验证、损伤评估等。更为重要的问题是,如果可以采取其他手段消灭该选定的个人,定点清除是否正当。“冲突各方选择作战方法和手段的权利,不是无限制的”这一古老原则在这里具有实际意义(另参见第 1 章第 1 节有关战争法性质的内容以及本章第 1.4.4 节有关饶赦的内容)。

对“基本规则”的最后评论是,第 35 条纳入这些规则并不意味着起草者想要借此对使用核武器的合法性或非法性作出判断。在外交会议上达成的共识是,召开会议并不是要解决与核武器的存在和潜在使用有关的问题,更具体地说,会议通过的任何新规则(比如第 35 条第 3 款关于环境保护的原则）在制定时都没有考虑使用核武器的问题。这一问题在第 4 章第 1.5.8 节中有进一步讨论。

1.4.2　背信弃义与战争诈术

第 37 条第 1 款是《海牙章程》第 23 条第 2 款的改进版，规定禁止“以背信弃义的方式杀、伤属于敌国或敌军的人员”。该条在第一句话规定，禁止“诉诸背信弃义以杀死、伤害或俘虏敌人”（后面将会提到，“俘虏”两字是新增加的）。《海牙章程》并未对“背信弃义”概念作出定义，第 37 条第 1 款的第二句话则试图为其作出具体、准确定义，从而在法律场合可以适用（例如在法庭上），内容如下：

> 以背弃敌人的信任为目的而诱取敌人的信任，使敌人相信其有权享受或有义务给予适用于武装冲突的国际法规则所规定的保护的行为，应构成背信弃义。

这里有两点值得提及。

一是对该款的解释。尽管明确“以背弃信任为目的而诱取信任的行为”“构成背信弃义”，但实施这种行为并不足以构成犯罪。更确切地说，这种行为是必要条件，与杀死、伤害或俘虏敌人等实体要件一起构成“背信弃义杀害”的行为。

二是“背信弃义”在定义中所指的不是一般意义上的“信任”：具体地说，产生信任的敌方必须相信对方有权享有“适用于武装冲突的国际法规则所规定的保护”。与这种形式的法律保护没有关系的背弃信任并不等同于第 37 条意义上的背信弃义。从对背信弃义的定义来看，特别是这第二个限制性要素，有助于将这一抽象名词转化成十分具体的概念。为了更加详细地说明这一概念，该条规定列举了以下四种构成背信弃义的例子（第 1 款）：

> (1) 假装有在休战旗下谈判或投降的意图；
>
> (2) 假装因伤或因病而无能力；
>
> (3) 假装具有平民、非战斗员的身份；和
>
> (4) 使用联合国或中立国家或其他非冲突各方的国家的记号、标志或制服而假装享有被保护的地位。

第三个例子让我们联想到战斗员将自己与平民居民相区别的义务。当时提到，第 44 条第 3 款规定了例外情形，“在武装冲突中有一些情况使武装战斗员因敌对行动的性质不能与平民居民相区别”。为了避免可能产生的误解，该款最后一句话指出，“符合本款要求的行为，不应视为第 37 条第 1 款第三项的意义内的背信弃义行为”。

与禁止背信弃义行为相反的是在 1899 年和今天都一直允许的战争诈术。第 37 条

第2款在第一句话重申了《海牙章程》第24条的规则,“战争诈术是不禁止的”。正如其第二句话所解释的,像背信弃义行为一样,诈术“旨在迷惑敌人或诱使敌人作出轻率行为”。然而,不同于背信弃义行为的是,诈术“不违反任何适用于武装冲突的国际法规则”,也不“诱使敌人在该法所规定的保护方面的信任”。这里最后也列举了一些有关诈术的例子,“使用伪装、假目标、假行动和假情报”。

一个具体的例子可以进一步说明背信弃义与战争诈术的区别。战斗员在战场上可能假装死亡以避免被俘,然后重新归队或者留在敌人后方。这是迷惑行为而不是背信弃义行为,是一种战争诈术。但是如果该战斗员假装死亡的意图是杀死或伤害认为其受伤需要帮助而靠近的敌人,就属于第37条第1款第2项所规定的背信弃义。即便如此,只有在确实杀死或伤害敌人或者试图这样做时,为此假装死亡的战斗员才算是犯有违反第37条第1款的罪行。因为,值得再次重申的是,该条规定并不禁止背信弃义本身,而是禁止“诉诸背信弃义以杀死、伤害或俘获敌人”。

1.4.3 标志、旗帜和制服

第38条禁止不当使用红十字或红新月、休战旗(白旗,表示准备谈判)以及联合国标志等。第39条第1款规定,禁止“在武装冲突中使用中立国家或非冲突各方的国家的旗帜、军用标志、徽章或制服”,第39条第2款并没有完全禁止使用敌方制服,而是列出了禁止使用的场合:

> 在从事攻击时,或为了掩护、便利、保护或阻碍军事行动,而使用敌方的旗帜或军用标志、徽章或制服,是禁止的。

第39条前两款没有规范间谍这一特殊情况。为了获取所寻找的情报,间谍显然将使用中立方或敌方制服视为上策之一。在被当场抓获时,间谍很可能因为其间谍行为而遭受惩罚,但普遍认为,他们使用该类制服本身并不违反任何国际法规则。第39条第3款明白确认了这一事实。

该款还规定,“本条或第37条第1款第四项的规定,不应影响适用于……在进行海上武装冲突中使用旗帜的现行的公认国际法规则”。这一段话指的是在虚假旗帜掩护下靠近敌人的古老实践,要求军舰只须在临近开火时才展示真实旗帜(“向旗帜宣誓”)。甚至是海军界也怀疑今天是否应该仍然将这种做法作为一种合法的海战方法。然而,像专门属于海上作战领域的其他问题一样,这一问题并未列入外交会议的议程,上述引文充分反映了这一事实。

1.4.4 饶赦

第40至42条更为详细地明确了《海牙章程》第23条第3款和第4款包含的两个禁

止性规定:禁止"杀、伤已经放下武器或丧失自卫能力并已无条件投降的敌人";禁止"宣告决不纳降"。第40条更为清楚准确地说明了有关饶赦的规则:

> 禁止下令杀无赦,禁止以此威胁敌人,或在此基础上进行敌对行动。

第41条以保护失去战斗力的敌人代替了《海牙章程》中的"无条件投降"。在第1款阐明了基本规则:

> 被认为失去战斗力或按照情况应该被承认为失去战斗力的人,不应成为攻击的对象。

应该注意的是,这一表述将"应该被承认为"与"被认为"相提并论。如果士兵要避免为违反第41条承担责任,仅仅说"我没有看到"是不够的:必须表明,一般士兵在正常情况下也不会注意到该敌人已经失去了战斗力。

第41条第2款指出下列人员是失去战斗力的人:(1) 在敌方权力之下的人;(2) 明示投降意图的人;或(3) 因伤或因病而失去知觉,或发生其他无能力的情形,因而不能自卫的人。

> 但在上述任何情形下,均须不从事任何敌对行为,并不企图逃脱。

第(1)项规定的情形似乎是理所当然的:自战斗员落入敌方手中的那一刻起,他就成为战俘并且享有相应保护(《第三公约》第4条和第13条)。不过,明确规定这种情形却很重要,有两个原因。一个原因在于本款的结束语:被俘战斗员如果试图对俘获者使用暴力或企图脱逃,就会导致停止其作为丧失战斗力人员的身份,从而,用第1款的话来说,可以再次"成为攻击的对象"。

第二个原因与相反的情形有关:不是被俘战斗员试图对俘获者使用暴力,而是俘获战斗员的巡逻队不愿将其撤离至后方(认为在当时情况下这样做负担过重),更愿意将其杀害,以摆脱其存在所带来的负担。第41条第1款和第2款第1项含蓄地否定了这一解决方法。第3款提出了好的解决办法,指出当"有权作为战俘享受保护的人,在不能撤退的非常的战斗情况下落于敌方权力下"时,"应予释放,并应采取一切可能的预防措施保证其安全"。可以指出,尽管这可能是理想的解决办法,但并非在所有场合都切实可行。

诚然,没有条约规则明确规定,如果可以将敌人作为俘虏就不能将其杀害。但是也没有充分依据可以断言,敌人只有从其被俘正式完成时才算"已经投降"(从而不得将其杀害)。这一观点如果不是与规定的条件相悖,就是与第23条第3、4款规定的精神相悖,实际上是有悖于人道法这一概念的,该法律部门的宗旨就是保护人的生命,避免人们遭受不必要的苦难;或者用马顿斯条款来说,有悖于“来源于既定习惯、人道原则和公众良心要求的国际法原则的保护和支配”的理念(关于“定点清除”,参见本章第 1.4.1 节)。

至于第(2)(3)项提到的情形,我们可以指出其与背信弃义的关系:只要某人仅仅是通过假装处于其中某个情形来使敌人相信有义务给予其保护,然后试图“杀死、伤害或俘获”该敌人,他就不仅丧失了作为失去战斗力人员的特权地位,还犯有背信弃义的罪行。

1.4.5　遇难飞机上的人员

最后,第 42 条规范了与失去战斗力相似的情形:遇难飞机上的人员。第 1 款规定,从这种飞机上跳伞降落的任何人,“在其降落中,均不应成为攻击的对象”。至于该人员是降落在己方控制领土还是敌方控制领土,则无关紧要;在前一种情况下,该人员在降落过程中的无助处境超越了他可能很快会再次积极参加敌对行动的考虑。

当跳伞降落的人“落在敌方所控制的领土的地面”时,第 42 条第 2 款规定,“除显然表现其从事敌对行动外,在成为攻击的对象前,应有投降的机会”。

第 3 款特别规定,“空降部队不受本条的保护”。换句话说,这些部队即使是从遇难飞机上跳伞降落时,也可成为攻击的对象。一旦其落在敌方所控制的领土的地面,就适用通常的规则:作为战斗员,他们可能遭到攻击也可以进行防御;还可以对敌人发起攻击;最后,根据第 41 条第 2 款第 1 项,他们可以“明示投降意图”,进而受到该条规定的保护。

1.5　平民居民的保护

《海牙陆战章程》有关平民居民的保护的规定较为简单化,《第一附加议定书》中的有关规则非常详细、周密。第四部(平民居民)第一编集中明确了“防止敌对行动影响的一般保护”,包括 20 条详细规定。本章前面的内容显而易见地说明了这一问题的极端重要性,持续有权享有战斗员和战俘身份,以及背信弃义概念的一种情形,都取决于战斗员是否遵守了将自己与平民相区别的义务(本章第 1.3 和 1.4 节)。

需要注意的是,本议定书第四部还包括另外两编:第二编关于“对平民居民的救济”和第三编关于“对在冲突一方权力下的人的待遇”。

1.5.1　基本规则与适用范围

作为第一编(防止敌对行动影响的一般保护)开篇的第 48 条,规定了“区分的基本规则”。本章第 1.3 节探讨了“战斗员和战俘身份”问题,在开头部分已经强调了这一规定的至关重要性,还部分引用了相关内容。然而,作为有关保护平民居民的具有内在联系的整套规则的基础,这一规定值得再次引用,这次引用一下全文:

> 为了保证对平民居民和民用物体的尊重和保护,冲突各方无论何时均应在平民居民和战斗员之间和在民用物体和军事目标之间加以区别,因此,冲突一方的军事行动仅应以军事目标为对象。

像区分战斗员和平民(分别可以和不可以遭到攻击)一样,军事行动中还必须区分可以被攻击的军事目标和不得遭受攻击的民用物体。第 50 至 52 条对这一原则作了详细规定。在此之前,第 49 条对"攻击"一词作了定义,还确定了这些规定所适用的领土范围,及其与有关保护平民和民用物体的其他既有规则的关系。

第 49 条第 1 款将"攻击"定义为"不论在进攻或防御中对敌人的暴力行为"。应当解释一下,"暴力行为"指的是涉及使用暴力手段的作战行为:包括使用步枪射击和炸弹爆炸,但不包括抓获俘虏的行为(即使也可能涉及使用武力)。结束语"不论在进攻或防御中"毫无疑问表明,即使冲突方在整个冲突或者特定军事行动中处于防御位置,仍然有义务依照保护平民居民的规则实施其"对敌人的暴力行为"。

第 49 条第 2 款对此作出了详细规范,明确指出,涉及攻击的条款"适用于不论在什么领土内的一切攻击,包括在属于冲突一方但在敌方控制领土内的攻击"。根据这一规定,如果一国领土遭到侵犯,其武装部队对入侵军队实施攻击,那么不管是对其余领土进行防御,还是试图击退敌人,都必须全面遵守相关规则。这一规则同等适用于对占领军实施攻击的武装抵抗部队。在这种情况下,"尊重和保护"的义务不仅涉及敌方平民居民,还包括本国居民。

与未向本国居民提供保护的《日内瓦公约》相比,上述规定可能扩展了这一保护性规则的适用范围,但是第 49 条第 3 款转而引人注目地将规则范围特别限定于陆地上的平民居民。第一句话规定,"本编的规定,适用于可能影响(陆上)平民居民、平民个人或民用物体的任何陆战、空战或海战"。特别是对于来自海上或空中的攻击来说,第二句话指出,相关规定"适用于从海上或空中对陆地目标的任何攻击"(但"不影响适用于海上或空中武装冲突的国际法规则")。括号中引用的话再次表明,外交会议避免涉及海战和空战的具体问题,但是大家尽可以放心,各位代表在起草有关保护平民居民免受敌对行动影响的规则时,首先突出考虑了空中行动的影响。

最后,第 49 条第 4 款提醒我们,有关保护平民居民的规则在别处也可以找到。该条规定指出,第四部第一编的规定是"对有关保护平民和保护陆地上、海上及空中民用物体免受敌对行动影响的其他国际法规则的补充”。

1.5.2　平民和战斗员

根据第 50 条第 1 款，“平民是指不属于第三公约第 4 条（子）款第一项、第二项、第三项和第六项及本议定书第四十三条所指各类人中任何一类的人”。简要地说，平民是所有不属于战斗员类别的人。上述条款尽可能准确地对后一类人员作了界定。不过，在军事行动期间，对特定人员是属于战斗员还是平民可能会产生疑问。

第 50 条第 1 款第二句话对在某人身份不确定的情况下如何行事作出规定：“遇有对任何人是否平民的问题有怀疑时，这样的人应视为平民”。这实际意味着，只有在确信这些人是敌方战斗员或实施敌对行动的人员（考虑到当直接参加敌对行动时平民将失去保护）时，战斗员才可以向身份不确定的人员或者所处地点不符合其身份（比如在某个不应有平民的地域）的人员开枪。这一规则适用于所有情形，不论白天黑夜，对空中攻击行动和步兵都同样适用。

“平民”的定义之后是对“平民居民”的定义：“包括所有作为平民的人”（第 50 条第 2 款）。

在实践中，平民和战斗员并不总是严格区分的。可以想象一些常见的情形，例如，城镇中除了有平民居民，也会驻有武装部队；或者与无序撤退的部队混杂在一起的难民潮。第 50 条第 3 款从对平民居民的定义的角度规范了这一问题，规定“在平民居民中存在有不属于平民的定义范围内的人，并不使该平民居民失去其平民的性质”。这种“非平民”的大量存在会对平民居民的保护产生什么影响，这一问题仍然存在：如果“不符合平民定义的人员”是战斗员，而且从当时情形看，实施攻击可能对平民居民造成过分损失或者伤害，则不得对其实施攻击。

这让我们想起区分的真正原因：战斗员有权直接参加敌对行动，因此可能成为敌方试图使其丧失战斗力的目标，而平民没有直接参加敌对行动的权利，但是另一方面，用第 51 条第 1 款的话来说，平民“享受免受军事行动所产生的危险的一般保护”。可以推论的是，“一般保护”的实现取决于平民在地理上或者实质上远离战斗员的活动的程度。

1.5.3　平民与直接参加敌对行动

根据第 51 条第 3 款，平民“在直接参与敌对行动时”失去被保护的权利。这一表述意味着，在直接参加敌对行动时这些平民可以作为攻击目标。可能显而易见的是，“直接”参加的要求将间接参加排除在外，而且“敌对行动”的含义比一般战争行为要窄。然而，在实践中可能出现的各种情形中，很难对这些名词作出解释，并不总是能够达成一致意见。在这种情况下，红十字国际委员会在 2003 年着手深入研究了这一问题。经过与外部专家进行数轮讨论,2009 年在题为《国际人道法中直接参加敌对行动定义的解释性指南》的文件中发表了研究结果。

对于《解释性指南》探讨的诸多方面来说,这里只需概要介绍一下题为“直接参加敌对行动的概念”部分的下述观点:构成“直接参加”的行为必须可能对敌方的“军事行动或能力”造成伤害;如果没有这种军事伤害,则须可能杀死、伤害或者破坏受保护免于攻击的人员或者物体。伤害并不一定实际发生:客观上可能发生即可。伤害可以源自于行为本身,也可以源自于该行为作为“不可分割的组成部分”的军事行动。而该行为必须旨在支持冲突一方,反对另一方。

显然,将“直接参加”的定义转化为实践并非总是易事。实际上,确定某种情形是否构成“直接参加”的主要问题是视角、距离和时间问题:关注某一事件十年之久的法庭可能倾向于适用很多要件,而卷入正在进行的战斗的士兵只能考虑部分要件。同样,指挥行动的陆军或者空军将领可能比战场上的士兵掌握更多信息——但并不总是能够检查其可靠性。总之,无论是在行动时还是在事件发生之后,对直接参加敌对行动的检验必须具有合理性。

构成直接参加敌对行动行为的可能情形是:向敌方士兵射击,向敌方坦克投掷燃烧弹,炸毁运载敌方战争物资的桥梁,或者对敌方军事通信或计算机网络进行电子干扰。至于其他活动,还有不同意见。

一种特别微妙的情形涉及“人体盾牌”问题。这一名词实际用于表述多种情形,从战斗员以平民难民为掩护(平民难民因而无意中被用作盾牌),到平民出现在桥梁或者其他军事目标上影响对该目标实施攻击。对第一种情形来说,任何人都不大可能将难民视为直接参加敌对行动。

有关桥梁的情形则有所不同:有人认为这相当于直接参加,因而不必将这些平民纳入比例性的考虑;其他人则强调其首先作为平民的身份,主张至少将此作为平衡军事必要和人道需求的因素。结论是否应该取决于是平民自己甘冒风险和危险行事还是被迫采取这一立场吗?同样,正如刚刚指出的,人们回想起来可能希望对此作出区分,然而对“现场”的攻击者来说(实际上是在空中高高在上或者在远离现场的空战指挥所),这种区分可能是无法想象的,或者在意图和目的上无法验证。结果,假定已经采取了包括发出适当警告在内的所有可行的预防措施,决定是否实施攻击可能需要权衡军事必要和公共舆论。

实施了直接参加敌对行动行为的平民,在落入敌方手中时可能为其活动受到审判和惩罚。他们在该种情况下无权享有作为战俘的保护,甚至无权享有第 44 条第 4 款规定的“同等保护”。不过这并不意味着他们没有任何权利:根据第 45 条第 3 款,他们仍然有权受到本议定书第 75 条规定的保护;更多内容参见本章第 1.8 节。

“直接参加时”包括该平民靠近选定目标以实施敌对行为的时间,也包括行动之后从现场撤退所需要的时间。平民在行动准备阶段是否可以被认为直接参加敌对行动——因此可能遭到攻击,要取决于当时的情形和(可靠的)信息。

上述讨论主要围绕单个平民命运的问题,而直接参加这一问题因为私人军事和保安公司的兴起和快速发展变得日益严峻。在很多战争区域,这些公司目前正在执行多种接近于实际战争行为的任务,甚至直接参与战争。就最后一种情形来说,参与者显然是在直接参加敌对行动。至于其他情形,必须具体情况具体分析,要看是否尊重了直接与间接参加(或者不参加)的界限。

总之,可以指出的是,直接参加敌对行动的概念要比“为战争行为作贡献”的概念严密得多。特别是在第二次世界大战期间(但是不限于此),时常听到这样的观点:对战争行为的任何支持都足以使平民失去其享受保护免受军事行动影响的权利。“为战争行为作贡献”被解释为涵盖多种活动,例如在武器制造业工作,将武器弹药运送至远离军事行动区域的武器库,以及构筑防御国土的军事工事等。然而,同样确定的是,这些活动并不相当于直接参加敌对行动。值得强调的是,第 51 条第 3 款通过后,第二次世界大战期间的观点就失去了过去可能具有的任何依据。

对于直接参加敌对行动问题,参见第 5 章第 2.2 节有关新近出版的《空战导弹战手册》的内容。

1.5.4　民用物体和军事目标

区分民用物体和军事目标的原因与区分平民和战斗员的原因非常相似:军事目标对军事行动作出有效贡献,因此可以对其进行攻击,而民用物体没有这种贡献,因此不得攻击。第 52 条第 1 款规定禁止攻击民用物体,并与对平民的定义一样从反面对这些物体作出定义,“民用物体是指所有不是第 2 款所规定的军事目标的物体”。第 2 款第二句话将军事目标定义为:

> 就物体而言,军事目标只限于由于其性质、位置、目的或用途对军事行动有实际贡献,而且在当时情况下其全部或部分毁坏、缴获或失去效用提供明确的军事利益的物体。

换句话说,民用物体是那些不能“由于其性质、位置、目的或用途对军事行动有实际贡献,而且在当时情况下其全部或部分毁坏、缴获或失去效用”,无法“提供明确的军事利益”的物体。

像坦克或装甲车辆、炮兵掩体、武器库或军用机场等典型军用物体都可以推定认为是军事目标。另一方面，诸如“礼拜场所、房屋或其他住所或学校”等物体“通常用于民用目的”。第 52 条第 3 款明确，在怀疑这类物体是否“用于对军事行动作出有效贡献”时，“应推定为未被这样利用”。须注意这一清单并不是排他性的：标准在于该物体是否可以被视为“通常用于民用目的”。还须注意，这种物体也可以按照对军事行动作出有效贡献的方式实际使用（例如作为军营、指挥所或军火库）。这样就可以将其视为军事目标并进行攻击，但要满足这样的条件：摧毁该物体“在当时情况下”必须提供“明确的军事利益”。这种推定显然只在存有疑问的情况下适用。

还有各种各样不属于上述两种推定情形的物体。像道路、桥梁或铁路、海港（的某些部分）、发电设施、工业车间或者交通手段等物体可能属于（也可能不属于）军事目标。属于军事目标时，须满足两个标准，不仅（通常由于其位置或用途）“对军事行动作出有效贡献”，而且“在当时情况下其全部或部分毁坏、缴获或失去效用提供明确的军事利益”。

对军事目标的上述定义旨在防止倾向于将几乎所有物体都视为军事目标，这种倾向在过去较为明显。与抽象的定义相比，人们或许更愿意有一份清单，明确列出交战方可以视为军事目标的物体，红十字国际委员会在 20 世纪 50 年代就曾这样做（参见第 3 章第 3.4 节）。然而，以上给出的例子足以说明这种解决方法无法实施。像卡车、桥梁或学校等物体是否属于军事目标这样的问题完全取决于具体情况。从军事角度看，属于军事目标的物体清单不包括这些物体是不可接受的；从保护平民居民的人道要求的角度看，将这些物体不加任何限制地包括在清单之中也是不可接受的：对于争论不休的问题，抽象地作出一般性定义是唯一现实可行的解决办法。

由此引出最后评论。正如在“直接参加”部分提到的，受聘于武器制造业的平民并不由此失去“作为平民”的保护。但是显然，这并不意味着由于他们的存在，他们工作的工厂也获得作为“民用物体”的保护。决定因素在于，该物体是否“对军事行动作出有效贡献”。尽管“军事行动”这一关键词不像“战争行为”那么模糊笼统，但是所包括的内容毫无疑问要超过严格意义上的敌对行动。仍以刚才提到的例子为例，显然，武器制造业或者武器弹药运输队对军事行动作出的贡献不仅“有效”，而且实际上不可或缺。

值得重申的是，对于作为军事目标的物体，第 52 条第 2 款要求“在当时情况下其全部或部分毁坏、缴获或失去效用提供明确的军事利益”。当相应物体是兵工厂时，这一要求很容易满足。因此，问题仍然是：如果可以得到保护的话，当发现自己身处未受保护的物体附近或者之中时,“被保护”的平民能够期望得到什么样的保护呢?

为了找到这一问题的答案,下面分析一下“平民居民免受军事行动所产生的危险的一般保护”这一概念的相关规则。

1.5.4　两个主要的保护途径

正如第 2 章第 4 节(“合流”)所提到的,1965 年在维也纳召开的第二十届红十字国际大会在第 28 号决议中指出了武装冲突法的四个基本原则。1968 年联合国大会通过了第 2444(23)号决议,确认了其中的三个原则。这些原则中有两个与保护平民居民的问题直接相关,因此再次引述如下:

> 对于平民以其为平民而施以攻击之行为应予禁止;必须时刻将参与敌对行为之人与平民两者划分,俾使后者尽量免受伤害。

《第一附加议定书》试图按照这段文字所确定的两个途径来保护平民居民。一是在第 51 条第 2 款(“平民居民本身以及平民个人,不应成为攻击的对象”)和第 52 条第 1 款(“民用物体不应成为攻击的对象”)中作出类似表述。二是在第 57 条第 1 款中确认,“在进行军事行动时,应经常注意不损害平民居民、平民和民用物体”。此外,值得一再重申的是,第 48 条已经规定冲突各方有义务使“军事行动仅以军事目标为对象”。

1.5.6　禁止攻击平民居民和民用物体

第 51 条对禁止将平民居民或者单个平民作为攻击对象作了详细规定。

第 2 款第二句话规定,“禁止以在平民居民中散布恐怖为主要目的的暴力行为或暴力威胁”。对基本规则的这一附加说明从根本上确认了所谓恐怖轰炸、在平民居民中散布恐怖的任何类似行为,乃至威胁采取这种行为的非法性。经常听到的为这种作战样式辩护的观点是,这些行动的目的是击垮平民居民的士气,进而击溃当局继续战争的意志。尽管在极少数情况下确实出现过这种情形,但是多数情况下这种方法是无效的。除了这种实际考虑之外,这一观点还有悖于 1868 年《圣彼得堡宣言》已经表明的原则,“各国在战争中应尽力实现的唯一合法目标是削弱敌人的军事力量”。换句话说,这种方法相当于断然否定了平民和战斗员的区分,实际上把全部居民都拉入了武装冲突。

另一个问题总的来说是,由于认为包含军事目标而对平民居住区实施攻击。从实施角度看,这种攻击可以体现为所谓“地毯式轰炸”或者区域轰炸的形式,也可以体现为精确攻击军事目标的形式。

对这一问题的一个方面来说,第 51 条第 4 款宣布盲目或“不分皂白”的攻击为非法,并对其作出如下定义:

> 不分皂白的攻击是：
>
> (1) 不以特定军事目标为对象的攻击；
>
> (2) 使用不能以特定军事目标为对象的作战方法或手段；或
>
> (3) 使用其效果不能按照本议定书的要求加以限制的作战方法或手段；
>
> 而因此，在上述每个情形下，都是属于无区别地打击军事目标和平民或民用物体的性质的。

第51条第5款明确了"除其他外"必须"也应视为不分皂白的"两类攻击的定义。第一类攻击"区域轰炸"在该款第1项被定义为：

> 使用任何将平民或民用物体集中的城镇、乡村或其他地区内许多分散而独立的军事目标视为单一的军事目标的方法或手段进行轰击的攻击。

这一定义中提到"平民或民用物体集中"的其他地区，目的是将诸如难民营和行进中的难民等物体包括在内。

另一类被"视为不分皂白的"攻击是可能会在平民居民中造成过度损伤的攻击。第51条第5款第2项将其定义为：

> 可能附带使平民失去生命、平民受伤害、民用物体受损害、或三种情况均有而且与预期的具体和直接军事利益相比损害过分的攻击。

这类攻击在多个方面代表着某种临界情况。首先，在对平民和民用物体造成过分损伤的攻击和造成据认为并不"过分"的损伤的其他攻击之间划设了界线。其次，这一定义包括的攻击不一定都属于第51条第4款所定义的"不分皂白的攻击"：尽管某种攻击是"以特定军事目标为对象"，使用的作战方法与手段在原则上能够做到这一点，也能够"按照本议定书的要求加以限制"，但是该攻击也可能符合第5款第2项的描述，例如，计划的精确轰炸在实施时不够精确。

如此看来，第51条第5款第2项规范的情形可以说属于"以尽量不伤害平民居民的方式对军事目标实施攻击"，而不属于现在的"不攻击平民居民"的内容。本章第1.5.8节关于"预防措施"的内容相应规范了这种情形。然而，为了避免误解，有一点必须毫不犹豫地指出。某种攻击没有对平民居民造成过度损伤，因此并非第51条第5款第2项意义上的"应视为不分皂白"的攻击，但仅仅是这样的事实并不足以得出结论：该攻击满足了本议定书规定的有关平民居民保护的所有要求。

第51条第6款规定，禁止"作为报复对平民居民或者平民实施攻击"。我们将在本章第 3.3.2 节探讨这一规则以及第 52 至 56 条类似的禁止性规定。

第 51 条第 7 款规定，禁止冲突各方利用“平民居民或平民个人的存在或移动”以“使某些地点或地区免于军事行动，特别是不应用以企图掩护军事目标不受攻击，或掩护、便利或阻碍军事行动”。冲突各方也不得“指使平民居民或平民个人移动，以便企图掩护军事目标不受攻击，或掩护军事行动”。与第 51 条第 5 款第 2 项确定的规则一样，这些禁止性规定与冲突各方采取预防措施以保护平民居民的义务紧密相关，因此要在该部分对其进行讨论。

第 51 条第 8 款明确表达了这种关联，规定违反前款所列禁止性规定的行为“不应解除冲突各方关于平民居民和平民的法律义务，包括第 57 条所规定的采取预防措施的义务”。

本章第 1.5.4 节讨论了“民用物体”的概念以及如何将其与军事目标相区别，本节探讨的是“平民居民的保护”（其中也不止一次地提到过民用物体），关于“对民用物体的一般保护”还须说明一点，即第 52 条第 1 款第一句话规定，“民用物体不应成为攻击或报复的对象”。如前所述，报复问题将在本章第 3.3.2 节讨论。

1.5.7　禁止攻击特定物体

第 53 条对保护文物和礼拜场所作了规范，是《第一附加议定书》有关保护特定物体的首个条款。这一条款丝毫没有减损 1954 年《海牙公约》为缔约国设定的更为详细和准确的义务，规定禁止：(1) 从事以构成各国人民文化或精神遗产的历史纪念物、艺术品或礼拜场所为对象的敌对行为；(2) 利用这类物体以支持军事努力；(3) 使这类物体成为报复的对象。这样笼统的几句话显然不能与作为保护文化财产专门文件的《海牙公约》相提并论。因此，尚未批准或者加入《海牙公约》的国家可能希望重新考虑在这方面的立场。如前所述，那些国家也可以选择加入该公约 1999 年《第二议定书》。

第 54 条规定禁止使用旨在危及平民居民生存的作战方法。第 1 款规定了“作为作战方法使平民陷于饥饿，是禁止的”这一原则。

第 2 至 4 款的规定较为详细，目的是确保一系列“对平民居民生存所不可缺少的物体”不因“对平民居民或敌方失去供养价值的特定目的”而遭到“攻击、毁坏、移动或使其失去效用”，条件是敌方不把相关物体作为“仅充其武装部队人员的供养之用”或者“用以直接支持军事行动”。第 2 款列举了平民居民生存所不可缺少的物体：“粮食、生产粮食的农业区、农作物、牲畜、饮水装置和饮水供应和灌溉工程”。这些规定中的“特定”“仅”和“直接”等词语显然存在问题，对立方会对情况作出不同解读。

第 54 条第 5 款为关于禁止“焦土”政策的整套复杂规则增加了下述例外情形：

> 由于承认冲突任何一方有保卫其国家领土免遭入侵的重大要求，如果为迫切的军事必要所要求，冲突一方得在其所控制的本国领土内，不完全实行第二款所规定的禁例。

这一例外情形只适用于国家保卫自身领土的情况。当占领军被迫撤退时，不可援引这一例外来证明“焦土”政策的正当性。

从历史角度看，我们注意到荷兰过去经常采取的做法是，通过淹没大片领土来阻止（或者至少是阻碍）侵略军前进。迄今尚未废除的1896年的一部法律，确认当局有权下令淹没领土，并对支付损害赔偿作出了规定。尽管现在没有什么效用，但是构建这种“洪水防线”并不违反第54条的规定：这种做法会使侵略军无法得到“生产粮食的农业区”，但不会因为其“对敌方……的供养价值”而这样做。

第35条第3款规定禁止使用“旨在或可能对自然环境引起广泛、长期而严重损害”的作战方法与手段。这一禁止性规定确立的原则在第55条第1款（“对自然环境的保护”）第一句话中得到正面阐述：“在作战中，应注意保护自然环境不受广泛、长期和严重的损害。”第二句话重复了上述禁止性规定，并增加了一句话，“从而妨害居民的健康和生存”，这使得该规定被归类为有关确保对平民居民的保护的规则。

第55条的规定概括、宽泛，而第56条（关于“对含有危险力量的工程或装置的保护”）的规定则复杂、详细。第56条第1款详尽列举了相关工程和装置，即“堤、坝和核电站”。根据第52条第2款，这些物体可能是（也可能不是）军事目标，而第56条第1款规定，在任一情况下，这些物体均“不应成为攻击的对象，如果这种攻击可能引起危险力量的释放，从而在平民居民中造成严重的损失”。这一条款还规定，如果会引发同样风险，禁止攻击“其他在这类工程或装置的位置上或在其附近的军事目标”。

当第56条第2款规定的条件得到满足时，对这些物体的特殊保护应即停止。适用于这三类物体的一般条件是，相关物体必须用以“使军事行动得到经常、重要和直接支持”，并且该攻击必须“是终止这种支持的唯一可能的方法”。特别是对堤、坝而言，第56条第2款第1项增加了另一个条件，即该物体“用于其通常作用以外的目的”。

“通常作用”一词是经谈判通过的，相关谈判报告记录指出，“通常作用”指的是“阻挡（或准备阻挡）水的作用”。只要外堤或内堤不用于其他用途，就不会失去保护。即便内堤上有一条主干道，因此有着重要的交通职能，乍一看甚至超过“准备阻挡水”的“通常”作用，也并不导致其失去保护，即使偶尔有军事运输也是如此：只有堤上的交通“使军事行动得到经常、重要和直接支持”而“攻击是终止这种支持的唯一可能的方法”时，才停止保护。

综上,可以得出结论:尽管没有提供百分之百的安全保证,但是对于这一棘手问题,上述解决方案确实为诸如荷兰或者越南的许多堤坝提供了较高程度的保护。

当第 56 条提到的物体失去特殊保护,因此可能成为攻击目标时,有关对平民居民的一般保护的规则继续适用。第 56 条第 3 款规定,这些规则包括“第 57 条所规定的预防措施”,并且补充指出:在这种情况下,“应采取一切实际可行的预防措施,以避免危险力量的释放”。后面的这个义务似乎双方都要承担,而且显然不能超出任何一方采取这种预防措施的能力。

第 56 条第 5 款提出了一个在讨论对给定物体或人员进行特殊保护时一定会出现的问题:为这些物体或人员采取防御措施是否影响其被保护地位。这个问题涉及预防措施,将在该部分探讨。

第 56 条第 6 款敦促有关各方:“关于含有危险力量的物体,彼此另定协议,另外加以保护。”

获得额外保护的一个途径是对被保护物体进行标记,以便于识别。第 56 条第 7 款对此作了规定,“冲突各方得用同一轴在线一组三个鲜橙色圆形所构成的特殊记号标明(这些物体)。”《第一附加议定书》的一个附件提供了该记号的图片以及具体的正确使用方法。与荷兰那样遍布全国的大堤体系相比,该记号似乎更适合用于识别核电站和水坝。尽管如此,使用这一记号并不是强制性的,第 56 条第 7 款规定,“没有这种标记,并不免除冲突任何一方依据本条所承担的义务”。

1.5.8　预防措施

第四部第一编第四章(“预防措施”)包括两个条款:一个是第 57 条,规定了“攻击时”的预防措施问题,即攻击者应采取的预防措施;另一个是第 58 条,规定了关于“防止攻击影响”的预防措施,即冲突各方对其控制下的军事目标在遭受攻击后产生的可能影响所采取的预防措施。

如前所述,第 57 条第 1 款规定的原则是,“在进行军事行动时,应经常注意不损害平民居民、平民和民用物体”。应当从字面上理解这句话:完全避免损害平民居民是战斗员应该在一切情况下努力达到的标准。

第 57 条第 2 款第 1 项对“计划或决定攻击的人”作了规范。对于大规模军事行动来说,指的是总指挥及其参谋人员;至于小规模行动,比如几名正在巡逻的士兵或小股游击队员,则指的是该小股部队的领导(或者领导集体)。这些人员有三重义务:(1) 必须“尽可能查明”所选目标为军事目标,并且可以按此进行攻击;(2) 必须“在选择攻击方法和手段时,采取一切可能的预防措施,以期避免,并无论如何,减少平民生命附带受损失、平民受伤害和民用物体受损害”;(3) 只要该攻击“可能导致”此种损失、伤害或者损害,并且“与预期的具体和直接军事利益相比损害过分”,必须“不决定发动”计划好的攻击。第 57 条第 2 款第 2 项规范了下一个阶段的问题,即已经决定进行攻击,但尚未实施。在决定和实施攻击的间隔内,可能会发现选定的目标并非军事目标或者不应受到攻击(因为受到特殊保护),或者发现如果实施攻击将会导致过度损害。在任一情况下,该攻击“应予取消或中止”。

上述简单概括在一起的规定带来了几个理解上的难题。首先,选定的目标是否确实是军事目标(比如院子中停放了一些装甲车的学校),如果是的话,是否仍然受到保护而不能予以攻击(比如堤坝下面的机枪火力点)。参与攻击的人员必须在整个军事行动期间都认识到这些问题,也就是说,不仅是计划和决策阶段,也包括实施阶段。因为很可能出现这样的情况:负责实施攻击的人员或部队发现该目标不再符合作为军事目标的条件(装甲车已经驶离了院子),或者当时存在带来过分附带损伤的风险(装载弹药的卡车周围有一队难民)。

第 57 条第 2 款第 1 项第 1 目要求“尽可能查明”该目标可以被攻击,这带来了可用的查明手段的问题。在这方面,《第一附加议定书》通过之后,情况有了很大变化。对于这一问题,另参见第 5 章第 2.2 节有关空战和导弹战的内容。

第 57 条第 2 款第 1 项第 2 目提出了一个实际问题:攻击者并不总能任意“选择作战方法和手段”。如果确实可以选择,必须选择能够消灭机枪火力点而不损坏堤坝的弹药,而不使用将两者同时摧毁的重型炸弹。更为复杂的选择问题出现在更高的指挥层级:是否使用昂贵而数量有限的“灵巧炸弹”,或者是否从空中发起攻击而非使用地面部队。同样,关于空战和导弹战的第 5 章第 2.2 节将再次探讨这些问题。

应当指出,本项规定的主要义务是“避免”损害平民居民;只有在无法完全避免时,目标才是使这种损害“最小化”。

最小化的损害甚至也可能是很大乃至过度的损害。这首先让我们想起前面提到的第 51 条第 5 款第 2 项的规定:与预期的具体、直接军事利益相比损害过分的攻击,“应视为不分皂白的”。与该条款的表述接近,第 57 条第 2 款第 1 项第 2 目和第 2 项为攻击者划设了永远不能逾越的界线:攻击者必须加以区别,进而避免决定或者实施可能与预期的具体、直接军事利益相比损害过分的攻击。

毫无疑问,这些条款可能使相关人员面临极其棘手的问题。究竟什么是“预期的具体和直接军事利益”,什么是实际上可能会出现的“平民生命附带受损失、平民受伤害或者民用物体受损害”,最为困难的是,两者的比例是多少?这里不可能仔细衡量:只有当等式两边的比例失调“变得明显”时,攻击者才有义务不实施攻击。不过,决定并不完全由攻击者根据主观判断作出:起关键作用的是,信息来源充分而且能够合理使用可用信息的攻击者,在正常状态是否能够预见到对平民居民的过度损害。

以上条款无论在语言上还是思路上都错综复杂,只有在较高的指挥层级才能得到全面实施。对小股巡逻队或游击队来说,他们可能(也必须)尊重这些具体条款确立的原则:平民和民用物体不作为攻击目标;不对军事目标使用不必要的重型武器;当正常情况下都不怀疑,与可能在平民居民中造成的严重损害相比,选定的目标的军事意义确实有限时,则不实施攻击。同时也应考虑到,小股部队可能没有太多的作战方法和手段可供选择,而且评估相关形势的能力可能在很多方面都有局限(因为缺少时间、缺少尖端的情报搜集装备等)。因此,最后的结论是,即使是这样的小股部队,在执行任务时也必须充分认识到尽可能使平民居民免受伤害这一基本义务的含义。

在较高的指挥层级,通常可以自主选择行动和执行方式,而且信息不断更新,可以确保在任何时候都能可靠掌握情势。因此,上述规定无条件适用。这里起关键作用的不再是某个特定的指挥层级,而是在特定时期选择方式方法的自由以及可用的信息。

接下来的第 57 条第 2 款第 3 项,用有些现代的语言重申了《海牙章程》第 26 条所确立的规则,要求“除为情况所不许可外,应就可能影响平民居民的攻击发出有效的事先警告”。

第 57 条第 3 款提出了使平民居民风险最小化的另一种方法:不是选择特别的攻击方法或手段,而是从几个能够提供同样军事利益的军事目标中,选出“预计对平民生命和民用物体造成危险最小的目标”。从理论角度看,这一规则似乎是无懈可击的;从实践角度看,则不应对其期望过高,因为多个军事目标可以被攻击而获得同样军事利益的情形不太常见。

第 57 条第 4 款用较长篇幅对“海上或空中军事行动”作了规范,在本议定书中较为罕见。在这种情况下,冲突各方“应按照其依据适用于武装冲突的国际法规则所享受和承担的权利和义务,采取一切合理的预防措施,以避免造成平民生命受损失和民用物体受损害”。这一段叙述显得累赘,对海上或空中战争法的“重申和发展”并没有显著贡献。正如第 2 章第 4 节提到的,海战和空战规则后来得到了专业化的重新表述,分别是 1994 年的《适用于海上武装冲突的圣雷莫国际法手册》和 2009 年人道政策与冲突研究项目的《空战和导弹战国际法手册》(参见第 5 章第 2.1 和 2.2 节)。

第 57 条的上述条款有的规定措辞很巧妙,以至于可能会引起误解,认为不会使平民居民遭受过度损害的攻击是完全可以允许的。为避免产生这种误解,第 57 条第 5 款明确规定,“本条的任何规定均不得解释为准许对平民居民、平民或民用物体进行任何攻击”。

第58条规定了冲突各方应当采取的预防措施,目的是免受对位于其领土(或控制下领土)内的军事目标进行攻击所带来的影响,但远远不如上述规定详尽。这些冲突方“应在最大可能范围内”:(1) 在不妨害《第四公约》第49条的规定的条件下,努力将其控制下的平民居民、单个平民和民用物体迁离军事目标的附近地方;(2) 避免将军事目标设在人口稠密区内或其附近;(3) 采取其他必要的预防措施,保护在其控制下的平民居民、单个平民和民用物体不受军事行动所带来的危险。

1949年《日内瓦第四公约》第49条规定,总体上禁止在被占领土内或自被占领土将个别人或集体强制转移,但是允许占领国“如因居民安全或迫切的军事理由,有此必要……得在一定区域施行全部或部分之撤退”。

除此之外,将平民和民用物体与战斗员和军事目标有效区分,为平民居民提供了最好的保护,这是不言自明的事实。同样显而易见的是,这在实践中很难实现(如果还可能实现的话)。然而,有一点是确定的:冲突方必须“在最大可能范围内”努力实现并保持上述区分。根据第51条第7款的明确规定,他们显然不得作出与之相反的行为。

如前所述,第56条第5款还规定要采取预防措施以免受攻击军事目标所带来的影响。这条规定在措辞上与第58条第2款非常相似,“冲突各方应努力避免将任何军事目标设在第一款所载的工程或装置的附近”(即受特殊保护的堤坝及核发电站)。这一义务之后紧跟着一个长句,目的显然是满足为这些“工程和装置”提供防御的愿望,以防其遭受攻击,尽管第56条第1款对此作出了禁止性规定。该款规定,“为了保卫被保护工程或装置不受攻击的唯一目的而建立的装置,是允许的,而且其本身不应成为攻击的对象”,同时补充指出,“除对受保护工程或装置的被攻击作出反应所需的防御行动外”,这些防御装置“应不用于敌对行动,而且其武装应限于仅能击退对受保护工程或装置的敌对行动的武器”。

如果有人试图设想这一切在现实中如何运作,似乎难度很大。可以采取何种方式来防御水坝、重要堤坝或核电站呢?比方说,允许使用防空炮吗?毕竟早已显而易见的是,从空中攻击水坝、堤坝和发电站等目标至少是可能的,与其他类型攻击一样。设置防空炮来防御这样一个受保护的目标,符合“其武装应限于仅能击退对受保护工程或装置的敌对行动”的要求吗?防空炮可以用于击退正在进攻的飞机,也可以用于攻击飞越其上空的飞机。同样,对于正在进攻的飞机,除了防空炮弹以外,别的手段派不上大用场。

解决办法可能在于双方都要有所克制,防空炮的操作人员要避免错误理解防御装置的目的，不以过境飞行的飞机为目标，而飞机机组人员则要容忍防空炮的存在，因为“在当时情况下”不会对其造成伤害。

1.5.9　“新”规则与核武器

本章第1.4.1节提到，《第一附加议定书》的起草过程清楚表明，其中所包含的任何“新”的原则和规则在制定时都没有考虑使用核武器的问题。不需要耗费力气确定“新”规则的具体内容，一个明显例子是第35条第3款规定的保护自然环境的原则，第55条还为这一原则补充了有关“妨害居民的健康或生存”的内容。

同样属于新增规则的是有关禁止作为报复对平民居民、平民和民用物体进行攻击的规定(参见本章第3.3.2节)。从国际法相关内容来看，理论上，城市遭受核打击的核大国可能因此觉得有权以报复为由使用类似手段进行反击，只须保证核反击是最终手段，之前发出了适当警告，对敌方城市所造成的损害与己方城市所遭受的损害成比例，并且在敌方停止非法攻击时即终止反击。当然，问题依然存在，面对上述有时被委婉地称为“核交流”的情形，这样的法律推理有什么益处呢?

本议定书有关平民居民“一般保护”的原则和规则，最有可能对使用核武器产生影响。可以肯定地说，这些原则和规则反映了之前存在的习惯法或条约法原则。然而，详细表述和阐释有时相当于全面修改这些原则和规则。第57条和第58条关于攻击时的预防措施和免受攻击影响的预防措施的规定，就是这方面的典型例子。

对此需要指出的是，与最终使用核武器有关的各种理性决策过程都可能在某个指挥层级出现，相应指挥层级会理所当然地将第57条规定的因素考虑在内，决策者不必再自问是否在适用依法应当或者不应当尊重的规范，他们事实上也会考虑诸多其他因素。不过，这无法改变结论:作为一个法律问题，《第一附加议定书》的通过和生效并没有改变第3章第3.5节论及的有关使用核武器的法律立场。具体说来，不能认为本议定书中包含的新规则以及对现有法律的重新表述，对决策者考虑可能使用核武器构成约束。

面对核武器相当可怕的特征，人们会再次怀疑这种法律推理的价值。这些武器的实际使用乃至威胁使用涉及很多其他方面的问题，要求进行更为广泛的评估(关于国际法院1996年有关“以核武器进行威胁或使用核武器的合法性”的咨询意见，参见第5章第3.2.1节)。

1.5.10　受特殊保护的地方和地带

第59条第1款重申了《海牙章程》第25条的规则:“禁止冲突各方以任何手段攻击不设防地方”。这一看似简单的规则过去经常导致很多不确定性:什么时候可以将某个地方视为不设防地方，谁有权对此作出决定? 第59条第2至9款详细回答了这些问题。

根据第59条第2款的规定,冲突一方的“适当当局”可以单方面“将武装部队接触的地带附近或在其内的可以被敌方自由占领的任何居民居住地方宣布为不设防地方”。这种地方必须满足以下四个严格的条件:(1)所有战斗员以及机动武器和机动军事设备必须已经撤出;(2)固定军事装置或设施应不用于敌对目的;(3)当局或居民均不应从事任何敌对行为;(4)不应从事支持军事行动的任何活动。第四个条件禁止的活动包括:将弹药和类似物资从其所在地运送给进行军事行动的武装部队,或者向该武装部队传递敌方部队行动的相关情报等。

为了避免让单方宣言仅存空洞的姿态,相关当局必须将宣言告知敌方。第59条第4款要求后者“表明收到宣言”。从而该方也有义务“除在事实上与第2款所规定的条件不符外,将该地方视为不设防地方”,“而在不符合条件的情况下,则应立即将该情形通知作出宣言的一方”。即使不符合第2款所规定的条件,该地方仍然“享受本议定书的其他规定和适用于武装冲突的其他国际法规则的保护”。尽管如此,显而易见的是,单方宣言不足以在所有场合约束敌方,特别是在对上述四个条件的执行或解释可能出现意见分歧的时候。

当冲突各方同意建立某个特定的不设防地方时,这些问题就可以避免了。第5款和第6款对此作出了规范,尤其是涉及“不符合第2款所规定的条件”的地方。

第59条第7款对某个地方不再满足作为不设防地方的条件(第2款规定的条件或者冲突双方商定的条件)的情况作出了规定。毫不奇怪的是,该地方失去作为不设防地方的地位;不过和第4款一样,其他可以适用的规则所提供的保护在这里仍然不受影响。

从定义上可以清楚看出,虽然不可以对不设防敌方进行攻击,但敌方可以将其“自由占领”。如果冲突各方也希望排除后一种情形,则必须明确达成一致意见。不过,那样就不再是不设防地方的问题了,而是第60条意义上的“非军事化地带”的问题。该条规定,“非军事化地带”的地位只能通过协议来获得。该条第2款指出,这种协议“应是明示协议,得用口头或书面,直接或通过保护国或任何公正的人道主义组织订立,并得由相互而一致的声明构成”。这种协议可以在和平时期达成,或者在敌对行动开始后达成(这在实践中可能性更大,必要性更为突显)。

第1款和第6款明确了设置非军事化地带所提供的保护。第1款规定,“冲突各方将其军事行动扩展到(这种地带),而且如果这种扩展是违反该协议的规定的,则这种扩展是禁止的。”第6款规定,“如果战斗逼近非军事地带,而且如果冲突各方已经达成协议,任何一方均不得为了有关军事行动的目的使用该地带或单方面取消该地带的地位。”

尽管冲突各方可自由确定将某个特殊地带非军事化的条件,但第60条第3款仍为其提供了帮助,列出了一组条件作为范例。这一组条件与第 59 条第 2 款为不设防地方确立的条件非常相似,只有一点明显不同:后者的第四个条件禁止"从事支持军事行动的任何活动",而第 60 条第 3 款第 4 项则要求"任何与军事努力有关的活动均应已经停止"。"军事努力"一词可能比无所不包的"战争努力"(在第 4 章第 1.5.3 节中已提到过)更为精确些,但一定比"军事行动"的含义更为广泛。因此,农业或原材料及一般工业产品进出口等活动可能不在此列,但是弹药、坦克或军用飞机等军事产品的生产则可能在其范围之内。由于对这一表述会有不同解释,特别是在武装冲突当中,现实利益可能促使各方采取极端立场,第 60 条第 3 款最后一句话告诫冲突各方"商定对第 4 项所规定的条件的解释"。

第 60 条进一步详细规范了标记非军事化地带、在该地带存在警察部队等问题。总体不予评论,这里只提一点:冲突一方对第 3 款或第 6 款的"实质的破坏"使得另一方解除其根据建立非军事地带的协议所承担的义务。该地带因此失去受保护地位。然而,需要再次指出的是,保护平民居民和民用物体的正常规则继续适用。

应当指出,20 世纪 90 年代,联合国在前南斯拉夫的戈拉日代、斯雷布雷尼察和其他地区建立了作为军事设防区域的"安全避难所",第 59 条和第 60 条所规定的"受特殊保护的地方和地带"与之没有任何关系。

1.5.11　民防

有组织地保护平民居民免受敌对行动的危险,或者叫"民防",在第二次世界大战期间被证明具有重要意义,当时对城市和类似的平民居住地点进行了大规模轰炸。然而,1949 年《第四公约》第二部("居民之一般保护以防战争之若干影响")没有对此作出规范,尽管与该部分提到的民用医院和医疗运输队的地位等问题有明显联系。因此,直到 1974—1977 年外交会议,才首次围绕这一问题制定规则。这些规则体现在《第一附加议定书》第四部第一编第六章中,与上述问题的联系十分清楚。

该章开篇即对"民防"作了定义,申明是"为了本议定书的目的"。第 61 条第 1 款从职能角度将其定义为:

> 旨在保护平民居民不受危害,和帮助平民居民克服敌对行动或灾害的直接影响,并提供平民居民生存所需的条件的下列人道主义任务某些或全部的执行。

然后详细列举了这些任务:(1) 发出警报;(2) 疏散;(3) 避难所的管理;(4) 灯火管制措施的管理;(5) 救助;(6) 医疗服务,包括急救和宗教援助;(7) 救火;(8) 危险地区的查明和标明;(9) 清除污染和类似保护措施;(10) 提供紧急的住宿和用品;(11) 在灾区内恢复和维持秩序的紧急援助;(12) 紧急修复不可缺少的公共设施;(13) 紧急处理死者;(14) 协助保护生存所必需的物体;(15) 为执行上述任务所需要的(包括但不限于计划和组织)补充活动。这里的列举意在穷尽所有情况。然而第 15 项所规定的"任务"为将清单中没有提及的活动纳入本章范围提供了可能,只要这些活动为"执行第(1)至(14)项的任务所需"。

第 61 条第 1 款从职能角度对"民防"作出上述定义之后,第 2 至 4 款分别对"民防组织"以及该组织的"人员"和"物资"作出了定义。关键因素在于,这些组织"由冲突一方主管当局所组织或核准,以执行第 1 款所载的任何任务并被派于和专门用于执行这类任务"。

第 62 条规范了平民民防组织的保护问题。这类组织必须在多种情况下执行任务:对于内陆目标遭到攻击的情况,要在战斗地带或者被占领土执行任务。第 1 款规定,这类组织应在一切情况下"受到尊重和保护",并且"除迫切的军事必要的情形外","应有权执行其民防任务"。第 63 条为这条一般原则增加了一系列规定,具体目的是使这类组织即使在占领的情况下也能够继续执行任务。

一个明显的问题是,平民民防组织的人员、建筑物和物资能够期望得到什么样的现实保护?如果从空中进行攻击,伤害风险最高:假设选定的目标是位于多建筑物区域内的军事目标,而攻击引发的火灾蔓延到目标之外,部署民防部队灭火不会阻止敌人继续攻击。或者设想一下引爆落在目标区域以外的延时炸弹所带来的影响。在这种情况下,民防部队人员显然比其他平民居民要冒更大的风险,但是他们却无法期望自身以及装备得到的保护好于全体平民居民所获得的一般保护。第 62 条第 3 款针对"用于民防目的的建筑物和物资"明确指出了这一点:这些物体"包括于第 52 条的规定之内"。"为平民居民提供的避难所"也是这样。

在其他情况下(例如某个城镇被逐街征服),通过清楚标记民防组织的人员、建筑物和物资以及为平民居民提供的避难所,上述风险可以减少。对于识别的问题,第 66 条包含很多规定,其中就有关于使用"民防的国际特殊记号"的内容。第 4 款将这一记号描述为"橙色底蓝色等边三角形"。"医务和宗教人员、医疗队和医务运输工具"通常以红十字或红新月来识别,在用于民防目的时,第 9 款规定允许继续使用红十字或红新月标识(另参见本章第 1.6 节)。

经主管当局同意,民防的特殊记号可以在和平时期用以识别民防人员、建筑物和物资,以及平民避难所(第 66 条第 7 款)。第 66 条第 8 款要求缔约各方(以及在可能情况下的冲突各方)"采取必要措施,监督(记号)的展示,并防止和取缔该记号的任何滥用"。

第 67 条对武装部队个别成员或整个部队"被派到民防组织"的情况作出了规定。只要满足一系列条件,这些成员或部队"应受尊重和保护",核心条件是必须"永久被派于并专门用于执行第 61 条所载任务中任何任务",并且"显著地展示民防的国际特殊记号,以便与武装部队的其他人员有明显区别"。

1.6　伤者、病者和遇船难者

1.6.1　概述

与关于"平民居民"的第四部一样,关于"伤者、病者和遇船难者"的《第一附加议定书》第二部也包括许多对之前已经存在的法律的重要改进,尽管在 1949 年《日内瓦公约》对这些法律进行编纂之后,仅仅过了相对很短的时间。

首先值得关注的是第二部的标题。1949 年,《第一公约》和《第二公约》对武装部队伤者、病者和遇船难者作了规范,《第四公约》对平民伤者、病者作了规范,而《第一附加议定书》第二部则将这些内容都集中起来,以"伤者、病者和遇船难者"为总标题。从第 8 条开始,明显有了统一性。第 8 条申明"为了本议定书的目的",将"伤者、病者"与"遇船难者"分别定义如下:

> (1)"伤者"和"病者"是指由于创伤、疾病或其他肉体上或精神上失调或失去能力而需要医疗救助或照顾而且不从事任何敌对行为的军人或平民。这些术语还包括产妇、新生婴儿和其他需要立即予以医疗救助或照顾的人,如弱者或孕妇,而且是不从事任何敌对行为的人;
>
> (2)"遇船难者"是指由于遭受不幸或所乘船舶或飞机遭受不幸而在海上或在其他水域内遇险而且不从事任何敌对行为的军人或平民。这类人如果继续不从事任何敌对行为,在被营救期间,直至其依据各公约或本议定书取得另外的身份时止,应继续视为"遇船难者"。

首先,要注意对疾病的定义较为宽泛,将"需要医疗救助或照顾"作为关键要素。毫无疑问,不仅肉体损伤,精神疾病也可以将某个人员划入本议定书意义上的"病者"范畴。

还须注意的是,"伤者""病者"和"遇船难者"只有不从事"任何敌对行为"才可以受到相应保护。这让我们回想起之前讨论过的两条规则:第 41 条第 2 款第 3 项规定,禁止攻击失去战斗力的人员,因为他"因伤或病而失去知觉,或发生其他无能为力的情形,因而不能自卫",条件是"他不从事任何敌对行为,并不企图脱逃";第 51 条第 3 款规定,除直接参加敌对行动并在直接参加敌对行动时外，平民应受到相应的一般保护。

除了传统意义上的“海上遇船难者”之外，“遇船难者”的类别还包括在“其他水域”（比如河流或湖泊）遇险的人员。这一定义清楚表明，作为“遇船难者”代表的是一个短暂的阶段；相关人员一旦上岸，该阶段即行结束，并因此取得不同身份，例如战俘、伤者或者平民，不论是在被占领土还是非被占领土。

第 9 条第 1 款强调了本部分的非歧视特点，用最为概括的语言将在适用中出现的下列情形排除在外：“以种族、肤色、性别、语言、宗教或信仰、政治或其他意见、民族或社会出身、财富、出生或其他身份、任何其他类似标准为依据的不利区别”。

第 9 条第 2 款再次提到了《第一公约》第 27 条的规定，涉及获得承认的“中立国”红十字或红新月会的人员的条件（参见第 3 章第 4.3 节）。声称要扩大“中立国”的范围，第 9 条第 2 款第 1 项规定应当包括“中立国家或其他非该冲突一方的国家”；增加“其他”国家使人们不再怀疑该条款也包括尚未正式宣布中立的国家，以及并未在各方面严格遵守传统中立法规则的国家。应该将各类没有参加冲突的国家都称为“中立国家”，在我们看来，这一用语也充分描述了“其他”情形。

第 10 条规定了保护和照顾伤者、病者和遇船难者的原则。第 1 款强调，“所有伤者、病者和遇船难者，不论属于何方，均应受到尊重和保护”。第 2 款第 1 句话要求，“在任何情况下，上述人员均应受到人道待遇，并应在最大实际可能范围内并尽快得到其状况所需的医疗照顾和注意”。第 2 句话对此作了详细说明，规定仅能以医疗理由为依据区别对待上述人员。

令人印象深刻的是，第 11 条并没有局限于伤者、病者和遇船难者，而是普遍涉及所有人，无论健康或生病，由于相当于国际性武装冲突的情形而“落于敌方权力下或被拘禁、拘留或以其他方式被剥夺自由”的人。第 1 款规定，禁止以“任何无理行为或不作为”危害这些人员的“身心健全”，比如“非为该有关人员的健康状况所要求并与进行医疗程序一方的未被剥夺自由的国民在类似医疗情况下所适用的公认医疗标准不符的医疗程序”。

第 11 条第 2 款规定，特别禁止“即使经本人同意”“对这类人员实行”并非基于医疗理由的“残伤肢体，医疗或科学实验”，或“为移植而取去组织或器官”。第 11 条第 3 款为上述禁止性规定的最后一种情形明确了唯一的例外，即完全自愿地“献血以供输血或献皮以供移植”；而且，捐献必须“只限于治疗目的，并在与公认医疗标准相符的条件下和在旨在使捐献者和领受者双方共同受益的控制下”。

第 11 条第 4 款规定了违反上述规则的某些行为的犯罪特征（参见本章第 3.4 节有

关个人责任的内容)。

第 11 条第 5 款规定了第 1 款所述人员“拒绝任何外科手术”的权利。遇有拒绝的情形,相关医务人员应当设法通过取得“病人所签字或承认的关于拒绝的书面声明”予以证明。

第 11 条第 6 款为记录对第 1 款所述人员进行医疗程序提供了指南。

1.6.2　医疗队、医务人员和宗教人员

第 12 至 15 条补充了有关保护医疗队、平民医务人员和宗教人员的既有规则。首先要注意的是本议定书对这些概念的定义。第 8 条第 5 款将医疗队定义为:

> 为了医疗目的,即搜寻、收集、运输、诊断或治疗——包括急救治疗——伤者、病者或遇船难者,或为了防止疾病而组织的军用或平民医疗处所或其他单位。例如,该术语包括医院和其他类似单位、输血中心、预防医务中心和院所、医药库和这类单位的医药储存处。医疗队可以是固定的或流动的,常设性或临时性的。

应当指出,这一定义并未仅仅列举与伤者、病者和遇船难者救治有关的活动,还提到了防止疾病。这一扩展与上文提到的第 11 条较为广泛的适用范围直接相关(在本章第 1.6.5 节讨论第 16 条时,我们还会谈到这一点)。

第 8 条第 3 款将医务人员定义为“冲突一方专门被派用于第 5 款所列的目的或被派用以管理医疗队或操纵或管理医务运输工具的人员。这项派用可以是经常性或临时性的。”第 8 条第 3 款列举了这一术语在任何情况下均包括的三类人员:

> (1) 冲突一方的医务人员,不论是军事或平民医务人员,包括《第一公约》和《第二公约》所述的医务人员以及被派到民防组织的医务人员;
>
> (2) 冲突一方所正式承认和核准的各国红十字会(红新月会、红狮与太阳会)和其他国内志愿救济团体的医务人员;
>
> (3) 第 9 条第 2 款所述的医疗队或医务运输工具的医务人员。

第 3 项规定的“医疗队或医务运输工具”指的是那些由中立国或中立国救济团体或公正的国际人道主义组织“为了人道主义目的”向冲突一方提供的医疗队或医务运输工具。

上述定义的适用范围同样很广,一方面,不仅是由于提到了第 5 款的内容,还因为将行政和技术人员也包括在内。另一方面,这一定义也不完全是没有限度的:相关人员必须由冲突一方明确派用。在文本起草人员看来,通常只有具有一定规模的组织才有资格派用:医院人员可以,但是单个医疗执业人员或者药房则不行。

第 8 条第 4 款对“宗教人员”的定义是：

> 专门从事宗教工作并依附于下列各单位的军人或平民，如牧师：
> (1) 冲突一方的武装部队；
> (2) 冲突一方的医疗队或医务运输工具；
> (3) 第 9 条第 2 款所述的医疗队或医务运输工具；或
> (4) 冲突一方的民防组织。

这里的依附也可以是常规性或临时性的。1949 年《日内瓦公约》只是提到了“牧师”，而在这里牧师只是作为“宗教人员”的一个例子。与之前相比，就有了更多的灵活解释空间，甚至可能包括提供精神支持的人员，尽管这种精神支持严格说来并不具备狭义的“宗教”特征——忠于并寻求依靠某个特定神灵或者众多神灵。

有关保护医疗队问题的第 12 条在第 1 款中规定了一般原则，医疗队“无论何时均应受到尊重和保护，并不应成为攻击的对象”。为使这一原则产生效果，各方可以采取多种措施。对固定医疗队来说，可以将所在位置通知敌方。第 3 款鼓励冲突各方这样做，并补充规定“未通知的情况不应免除任何一方（遵守第 1 款确定的原则）的义务”。第 4 款规定了另一种用于确保进行保护的明显措施，要求各方尽可能保证医疗队（无论是固定的还是流动的）“设在对军事目标的攻击不致危害其安全的地方”。

除这些以及类似措施外，很重要的一点是将给定物体标记为医疗队的可能性问题，因为医务人员和医务运输工具也需要识别（本章第 1.6.4 节对此作了专门讨论）。

为了满足第 12 条第 2 款规定的保护条件，平民医院或输血中心等平民医疗队必须要么属于冲突一方，并经该冲突方“主管当局承认和授权”，要么由上文提到的中立国家或组织提供。

当“用于从事人道主义职务以外的害敌行为”时，平民医疗队即失去受到的保护，但第 13 条明确规定，保护仅在“合理警告仍无效果后”才可停止。这条规定列举了不应“视为害敌行为”的情形，例如为了自卫或保卫伤者和病者而备有“个人轻武器”，以及“为了医疗原因”在医疗队内存在战斗员。

第 14 条重申了《第四公约》第 55 条规定的义务，要求占领国“保护被占领领土内平民居民的医疗需要继续得到满足”。第 2 款详细说明了这一原则，对相关方“征用平民医疗队、其设备、其器材或其人员的服务”的权力施加了具体限制。

第 15 条指出并详细阐述了平民医务人员和宗教人员“应受尊重和保护”的原则。第 2 款对“在战斗活动使平民医疗服务被扰乱的地区”作了规范，要求为平民医务人员提供“一切可能的帮助”。尽管该款并未规定谁来提供帮助，但可以肯定地说，冲突各方处于相应情形时都有这样的义务。

第 15 条第 3 款重申并强化了《第四公约》第 56 条及后续条款所规定的占领国的义务，要求占领国“在被占领领土内，向平民医务人员提供各种协助，使其能尽力执行其人道主义职务”。不得反过来强迫这类人员以“与其人道主义使命不符”的方式行事。

第 15 条第 4 款没有提到任何特别的危险情形、服务中断或者占领，而是概括性地规定这类人员“应得前往必需其服务的任何地方”；既是为了其自身利益，也是为了相关冲突方的利益，这一“前往权”“须遵守（该方）认为必要的监督与安全措施”。

第 15 条第 5 款使得有关尊重与保护的一般规则以及“关于保护和识别医务人员的（相关具体）规定”也适用于平民宗教人员。

1.6.3　医务运输

暂时把第 16 至 20 条放在一边，我们先探讨一下第二部第二编有关医务运输的规定。在第 8 条中同样可以找到有关重要概念的定义。

第 8 条第 6 款从职能角度将“医务运输”定义为“对受各公约和本议定书保护的伤者、病者、遇船难者、医务人员、宗教人员、医疗设备或医疗用品的陆上、水上或空中运输”。

作为履行这种职能的手段，“医务运输工具”在第 8 条第 7 款被定义为“专门被派用于医务运输，并在冲突一方主管当局控制下的任何军用或平民、常设性或临时性的运输工具”。这里的“主管当局控制”注定比之前的仅仅“承认”或者“授权”更加严格，而且只要相关物体“专门被派用于医务运输”，“控制”必须持续存在。

第 8 条第 8 至 10 款将医务运输工具划分为不同类别：“医务车辆”“医务船艇”和“医务飞机”，分别对应陆上、水上和空中运输。

保护医务车辆（比如救护车）只需要一条就够了：第二编第 21 条规定，医务车辆“应受流动医疗队依据各公约和本议定书所受的同样尊重和保护”。

该编的其他条款规定了有关使用和保护医院船和沿岸救护艇（第 22 条）以及其他医务船艇（第 23 条）的补充规则，并用很大篇幅对医务飞机的地位作了规范（第 24 至 31 条）。

第 3 章第 4.3 节提到，由于担心医务飞机可能会被滥用，1949 年通过了严格缩减使用医务飞机的规则，以至于实际上无法使用。这种情形需要得到补救。须考虑的一个重要因素是现代空战本身要求迅速确定空中移动目标的类别，以及需要对这些目标采取的措施。鉴于这一点和其他相关因素，在起草第 24 至 31 条时也考虑了为医务飞机提供在各个场合现实可能的最大限度保护。

第 24 条明确的原则是,“在本部规定的拘束下,医务飞机应受到尊重和保护”。

使用医务飞机要受到一些一般限制。第 28 条第 1 款规定,不得利用医务飞机“以图从敌方取得任何军事利益”或“以图使军事目标不受攻击”,第 2 款禁止利用其“收集或传送情报数据”或者载运任何不包括在上述有关“医务运输”职能的定义内的人员或货物。显而易见的进一步限制是,原则上医务飞机不得携带任何武器;第 3 款规定了例外情形,包括“取自飞机上伤者、病者和遇船难者而尚未送交主管部门的轻兵器及弹药,以及使船上医务人员能自卫和保卫在其照顾下的伤者、病者和遇船难者所需的个人轻武器”。

第 25 条至第 27 条区别了三类具体情形:位于“敌方未控制的地区”内的医务飞机;位于“接触或类似地带”内的医务飞机;位于“敌方控制的地区”内的医务飞机。第一种情形的问题最少:第 25 条确认,在该地区内或其上空,“对冲突一方医务飞机的尊重和保护,不依赖于与敌方订立的任何协定”。不过,为了更加安全,“特别是在该飞机飞行进入敌方地对空武装系统射程时”,通知敌方是明智的。该条规定将这些地区定义为“友方部队所实际控制的陆地地区,或敌方所未实际控制的海域”。

当医务飞机位于“接触或类似地带”内或其上空时,问题比较大。第 26 条第 2 款将“接触地带”定义为“敌对部队的先头部队彼此接触,特别是该部分已直接暴露于地面火力下的任何陆地地区”。第 1 款规定了医务飞机“在友方部队所实际控制的接触地带的一些部分内和其上空”以及“在实际控制权未明显确立的地区内或其上空”的情形。为了在这一地区内或其上空的医务飞机能够得到“充分有效”的保护,“冲突各方主管军事当局之间(要)事先取得协议”。如果没有这种协议,“操作(医务飞机)须自冒风险”。但即便如此,“在其已被认出是医务飞机后”,必须受到尊重。

当冲突一方的医务飞机“在敌方所实际控制的陆地地区或海域上空飞行”时,问题最大。第 27 条第 1 款规定,即使是在这种情况下,医务飞机也应受到保护,“只要事先取得该敌方的主管当局对这项飞行的同意”。当飞越该地区上空时,如果“由于航行失误或因影响飞行安全的紧急状态而未取得第一款所规定的同意或违反该项同意”,该医务飞机显然面临被攻击的风险;为使这种风险最小化,第 27 条第 2 款要求该医务飞机“尽力使其能被识别,并应将情况通知敌方”。一旦识别出该医务飞机,敌方“应尽一切合理努力,立即发出……着陆或降落水面的命令,或采取保障其本身利益的其他措施”;只有在所有这些措施均告无效时,才可对该飞机进行攻击。

飞越“接触或者类似地带”(第 26 条)或者“敌方控制地区”(第 27 条)的医务飞机,

“除与敌方事先达成协议外，不应用以搜寻伤者、病者和遇船难者”。这是第 28 条第 4 款的规定。这一表述是在外交会议上对搜救直升机地位进行辩论的结果：这种直升机是否可以使用识别标志进行标记，进而免受攻击？这种直升机的职能是否不同于第 8 条第 6 款所定义的医疗运输职能？结果是妥协：包括恰当标记的直升机在内的医务飞机可以被用于“搜寻伤者、病者和遇船难者”，但须得到敌对方“事先许可”。实践中的结果是，在争议地区或者敌方控制地区用于搜寻和收集伤者、病者或遇船难者（或者总体上说是己方人员）的直升机，并未标记识别标志，全副武装并自担风险执行任务。

该编的其余条款规范了应当遵循的程序，涉及事先协议的通知和请求（第 29 条），医务飞机的降落和检查（第 30 条），以及在中立国家的领土上空飞行或在该领土内降落（第 31 条）。

1.6.4　识别

对医疗队、医务和宗教人员，以及医务运输工具的有效尊重和保护，在很大程度上取决于对其身份的确认。传统上，使用红十字或者红新月来确保最大限度的能见度就是为了这个目的。但是能见度又取决于特殊标志的尺寸，标志和观察员之间的距离，以及可用于识别的时间等因素，更不用说像雨、雾或者黑暗等影响能见度的情形了。

关于识别问题的第 18 条在第 1 款中规定，“冲突每一方均应努力保证医务和宗教人员及医疗队和运输工具能得到识别”。第 2 款更为具体地要求冲突每一方“努力采取和实行使使用特殊标志和特殊信号的医疗队和运输工具有可能被认出的方法和程序”。使用特殊信号很有新意。第 5 款规定，使用这些信号须经相关方授权。1993 年修订的本议定书附件一中的第三章对使用特殊信号作了具体规范，包括使用光信号（蓝色闪光），无线电信号（在国际电信联盟特别规定中描述的紧急信号和特殊信号），以及使用二级监视雷达系统的电子识别手段。这一领域的进一步改进和发展仍在持续探索之中。如前所述，现代空战的特点使得及时识别医疗队和医务运输工具变得极为重要。

关于识别平民医务人员和宗教人员，第 18 条第 3 款规定，“在被占领土或正在进行战斗或可能进行战斗的地区内”，他们“应使用特殊标志和证明其身份的身份证，使其可能被认出”。附件一的第一章规定了身份证的样式和格式。

1.6.5　对医疗职责的一般保护

第 16 条（“对医疗职责的一般保护”）开辟了新领域，对“医疗活动”可能引发的问题作了规范。这些“医疗活动”与伤者、病者待遇有关，衡量的标准是“医疗道德”。这条规定没有对“医疗活动”下定义，也没有明确谁应从事这些活动。然而与“医疗道德”的联系清楚表明，起草者考虑的是医疗执业人员及其专业活动：事实上包括所有这些人员，而不论他们是否属于“医务人员”的范畴。

第 16 条规定了三条基本规则。第一条规则(第 1 款)是禁止“因进行符合医疗道德的医疗活动”而实施惩罚,“不问谁是受益者”。

第二条规则(第 2 款)是禁止强迫“从事医疗活动的人”进行“违反医疗道德规则”或其他相关规则的行为,或者不进行“这类规则和规定所要求”的行为。

第三条规则(第 3 款)是“如果认为有关情报将证明为有害于有关病人或其家属”,则禁止强迫任何从事医疗活动的人提供“关于在其照顾下或曾在其照顾下的伤者和病者的情报”。最后这条禁止性规定的唯一而且非常重要的例外是该人员遵照本方法律应当向本方提供的情报。此外,他们必须尊重有关必须通报传染病的现有规定。

从以上概要叙述可以清楚地看出,第 16 条规范的是一个广受关注但颇为微妙的问题:人们强烈地倾向于将向敌方伤者提供医疗救助而不相应通知己方当局的行为,视为对自身事业的背叛。

1.6.6 平民居民和救济团体的作用

第 17 条从多个角度规范了平民居民和救济团体的作用。第 1 款第一句话对平民居民不太人道的倾向作了规范:

> 平民居民应尊重伤者、病者和遇船难者,即使该伤者、病者和遇船难者属于敌方,并不应对其从事任何暴力行为。

第 17 条第 1 款的其他内容明确了居民同样可以发挥的积极作用。平民居民总体和诸如各国红十字会或红新月会等救济团体“即使在其主动下,并即使在被入侵或被占领地区内,均应准其收集和照料伤者、病者和遇船难者”。该款最后鲜明指出,任何人“均不应因这种人道主义行为而受伤害、追诉、判罪或惩罚”。

第 17 条第 1 款规定了平民居民主动作为的情形,第 2 款则对被动作为的情形作了规定:当局(“冲突各方”)呼吁平民居民和救济团体“收集和照顾伤者、病者和遇船难者,以及搜寻死者并报告其所在地点”。各方继而有义务“对响应其呼吁的平民居民和救济团体给以保护和必要便利”。该款甚至规定,如果敌方取得了该地区的控制权,应“在需要保护和便利的时间内给予同样的保护和便利”。

1.6.7 其他事项

第二部第一编还包括两个有关一般事项的条款。第 19 条规定,中立国家有义务“对在其领土内收留或拘禁的受本部规定保护的人,或对其所发现的冲突各方的任何死者,适用本议定书的有关规定”。

第 20 条延续了 1949 年各公约所确立的立场,规定禁止"对本部所保护的人和物体"进行报复。关于这一点,参见本章第 3.3.2 节。

第二部第三编都是有关"失踪和死亡的人"的内容。任何持续一定时间并且涉及较为广阔地带的武装冲突,都会给众多个人的命运带来不确定性,对战斗员和平民来说都是如此。因此,1949 年各公约已经包含了旨在为追踪失踪和死亡人员提供便利的规定。第三编的规则为这些规定提供了补充。第 32 条表明了这些规则背后的理念:首要的关注点在于"家属了解其亲属命运的权利"。

第 33 条对失踪人员即"敌方报告为失踪的人"作了规范。"一旦情况许可,并至迟从实际战斗结束时开始",收到这种报告的冲突方有义务搜寻相关人员,尤其是应当根据敌方所发送的相关信息(第 1 款)。为了便于搜集这类信息,第 2 款要求相关各方在武装冲突期间记录有关被拘留过一段时间或"因敌对行动或占领"而死亡的人员的特定数据。第 3 款规定,信息以及信息请求应直接或通过保护国,红十字国际委员会的中央寻人局或者各国红十字会或红新月会来发送;不管如何发送,各方必须确保也向中央寻人局提供该项情报。

第 33 条第 4 款敦促冲突各方"应努力商定关于搜寻、识别和收回战地上死者的工作组的安排"。这种安排的一个显而易见的形式是局部停火。搜寻方可以由冲突一方(或者在合适时由冲突双方)的人员组成。该款明确规定,"这类工作组的人员在专门履行这项职责时,应受尊重和保护"。

第 34 条确立的规则涉及对因敌对行动或占领而死亡的人员尸体的处理,以及维护和前往其墓地等问题。

1.7　对平民居民的救济

我们在介绍本议定书第 17 条时谈到,平民居民可能积极参与收集和照顾伤者、病者和遇船难者,而第四部("平民居民")第二编("对平民居民的救济")将平民居民本身作为需要救济的群体。

就被占领土而言,《第四公约》已经对此作出了较为令人满意的规定(参见第 3 章第 4.6.4 节)。相应地,本议定书第 69 条仅为"居民之食物与医疗供应品"(上述公约第 55 条要求占领国确保此项)进一步规定了必须得到满足的其他"基本需要":"在被占领土的平民居民生存所需的衣物、被褥、住宿所和其他用品以及宗教礼拜所必需的物体"。详细列举可能存在的固有风险就是会导致因为没有包括在法定义务当中而不提供特定物品,将"生存所需的其他用品"包括在内就排除了这样的风险。

与被占领土的规则相反,《第四公约》有关未被占领领土平民居民救济的规定相当匮乏。本议定书第 70 条旨在填补这一空白并让缔约国能够接受。主要障碍在于,各国倾向于将本国民众的福祉视为国内事务,因此希望保留自主决定是否(以及由谁)提供救济的权利。国家主权在这方面的体现与按照需要提供援助的基本思想的妥协,是可以实现的最佳结果。

这种妥协在第 70 条第 1 款体现得非常明显。该条规定开头的声明看起来很坚决,"如果(在未被占领领土的)平民居民未充分获得第 69 条所规定的用品的供应,属于人道主义和公正性质并在不加任何不利区别的条件下进行的救济行动应予进行",不过随即规定,这种行动须"受有关各方关于这种行动的协议的拘束"。为了阻止接受国可能提出的反对意见,第 70 条第 1 款进一步明确,救济的提供"不应视为对武装冲突的干涉,或视为不友好行为"。该款最后一句话规定,在分配救济物资时,应当优先考虑受特殊保护的人员,"如儿童、孕妇、产妇或婴儿的母亲"。

值得注意的是,尽管对平民居民的需要作了客观表述("未充分获得"),但是该条规定既没有明确指出谁应执行救济行动,也没有指出谁是救济行动的"有关各方"。就第一个问题而言,似乎"行为者"可以是任何个人或组织(无论是政府性组织还是非政府组织),唯一的条件是这种行动属于"人道主义和公正性质并在不加任何不利区别的条件下进行"。

在"有关各方"中,至关重要的似乎有两方:接收方和阻止救济物资通过的敌方(比如因其已经建立了封锁)。该条规定没有对接收方的立场进一步作出详细规定,特别是关于接收方是否有义务准许必要的救济行动问题。然而,人们倾向于认为在所有条件都得到满足的情况下存在这样的义务,尤其是任何合理评估都认为平民居民的生存受到了威胁这一条件。

至于其他有关各方(特别是敌对方),第 70 条第 2 款规定,他们"对按照本编提供的所有救济物资、设备和人员,应准许和便利其迅速和无阻碍地通过,即使这种救助是以敌方平民居民为对象"。这一表述有效阻止了有时在封锁中采取的一种做法:切断所有通向敌方目的地的物资供应。实际上,这一规定要求所有缔约国准许并为所有救济物资、设备和人员迅速且无阻碍地出入提供便利。

第 70 条中其他各款规范了救济行动涉及的实际问题,包括国际协调等。最后,第 71 条规定了关于参加救济行动的人员的地位的规则,既包括在被占领土,也包括在未被占领领土。尤其是规定在执行救济任务时,这些人员应受到尊重、保护和援助。

1.8 对在冲突一方权力下的人的待遇

第四部最后一编即以此为标题。作为该编第一章(适用范围及对人和物体的保护)的第 1 条,第 72 条指出,该编的规定不仅是对"第四公约关于对在冲突一方权力下的平民和民用物体的人道主义保护的规则"的补充,同样也是对"适用于国际性武装冲突时保护基本人权的其他国际法规则"的补充。这些其他规则包括国际人权法的规定。

关于"难民和无国籍人"的第 73 条规定,"在敌对行动开始前(根据有关国际法或国内法)视为无国籍人或难民的人,在任何情况下,均应是第四公约第一部和第三部的意义内的被保护人,而不加任何不利区别"。这一规定的目的是确保:如果这些人所居住的领土为冲突一方所占领,而在敌对行动爆发之前这些人逃离了该方领土或者被剥夺了该国国籍,则该方将给予其作为"被保护人"有权享有的保障和保护,与相关人员之前逃离该方领土无关。

第 73 条没有涉及敌对行动开始后逃离家园的人员的问题,而第 74 条则至少部分解决了这一问题,对通常占有惊人比例的"由于武装冲突"而产生的家庭离散问题作了规范。该条规定,各方(即本议定书的所有缔约国,首要的是冲突各方)"应以一切可能方法,便利(这种家庭的)重聚"。各方还有义务"特别鼓励按照各公约和本议定书的规定和遵守其各自的安全规章(必然要有的安全条款——作者注)从事这项任务的人道主义组织进行工作"。

第四部第三编最为明确的人权类条款是第 75 条。该条规定了一系列根本的人权保证,以保护处于冲突一方权力之下的人员,例如生命权和人身健全(第 2 款),以及在对其进行逮捕和刑事诉讼期间应当遵循的最低标准(第 3 至 7 款)。特别是第 7 款明确规定,公正审判的原则同样适用于"被控犯有战争罪或危害人类罪的人"。最后,第 8 款明确拒绝将该条规定解读为剥夺此类人员享有"给予更大保护的任何其他更优惠的规定"的保护。

顺便提一下,第 75 条重申了 1949 年各公约共同第 3 条所包含的适用于非国际性武装冲突的同样属于人权类型的许多基本原则。

有资格获得第 75 条保护的"处于冲突一方权力下的人",首先是那些落入敌方手中但不享有各公约或本议定书所规定的更有利待遇的人。例如游击队员,在第 44 条确定的非正常战斗的情况下,由于未能满足"在每次军事上交火期间,和在从事其所参加的发动攻击前的部署时为敌人所看得见的期间"公开携带武器这一最低要求,因而失去了作为战俘的权利。再如,第 47 条规定的"不应享有作为战斗员或成为战俘的权利"的外国雇佣兵。

一个答案并不确定的问题是,第 75 条规定的保护是否也适用于冲突一方的国民,如果他们因为武装冲突方面的原因被该冲突方剥夺了自由或者提起刑事诉讼的话。该条规定并未回答这一问题,因此可能有不同意见。

第三编第二章规定了“有利于妇女和儿童的措施”。第 76 条(关于“对妇女的保护”)在第 1 款中首先规定,妇女应是“特殊尊重的对象”,进而作为对众多悲惨经历的反映,规定妇女“应受保护,特别是防止强奸、强迫卖淫和任何其他形式的非礼侵犯”。

第 76 条第 2 款和第 3 款规定了对孕妇和抚育儿童的母亲的保护措施。当“基于有关武装冲突的原因而被逮捕、拘留或拘禁”时,她们的情况必须得到“最优先的考虑”(第 2 款)。至于死刑,第 3 款要求冲突各方“努力避免”对这些妇女“因有关武装冲突的罪行”而判处这种刑罚,并且规定,“对这类妇女,不应执行”因为此类罪行的这种刑罚。

第 77 条涉及保护儿童的各个方面。首先是第 2 款和第 3 款对儿童直接参加敌对行动的限制。15 岁以下的儿童不应直接参加敌对行动,这是第 2 款隐含的意思。应当随即指出的是,15 岁这一具体年龄限制体现了有些随意的妥协:有人希望年龄限制更低,或者干脆就不要有具体限制;有人则希望限制更高一些,比如 18 岁乃至 21 岁。

从目前的规定来看,第 77 条第 2 款要求冲突各方“采取一切可能措施”保证 15 岁以下儿童不直接参加敌对行动,“特别是不应征募其参加武装部队”。尽管有这样的明确规定,当低于所定年龄限制的儿童“直接参加敌对行动,并落于敌方权力之下”时,第 77 条第 3 款规定,这类儿童“不论是否战俘,均应继续享受本条所给予的保护的利益”。这种特殊保护的要素包括:特别尊重;保护以防止非礼侵犯;“所需的照顾和援助”(第 1 款);以及儿童的住处原则上应“与成人住处分开”(第 4 款)。关于儿童参加敌对行动问题,参见第 5 章第 2.4 节。

值得关注的是死刑问题。第 77 条第 5 款禁止对“犯罪时不满 18 岁的人”因与武装冲突有关的罪行执行这种刑罚。这里唯一的决定性因素是罪犯在实施犯罪时的年龄。不论受审时年龄多大,即使被判处死刑,如果犯罪时未满 18 岁,也不应对其执行死刑。

第 78 条旨在防止将儿童随意撤往外国。原则上禁止将儿童撤离,只有在为了儿童自身利益时才可以有例外,即“基于儿童健康或医疗的急迫原因”“或被占领领土以外的儿童的安全”。针对这些例外情形,该条明确规定了在准备和实施撤离时应当遵守的几条规则。

第三编第三章只包括一条,即第 79 条(关于“对新闻记者的保护措施”)。这里指的是那些没有经武装部队认证为战地记者而“在武装冲突地区担任危险的职业任务”的新闻记者,其任务的危险性在一些致命事件中时常显露出来。问题是如何保护承担这种任务的记者,同时又不剥夺其行动以及收集和传递信息的自由。

这里需要区分两种情形。"危险的职业任务"使新闻记者身处实际交战的地区,他们要么可以在该地区自由行动,要么可能遭到冲突一方逮捕和拘留。第 79 条没有明确这些情形,必须视为在两种情形下都适用。

对于第一种情形,法律显然不可能在保护新闻记者免受战斗直接影响(比如子弹、炸弹、地雷)方面走得太远。第 79 条第 1 款陈述了一个显而易见的事实——新闻记者"应视为第 50 条第 1 款的意义内的平民"。第 79 条第 2 款补充指出,"这类新闻记者应依此享受各公约和本议定书所规定的保护,但以其不采取任何对其作为平民的身份有不利影响的行动为限"。当然,关键在于他们就是平民,只不过是特别倾向于寻找极度危险情况的平民,在这些情况下,有关保护平民的规则注定影响有限。

对于落入冲突一方手中的新闻记者来说,可能主要关注两点:保持设备和材料完好无损;尽快重新获得人身和行动自由。第 79 条并没有直接规范这两个问题,不过第 1 款和第 2 款的规定在这种情况下也适用:该记者"应视为平民",并且"应享受作为平民的保护"。一个问题在于,当这些被俘人员声称自己真的是一名新闻记者时,人们是否相信。对此,第 3 款规定,担任危险任务的新闻记者"得领取……身份证。该证件应由该新闻记者作为国民所属国家或该新闻记者居留地国家或雇佣该新闻记者的新闻宣传工具所在地国家的政府发给"。这样的官方身份证有助于使拘留国相信,相应人员并非间谍或阴谋破坏者,而是从事着值得尊敬的工作的值得尊敬的人。

同时,从相关政府获得证件可能意味着要接受在新闻记者看来与其职业要求相矛盾的官方监管措施。考虑到这一困境,第 3 款并没有严格规定必须拥有能够证明持有者新闻记者身份的证件,而完全由新闻记者自行决定是否要获得这种证件。

第 2 节　第二附加议定书

经过用较大篇幅讨论《第一附加议定书》,《第二附加议定书》需要讨论的相关内容就少得多了。首先,《第二附加议定书》只有 28 条,而《第一附加议定书》则有 102 条。其次,《第二附加议定书》有几个条款抄录了《第一附加议定书》的规定。

正如在第 1 条所指出的,《第二附加议定书》的目的是"发展和补充 1949 年《日内瓦四公约》共同第 3 条"。同时,序文中回顾到"第 3 条的人道主义原则……构成在非国际性武装冲突的情形下对人的尊重的基础",并补充指出,"关于人权的国际文件提供对人的基本保护”。

序文将《第二附加议定书》的基本宗旨阐释为“有必要保证(国内武装冲突的)受难者得到更好的保护”。这些“受难者”是没有直接参加敌对行动的平民。因此,对共同第3条的一个特别重要的“补充”就是议定书专门旨在为他们提供保护的规则。

由于在外交会议上无法对此以及其他问题作出完整或者完善的规范,序文结尾是简化表述的“马顿斯条款”,指出“在现行法律所未包括的情形下,人仍受人道原则和公众良心要求的保护”。

2.1 适用范围

正如公约标题所体现的,《第二附加议定书》适用于“非国际性武装冲突”。第1条第1款规定,这指的是并非《第一附加议定书》规定的国际性武装冲突的情形,包括民族解放战争。第1条第2款排除了“非武装冲突的内部动乱和紧张局势,如暴动、孤立而不时发生的暴力行为和其他类似性质的行为”。

介于这两种极端情形之间的国内武装冲突包括从短暂叛乱到全面内战等截然不同的情形。1949年《日内瓦公约》共同第3条涵盖了上述所有情形,而《第二附加议定书》则仅限于上限部分:第1条第1款规定本议定书只适用于“在(缔约国)领土内发生的该方武装部队和在负责统率下对该方一部分领土行使控制权,从而使其能进行持久而协调的军事行动并执行本议定书的持不同政见的武装部队或其他有组织的武装集团之间”的国内武装冲突。

首先需要指出,这一表述排除了一种(主要)情形,即在一国境内多个武装团体之间发生的不涉及政府武装部队的战斗。例如,20世纪70年代的黎巴嫩内战。尽管将该种情形排除在外可能有些遗憾,但要求“敌方”满足的一系列条件却更为重要,这些条件似乎要完全排除的观点是,仅仅因为会导致大量受难者而认为本议定书应当适用于国内武装冲突。同样,本议定书看起来并不旨在适用于以下情形,即“敌方”为地下游击运动,只能偶尔四处“打了就跑”。

另外,某种情形是否属于本议定书(或共同第3条相关内容)所规定的武装冲突,首先要由有关国家作出判断。因此,在很大程度上取决于相关国家当局的政策,以及在可能情况下外界所能和所愿施加的压力。第3章第2节和本章第1.2节早已提到,国际司法机构显然有权自主决定《第二附加议定书》(以及共同第3条)是否适用于给定的内部暴力情形。

正如在第1款所明确指出的,第1条并不意在改变《日内瓦公约》共同第3条“现有的适用条件”。共同第 3 条仍然适用于不符合本议定书第 1 条第 1 款要求的那些国内武装冲突。

武装冲突以冲突各方的存在为先决条件。因此,引人注目的是,尽管第 1 条谈到了至少两支对立的武装部队,但没有使用“冲突各方”。本议定书的其他条款也是这样,大家可以看到有关“武装冲突”的情形,包括“敌对行为”和“军事行动”,但却没有一处提到“冲突各方”。这反映了许多政府的担心,只要提到敌对方,在具体场合就可能会被解读为是一种形式的承认。

同样的顾虑导致在第 3 条对“不干涉”问题作出了规定。该条第 1 款规定,“本议定书的任何规定均不得援引以损害国家的主权,或损害政府用一切合法手段维持或恢复国内法律和秩序或保卫国家统一和领土完整的责任”。同时,第 2 款进一步规定,本议定书的任何规定“均不应援引作为……干涉武装冲突或冲突发生地的缔约一方的内部或外部事务的根据”。

对“敌方”的存在完全保持缄默可能带来的问题是,本议定书是否对冲突的非国家方具有约束力? 由于令人遗憾地缺乏与《第一附加议定书》第 96 条第 3 款相类似的程序,在这一问题上更加犹豫不决。按照该程序,“其他有组织武装团体”的领导人可以表示愿意尊重该议定书所规定的义务。然而本议定书的起草历史清楚表明:谈判各方的本意是《第二附加议定书》类型的冲突的双方都应当执行其规定。

2.2　被保护人

第 2 条第 1 款使用通常在人权公约中可以找到的类似表述,将《第二附加议定书》“对人的适用范围”确定为“受第一条所规定的武装冲突影响的一切人”。强调本议定书“不应以种族、肤色、性别、语言、宗教或信仰、政治或其他意见、民族或社会出身、财富、出生或其他身份或任何其他类似标准为依据加以任何不利区别”。显然,在很多国内武装冲突中,各方实践完全违背了禁止基于任何理由的歧视这一原则。

与《第一附加议定书》相比,《第二附加议定书》的一个重大空白在于:《第一附加议定书》承认特定类别人员为“战斗员”,并制定规则保护其免受特定作战方法与手段的影响,然而“战斗员”概念在《第二附加议定书》中并没有出现,“战俘”概念也没有出现。本议定书显然承认会出现敌对行动。实际上,专门为参加敌对行动的人员提供保护的条款只有第 4 条第 1 款最后一句话,规定禁止“下令杀无赦”(在人权语境中就是通常所说的禁止格杀勿论)。此外,用第 4 条第 1 款第一句话的表述来说,《第二附加议定书》的规定无一例外的都是旨在保护那些“未直接参加或已停止参加敌对行动的人”。

2.3　人道待遇

《第二附加议定书》第二部以此为标题作出了一系列实体性规定。在这一部分开头提出的原则是，所有未参加或停止参加敌对行动的人员，“不论其自由是否受限制，均有权享受对其人身、荣誉以及信念和宗教仪式的尊重”；应“在任何情况下受人道待遇”，而且再次指出“不加任何不利区别”（第 4 条第 1 款）。

第 4 条第 2 款将这条一般原则详细阐述为一长串“在任何时候和在任何地方均应禁止”的“对第一款所指的人的行为”。这些行为包括公约共同第 3 条已经禁止的许多行为，也增加了多种行为，例如（按原文中出现的顺序）“体罚”“恐怖主义行为”，包括“强奸、强迫卖淫和任何形式的非礼侵犯”在内的“对人身尊严的侵犯”，“各种形式的奴隶制度和奴隶贩卖”以及“抢劫”等。最后一项是“以从事任何上述行为相威胁”。

第 4 条第 3 款涉及儿童保护的具体问题，开头同样是一般原则：“对儿童，应给予其所需的照顾和援助”。接下来是一系列具体规定，实际上是《第一附加议定书》第 77 条和第 78 条相关规定的简化版。值得特别注意的规定是，“对未满 15 岁的儿童不应征募其参加武装部队或集团，也不应准许其参加敌对行动”。对此，另参见第 5 章第 2.4 节。

第 5 条（关于“自由受限制的人”）的规定充分证明适用于国际和国内武装冲突的人道法条约规则存在巨大差异。《日内瓦公约》有关国际性武装冲突中战俘和平民被拘禁人待遇的规则精辟而又详尽，相比之下，第 5 条只有一些主要规定，涉及所有因为武装冲突而被剥夺或限制自由的人员的待遇问题。不过，与共同第 3 条相比，本议定书第 5 条却代表着重要发展。

第 5 条没有根据某人被限制自由的原因进行区分，只是规定必须是因为“有关冲突的原因”。应当再次强调的是，《第二附加议定书》没有特别的战俘制度：至于该人被囚禁是因为比如作为“参加敌对行动的人员”，还是因为怀疑其“发动反对合法政府的武装政变”，以及为一方或另一方从事间谍活动，或者向冲突中的伤者提供医疗救助，都并不重要。

第 5 条有两款对被拘禁人员或者被拘留人员作出了特别规范。第 1 款制定了“至少应尊重”的规则，涉及适当的医疗待遇、个人或集体救济、奉行其宗教，以及精神帮助等。对相关人员也应当“按照当地平民居民的同样标准供给食物和饮水，并提供健康卫生方面的保障和免受严寒酷热和武装冲突的危害的保护”。第 2 款明确了“负责拘禁或拘留（有关人员的人）”“在其力所能及范围内”也一定要尊重的一系列规定。准许被拘禁和被拘留的人员收发信件和邮片就属于这一类别。令人惊讶的是，禁止以“任何无理行为或不作为"危害这类人的"身心健全"也包括在其中；该款规定，因此，"迫使本条所述的人接受非为其健康状况所要求而且与自由的人在类似医疗状况中所适用的公认医疗标准不符的医疗程序，是禁止的"。人们更希望这项禁止性规定出现在第 1 款之中，作为必须"至少应尊重"的规则之一。

第 5 条第 3 款规定，"（对未被拘禁或拘留但）基于有关武装冲突的原因而自由以任何方式受限制的人，应给予人道待遇"。这种人道待遇特别是必须与第 4 条和第 5 条中的某些指定规定相一致，涉及个人或集体救济、宗教和精神帮助，以及通信等内容。

第 5 条第 4 款对"决定释放自由被剥夺的人"的情形作出了规定。在该种情况下，"作出决定的人应采取必要措施，以保证被释放的人的安全"。

第 6 条的主题是"对有关武装冲突的刑事罪行的追诉和惩罚"。该条规定的"适当程序"标准依据的是既有人权公约。据此，任何判决和处罚的执行都要求"具备独立和公正的主要保证的法院定罪宣告"；被告必须享有"一切必要的辩护权利和手段"；并且该行为或不作为必须"在实施时依据法律（构成）犯罪"。

第 6 条第 4 款规定禁止"对犯罪时不满 18 岁的人（宣判死刑）"，而且禁止"对孕妇和幼童的母亲（执行死刑）"。

尽管第 6 条确定的规则可能允许非政府方适用，但在政府当局看来，"刑事罪行的追诉和惩罚"问题应当专门留给国家司法机关来处理。然而，即使是在旷日持久的国内武装冲突中（比如在哥伦比亚），敌对方（对哥伦比亚来说就是"哥伦比亚革命武装力量"）通常也难以满足该条规定为公正审判和执行惩罚所设定的条件。

第 6 条第 5 款规范了敌对行动结束时的赦免问题，参见本章第 3.4 节。

2.4　伤者、病者和遇船难者

回顾一下，1949 年《日内瓦公约》共同第 3 条对此仅规定"伤者、病者应予收集与照顾"，同时，与其他未积极参加或不再积极参加敌对行动的人员一样，这些人员必须得到不加歧视的人道待遇。《第二附加议定书》第三部重申并发展了这些基本规则：第 7 条规范了"保护和照顾"事项，第 8 条规范了包括搜寻死者在内的"搜寻"事项。

根据第 7 条第 1 款，"所有伤者、病者和遇船难者，不论曾否参加武装冲突"，均有权受到保护和照顾。第 2 款确立了不加歧视的医疗照顾的原则：

> 在任何情况下，他们均应受人道待遇，并应在最大的实际可能范围内和尽速得到其状况所需的医疗照顾和注意。在这类人之中，不应以医疗以外的任何理由为依据加以任何区别。

除此之外,第 9 条第 1 款规定,“医务和宗教人员应受尊重和保护,并在其履行职责中应得到一切可能帮助”,并且禁止迫使这些人员“执行与其人道主义使命不符的任务”。第 2 款特别规定禁止“除有医疗理由外”,要求医务人员在履行其职责时“给予任何人以优先地位”。

第 10 条以“对医疗职责的一般保护”为标题,制定了与《第一附加议定书》第 16 条所载规则相类似的规则:“不问谁是受益者”,禁止惩罚任何“进行符合医疗职责的医疗活动”的人员(第 1 款);禁止迫使从事此种活动的人员“从事或进行违反医疗道德规则、或其他为伤者和病者的利益而制定的规则、或本议定书的行为或工作”,或者反过来迫使其不从事这类规则所要求的行为(第 2 款);履行保护病人隐私等职业义务(第 3、4 款)。毫无疑问,与国际性武装冲突相比,这些规则在国内武装冲突当中更难得到遵守。

第 11 条接下来为医疗队和医务运输工具提供了基本保护,规定除非“用于从事人道主义职能以外的敌对行为”,这些物体“无论何时均应受尊重和保护,并不应成为攻击的对象”。第 12 条以同样简短的语言规定了“特殊标志”问题:当“在有关主管当局指导下”,“医务和宗教人员以及医疗队”或者“在医务运输工具上”展示红十字和红新月时,“应在任何情形下受到尊重”;另外,该标志“不应用于不正当的用途”。

2.5　平民居民

如前所述,除了禁止下令杀无赦的规定以外,《第二附加议定书》没有对作战方法和手段作出规范。然而,这种几乎完全不提其他相关规则的处理方法难以得到体面维持。当时和现在的国内武装冲突中引起诸多关注的一个方面问题是,在内部冲突肆虐的国家,平民居民通常命运悲惨。不过,由于本议定书既不承认存在“战斗员”,也不承认存在“军事目标”(有一个较为奇怪的例外情形),因此无法借助这些概念对平民居民和民用物体作出定义。结果是,本议定书第四部有关保护平民居民的规定缺乏基础。这些规定比《第一附加议定书》的相关规定也少了很多。幸运的是,实践中各方倾向于向《第一附加议定书》寻求指导,以解读《第二附加议定书》的有关规定。

第 13 条第 1 款规定了的原则是,“平民居民和平民个人应享受免于军事行动所产生的危险的一般保护”。因此规定禁止将他们作为攻击的对象,并且规定禁止“以在平民居民中散布恐怖为主要目的的暴力行为或暴力威胁”(第 2 款)。同样适用的规则是,“除直接参加敌对行为并在参加期间外”,平民享有这种保护(第 3 款)。然而,考虑到国内武装冲突通常情况混乱,而且《第二附加议定书》缺乏将战斗员和平民区分开来的概念定义,这一规则在国内武装冲突中的适用可能比在国际性武装冲突中更加困难。

第 14 条至第 16 条规定了禁止旨在攻击特定物体的战争行为,包括“平民居民生存所不可缺少的物体”(根据“作为作战方法使平民陷于饥饿,是禁止的”这一原则,第 14 条);“含有危险力量的工程和装置,如堤坝和核发电站”,特别是即使这类物体属于“军事目标”,这是本议定书唯一提到这个概念的地方(第 15 条);以及“构成各国人民文化或精神遗产的历史纪念物、艺术品或礼拜场所”(第 16 条)。

第 17 条第 1 款规定禁止基于有关冲突的原因下令平民居民迁移,“除为有关平民的安全或迫切的军事理由所要求外”。第 2 款规定禁止在任何情况下基于有关冲突的原因迫使平民“离开其本国领土”。

第 18 条包括关于“救济团体和救济行动”的若干规定,适用于国内武装冲突。第 1 款首先规定,在“(冲突肆虐的国家)领土内”的救济团体,比如红十字或红新月组织,“可对武装冲突受难者执行其传统的职务”。应当注意的是,与《第一附加议定书》第 81 条(参见下文,本章第 3.5.1 节)不同的是,该款没有明确提到红十字国际委员会和红十字会与红新月会国际联合会。另一方面,该款规定了平民居民可以发挥的作用:第 2 句话指出,居民“即使在其自己主动下,也可提供收集和照顾伤者、病者和遇船难者的服务”。虽然第 18 条没有提到红十字国际委员会的作用,但这不会影响其根据共同第 3 条“向冲突之各方提供服务”的权利。

第 18 条第 2 款规范了对平民居民的救济问题,规定如果“平民居民由于缺少生存必需品,如粮食和医疗用品,而遭受非常的困难”,“应进行”救济行动。该款规定止步于此,并未明确由谁来履行这一义务。该款同时指出,相应行动必须“专门属于人道主义和公正性质”,并且“不加任何不利区别”。此外,行动要征得“有关缔约方同意”(即该国被承认的政府),不论接受救济的平民居民是处于其控制之下的领土还是处于(未获正式承认的)敌方有效控制的领土。应当指出,这一规则中隐含了对国家主权和现政府权威的绝对尊重,实践中时常难以坚持。

第 3 节　实施与执行

《第一附加议定书》第 1 条第 1 款的表述与 1949 年《日内瓦公约》第 1 条类似,规定缔约各方“承诺,在一切情况下,尊重本议定书并保证本议定书被尊重”。这一表述的适用范围最初是以日内瓦法为背景设定的,随着该议定书对其进行的编纂和发展而明确扩展到了海牙法。

《第二附加议定书》没有类似的表述。但不能据此推论认为,该议定书缔约国没有承诺“尊重并保证尊重”该议定书。省去这一表述,仅仅是因为各国总体上倾向于将根据《第二附加议定书》承担的义务减少到最低限度。

《第二附加议定书》对“实施与执行”的几乎所有方面确实都没有做出规定。唯一例外是第 19 条,全文是:“本议定书应尽可能广泛地予以传播”。特别是考虑到没有关于实施和执行的其他条款,在试图阐明《第二附加议定书》所传达的信息时,这一用被动句式表述的规定就显得极其重要。

《第一附加议定书》的情形完全不同。第一部(“总则”)和第五部(“各公约和本议定书的执行”)都规定了一系列措施,目的正是在于改进人道法的实施和执行。

3.1 指示与教育

第五部开头的第 80 条强调所有缔约国(特别是国际性武装冲突中的国家方)有责任:“立即采取一切必要措施,以履行其依据各公约和本议定书的义务”;发出“命令和指令,保证”遵守这些文件;以及“监督其执行”。

第 83 条强化了缔约国对人道法知识进行必要传播的责任。第 1 款规定,各缔约国承诺,“在平时及在武装冲突时,……(将各公约和本议定书)的学习包括在其军事教育计划内,并鼓励平民居民对各公约和本议定书进行学习”,目的是“(使)这些文件为武装部队和平民人员所周知”。第 2 款补充指出,“在武装冲突时负责适用各公约和本议定书的任何军事或民政当局,应充分熟悉各公约和本议定书的文本”。

第 82 条引入了一个颇有意味的机制,目的在于促进在武装部队中传播和遵守人道法。再次要求各缔约国无论何时(以及冲突各方在武装冲突时)均应保证有法律顾问,“对各公约和本议定书的适用以及就此问题发给武装部队的适当指示,向相当等级的军事司令官提供意见”。这一规定已经众多实践证明确有成效,指挥官能够更为充分地了解可以适用的规则,部队也得以进一步掌握人道法所规定的基本义务。

首要的是,在武装部队中传播人道法,但又不局限于此。这一点非常重要,怎么强调都不为过。人道法规则越为人们所了解和熟悉,在实践中得到尊重的几率就越大。为了支持国家所作的努力,在红十字国际委员会和红十字会与红新月会国际联合会的指导下,各国红会在相互间,或者向外部人员,有时甚至在武装部队中推行传播项目。毫无疑问,红十字和红新月运动开展的这些活动无论如何也不能免除当局的责任。应当重申的是,对可以适用的法律进行传播至少也是《第二附加议定书》规定“必须做”的事项(第 19 条)。

3.2　保护国和“其他人道机构”

第 3 章第 5.2 节提到，1949 年《日内瓦公约》规定由保护国行使监督职能；对于没有保护国的情况，规定由像红十字国际委员会这样的公正人道组织来履行相关职责。过去，当外交关系断绝时，第三国负责保护冲突各国的利益；发生敌对行动时，该第三国几乎会自动承担保护国的责任。但是自 1949 年以来，这一制度没有发挥作用，也很难指定保护国。此外，尽管根据第一至第三公约第 10 条和《第四公约》第 11 条，拘留被保护人的国家有义务接受红十字国际委员会或其他人道组织提出的履行保护国职责的要求（须证明无法通过保护国来实施保护），但是这种替代措施在实践中仍然要征得相关方或各方同意。

《第一附加议定书》第 5、6 条旨在改善这种状况。在这两条规定之前，第 2 条第 3 款将“保护国”定义为：

> 经冲突一方提名和敌方接受并同意行使各公约和本议定书所赋予保护国的职务的中立国家或其他非冲突一方的国家。

这一定义清楚表明，确定保护国涉及有关三方的安排。特定国家在敌方领土内作为代表冲突一方的保护国，需要获得所有三个国家的同意。

第 5 条第 1 款规定的原则是，“冲突各方有义务自该冲突开始发生之时起适用保护国制度，以保证各公约和本议定书的监督和执行”；该制度“按照下列各款适用”，其中除其他事项外，“包括保护国的指定和接受”。

第 5 条第 1 款进一步规定，“保护国应负保障冲突各方利益的责任”。这一表述与《日内瓦公约》非常相似。然而，《日内瓦公约》的表述只是指的事实性情况（“保护国的责任是保障冲突各方的利益”），反映了各国在过去的做法：起初同意担任争议一方的外交代表，结果很自然地在争议随后演变成武装冲突时，几乎是自动担负起了保护国的角色。相比之下，第 5 条第 1 款的规定带有义务的性质，承担义务的主体是在武装冲突期间被指定和接受（并且其本身也接受）作为保护国的国家。在本议定书背景下，不能将这一义务理解为指的是外交代表的一般义务，相反，具体说来，要求保护国保障的“利益”必须是冲突方的利益，要确保其处于敌方手中的国民所受待遇符合适用的国际人道法标准，并且也可能在一定程度上符合其自身的习俗和文化。

第 5 条第 2、3 款制定了详细程序，旨在为保护国的“指定和接受”提供便利。如果所有这些措施都没有取得成果，“代替组织”就该发挥作用了。第 2 条第 4 款将代替组织定义为"按照第五条代替保护国行事的组织"。第5条第4款说明了具体过程:红十字国际委员会或"任何其他提供一切公正和效率保证的组织",可以"在与(冲突各方)妥善磋商后并在考虑磋商的结果下",向上述各方提出充当代替组织;经过这样的全面准备,如果该组织作出这样的提议,那么"冲突各方应立即接受"。

保护国与诸如红十字国际委员会等"代替组织"的一个区别在于,前者有义务保障其所代表的冲突一方的利益,而后者的重点在于其公正性。对于红十字国际委员会这样的组织来说,主要的关注点显然是冲突受难者的利益。

与保护国的可能活动相伴而生的一个实际问题是,为了履行监督职责,保护国需要有足够的合格人员供其支配。第6条旨在保证本议定书各缔约方在和平时期已经尽可能地训练了这种人员。

制定上述一系列新规定的目的是使保护国制度焕发生机,但迄今没有获得成功。不过,这一制度仍然可用,在未来武装冲突中有可能被各方采用。那么,保护国或其代替组织能够监督什么呢?一方面,可以有效监督伤者和病者、战俘或被拘禁平民的居住或工作条件,或者监督被占领土内的平民居民的健康状况和基本粮食供应情况。另一方面,最多是偶然性和间接性的,也可以对真正意义上的作战活动以及在战斗员之间适用的相关规则进行监督。保护国的职能通常不包括调查是否在攻击时遵守了规则。这条一般性规定可能应该将使用化学武器问题作为例外情形。过去的经验表明,有时可能会在目标区域发现使用化学武器的痕迹,而且保护国或代替组织的代表可以像任何其他人一样把调查做好。

最后,值得注意的是,《第二附加议定书》没有类似于保护国制度的规定。有意思的问题是,这一制度或类似机制是否可以适用于国内武装冲突。应当指出,红十字国际委员会经常对在国内武装冲突中失去自由的人员进行探视,这种国内武装冲突可以是《第二附加议定书》适用范围内的冲突,也可以是共同第3条范畴内的冲突,甚至还包括政治冲突的情形。

3.3　集体责任

第3章第5.3节提到,国际或者国内武装冲突的国家方要首先对冲突中违反国际人道法的行为负责。

对此,应当提一下《第一附加议定书》第1条第4款和第96条第3款,这两款一起产生了叠加的效果。本章第1.2节指出,第1条第4款承认某些"民族解放战争"属于国际性武装冲突;根据第96条第3款,参加这类战争的人民的代表当局可以向本议定书的保存者提交声明,承诺适用《日内瓦公约》和本议定书。这导致《日内瓦公约》和本议定书对该冲突方"立即发生效力",并使得这些法律文件"对冲突各方具有同等的拘束力"。结果是如果出现这种情形(如前所述,实践中尚未发生过),从事解放战争的人民的领导人要对违反国际人道法的行为负完全责任。

遗憾的是,《第二附加议定书》没有类似规定。尽管第 3 章第 5.3 节曾经指出,参加国内武装冲突的非国家武装团体必然要为其成员实施的违法行为承担责任(在《第二附加议定书》类型的武装冲突中,这种责任涉及该议定书的所有条款),但是如果有类似于《第一附加议定书》第 96 条第 3 款的规定,将会很有帮助。

3.3.1　对等

第 3 章第 5.3.1 节提到,1949 年各公约的缔约国不得将消极对等("我不再必须尊重该法律,因为你没有尊重")作为不履行公约规定义务的理由。然而,这一问题对于海牙法来说并不是非常清楚。关键在于,将日内瓦法和海牙法的内容结合起来(如前所述)的《第一附加议定书》对此是如何规定的。

第 1 条第 1 款表达了缔约国的承诺,"在一切情况下,尊重本议定书并保证本议定书被尊重"。这一表述与《日内瓦公约》共同第 1 条的内容类似。结果自然是,本议定书规范的所有内容,包括关于作战方法和手段以及保护平民居民免遭敌对行动影响等方面的规则,都将消极对等排除在外。

积极对等("我一定尊重该法律,因为你也承诺这样做")在《第一附加议定书》中也占有一席之地,特别是对于第 1 条第 4 款所规定的民族解放战争。如前所述,根据第 96 条第 3 款所作声明不仅使得各公约和本议定书对参与战争的人民"立即生效",也使得这些法律文件"对冲突各方具有同等的拘束力"。

《第二附加议定书》中没有关于"消极"或"积极"对等的规定。然而,该议定书的适用要求不仅该国的武装部队,而且"对该国一部分领土行使控制权"的"其他有组织的武装团体"也要"执行本议定书"。一旦"控制领土"这一条件得到满足,进而导致该议定书在冲突中适用,就有充分理由指出,该议定书有关保护冲突受难者的规则在本质上具有人道主义性质,不能仅仅因为另一方违反了这些规则就对其置若罔闻。

就积极对等而言,在国内武装冲突中可能没有很多的正面例子。不过,对于努力促进各方尊重国际人道法的第三方来说,一方尊重法律可以作为一个论据。

3.3.2　报复

《第一附加议定书》第二部(伤者、病者和遇船难者)和第四部(平民居民)中都有关于禁止诉诸报复的规则。

作为对 1949 年各公约已经包含的禁止性规定的补充,第 20 条禁止对第二部保护的所有人员和物体进行报复。这条禁令毫不费力地获得了通过。

第三部(关于“作战方法与手段,战斗员和战俘的地位”)并没有规定禁止报复。然而,与该部某些条款有关的报复行为被排除在外,因为在别处作了禁止性规定。这样,根据第 20 条的禁止性规定,第 38 条规定禁止“不当使用红十字(或)红新月的特殊标志”这一规则也是“免于报复的”。如果别处没有这样的具体禁令,关键问题在于第三部的其他规则是否仍然可以因为报复而被置之不理。

似乎完全合乎情理的立场是:对明确旨在保护指定类别人员的规则进行克减而实施报复,不再具有正当性。这样的规则包括第 37 条规定的禁止背信弃义行为,以及第 40 和 41 条关于饶赦和保护失去战斗力的敌人的规则等。同时,《第一附加议定书》关于使用武器或敌方制服的限制性规定(第 35 和 39 条)可以说仍然受制于报复。

第 3 章第 5.3.2 节提到,联合国大会 1970 年在第 2675 号决议中指出,“平民居民,或者其单个成员,不得作为报复的对象”。像这样对禁止报复的规定进行扩展在外交会议上证明很棘手。与顺利重申禁止在保护伤者、病者和遇船难者的框架下实施报复相反,在保护平民居民的背景下,有关报复行为的争论漫长而又艰难。

有两种彼此对立的主要观点:有人主张在这一领域也绝对禁止报复;有人则希望可以对平民居民实施报复。

双方都提出了有力论据。“禁止”派的代表认为,与对战俘的报复行为一样,对平民居民的报复措施注定会伤及无辜。而且,特定报复措施也几乎不可能导致敌方放弃非法行为。

相反,反对方有人指出,平民居民可能并不总是与政治和军事领导人的所作所为毫无关联;对平民居民的报复行为不会在所有情况下都没有效果;最后但不是最不重要的,冲突一方没有直接可供选择的其他手段来促使不遵守规则的敌方改变态度。这一派的代表也感到,如果一定要禁止作为报复对平民居民进行攻击,那么至少需要保留对民用物体实施报复的可能性。

后一种观点的支持者进而建议对允许诉诸报复的情形进行严格规范。建议的具体内容包括:事先明确警告;除非警告明显未获理会,不可实施报复;对敌方平民居民造成的伤害不应超过敌方对己方居民的伤害;一旦敌方终止非法攻击,报复措施亦应停止。

经过漫长的辩论和谈判,“禁止”派大获全胜,最终规定禁止作为报复对平民居民或者平民个人(第 51 条第 6 款)、民用物体(第 52 条第 1 款)、文物和礼拜场所(第 53 条第 3 款)、对平民居民生存所不可缺少的物体(第 54 条第 4 款)、自然环境(第 55 条第 2 款)以及含有危险力量的工程和装置(第 56 条第 4 款,可以说属于过度杀伤)等进行攻击。

这些绝对的禁止性规定现在无疑构成该法律的组成部分。同样毫无疑问的是,这些规定在实践中仍然容易受到“消极对等”考虑的影响。此外,应当牢记,有关保护平民居民的许多规定非常复杂,而且用语在实践中很容易引发不同意见,并不确定是会得到尊重还是会遭到违反。这可能是一个实况调查问题,因此可以提一下的是:《第一附加议定书》第 90 条规定,冲突各方可以利用国际人道主义实况调查委员会的服务。在适当情况下尽早向该委员会求助有助于防止采取报复行为(另参见以下本章第 3.5 节)。

1986 年,在批准《第一附加议定书》时,意大利声明“对敌方严重、系统违反第 51 条和第 52 条规定义务的行为,将以国际法允许的所有手段作出反应,以防止出现进一步的违反行为”。这段话没有明确意大利认为什么是“国际法允许”的“手段”,不过很可能本意是指关于合法报复行为的传统要求。

1998 年,英国在批准议定书时发表了一个声明,在这一问题上较为明确。有关内容如下:

> 如果敌方违反第 51 条和第 52 条对平民居民、平民个人或民用物体,或者违反第 53、54 和 55 条对所保护的物体或项目,发起严重且蓄意的攻击,英国认为自身有权采取相应条款在其他场合禁止的必要措施,唯一目的是迫使敌方停止实施违反上述条款规定的行为。但须事先正式发出要求其停止违反行为的警告,在警告被置之不理之后,须由政府最高当局作出决策。英国因此采取的任何措施将不与相应的违反行为不成比例,也不会采取 1949 年《日内瓦公约》禁止的任何行动;违反行为停止后,所采取的措施也将不再继续。英国将向保护国通报发给敌方的任何此种正式警告,如果警告被置之不理,还将通报随之采取的任何措施。

这是对采取交战报复行为的传统要求的准确表述。这一声明(其他缔约国没有对此提出异议)可以理解为意味着,英国在接受禁止纯粹报仇意义上的“报复”的同时,保留了诉诸经过深思熟虑、公开、官方、正式以及受到严格限制的报复行为的权利。一个结果是英国的潜在对手也具有同样权利,当然也要满足同样的严格条件。

应当指出,英国(与之前的意大利一样)也承认国际人道主义实况调查委员会的作用。人们期望在实践中以诉诸该委员会来取代采取报复行为。

最后要指出的是,自《第一附加议定书》通过后,似乎还没有出现这样的案例:一方面,宣称作为报复攻击敌方平民居民或民用物体,并且满足相应条件。另一方面,武装冲突各方恶意报复敌方平民居民的例子则不胜枚举。国际社会没有宽恕这些做法,而且不止一次地对这种行为作出了强烈反应。即便如此,考虑到意大利和英国的声明,很难说

第 51 条等有关禁止对平民居民进行报复的规定已经成为习惯法规则。

以上内容在《第二附加议定书》中都没有得到反映。外交会议讨论了国内武装冲突中的报复问题,但导致的结果较为消极:在本议定书中对此不作规定。一种观点认为,报复行为在有关国内武装冲突的法律中无法得到规范。严格说来,这一观点是正确的。国际实践形成了关于正当的交战报复行为的规则(警告、最后手段、比例性、时间限制),但在国内武装冲突的历史中,没有形成类似的规则。但从另外一个角度看,这种观点简直就是一派胡言。各公约和《第一附加议定书》禁止报复行为的首要目的是,不对难以容忍的违反行为作出近乎盲目的本能反应:"他杀害了我的同胞,现在我要杀他的同胞"。这种反应在国内武装冲突中可能比在国际性武装冲突中更加普遍。外交会议上的真正问题在于,尽管或许同样并不赞成在国内武装冲突中出现这种盲目报复行为,各国不希望因为《第二附加议定书》包含禁止报复行为的条款而被束缚手脚。

3.3.3 补偿

《第一附加议定书》第 91 条明确规范了传统意义上的国家责任:

> 违反各公约或本议定书规定的冲突一方,按情况所需,应负补偿的责任。该方应对组成其武装部队的人员所从事的一切行为负责。

这一条款相当于修改了 1907 年《海牙公约》第 3 条的规定(严格说来,当时的责任仅限于违反《章程》的情形),使其适应"合流"(或者说海牙法和日内瓦法在议定书中的融合)的新形势。这意味着,有关责任的规则(包括支付赔偿的责任)适用范围更为广泛。尽管作为条约内容正式写入了各公约和该议定书,但认为其适用于整个国际人道法(无论是否是成文法)也并不为过。

1977 年通过的上述表述中提到"冲突一方"和"其武装部队"还导致了另外一个后果。根据第 43 条第 1 款,缔约国的责任及于"所有在为其部下行为(向该方)负责的司令部统率下的有组织的武装部队、团体和单位"。如果某个"民族"正在进行第 1 条第 4 款(以及第 96 条第 3 款)所说的民族解放战争,该"冲突一方"同样要对其符合第 43 条第 1 款定义的"武装部队"的所有行为负责。

至于适用 1907 年《海牙公约》第 3 条相关规则的可能性与困难,参见第 3 章第 5.3.3 节相关内容。同样的考虑也适用于《第一附加议定书》第 91 条的情形。

对第 91 条第二句话也可以有完全不同的解读,即不仅遭受损害的一方,而且本议定书的其他缔约方或者公众舆论,都可以要求冲突一方负责。本章第 3.5 节对此作了进一步讨论。

3.4 个人责任

3.4.1 个人刑事责任

《日内瓦公约》规定了旨在消除"严重破坏公约行为"和其他违反公约行为的制度。《第一附加议定书》第 85 条第 1 款使得该制度也适用于违反本议定书规定的类似行为。同时,本议定书突出地补充和完善了这一制度。

这一制度很容易适用于本议定书的规定。与各公约一样,本议定书旨在保护指定类别的人员和物体,这些人员和物体要么处于敌方权力之下,要么被认为根据红十字等特殊标志而享有特殊保护。因此,第 85 条第 2 款规定,当涉及落入敌方手中而无权享有战俘地位的参加敌对行动人员的条款遭到违反时,也可以算作构成"严重破坏行为"。第二部(伤者、病者和遇船难者)第 11 条第 4 款同样规定,违反本条相关规则并且"严重危害(在所依附的一方以外冲突一方权力下的任何人)身心健全"的"故意行为或不作为"也属于严重破坏行为。

在将该制度适用于《第一附加议定书》第三、四部有关保护平民居民免受敌对行动影响的条款时,需要更加慎重。

一方面,这两部分一般来说并非旨在保护定义明确而且限定充分的"被保护人"类别。弄清敌对行动及其影响的确切事实,通常也很困难。武装冲突各方一般会对事实进行渲染性宣传。那么,如何能够指望他们对被指控(比如说,轰炸了居民区)的对手进行公正审判呢?

这些考虑在第 85 条第 3 款中得到了反映。以违反有关禁止不分青红皂白攻击的规定(第 51 条第 4 款)为例,这种攻击要构成严重破坏行为,必须不仅是"违反本议定书有关规定而*故意*作出,并造成死亡或对身体健康的严重伤害",而且要在"*知悉*攻击将造成第 57 条第 2 款第一项第三目所规定的过分的平民生命损失、平民伤害或民用物体损害"的情况下发动。斜体部分有关意图和知悉的要求是为了防止过于仓促、主要出于宣传目的的刑事指控。

另一个例子是对失去战斗力的敌人进行攻击。第 41 条第 1 款规定,禁止攻击"被认为失去战斗力或按照情况应被承认为失去战斗力"的敌人。这种攻击要构成严重破坏行为,同样必须是故意作出的,而且攻击方要知悉受难者失去战斗力,也就是说,尽管该受难者被承认为失去战斗力的人员,但还是遭到了攻击(第 85 条第 3 款)。

并非第三、四部的每一项规定都适用于"严重破坏行为"的制度。举例说来,不适用的规则包括:禁止使用具有引起过分伤害和不必要痛苦的性质的武器,以及旨在或可能对环境引起广泛、长期和严重损害的作战方法或手段的基本规则(第 35 条第 2 款和第 3 款);使用敌方制服(第 39 条第 2 款);攻击对平民居民生存所不可缺少的物体,如粮食、农作物和牲畜等(第 54 条)。

另一方面,第 85 条第 4 款规定了一套全新的"严重破坏行为",包括"对遣返战俘或平民的无理延迟"以及"以种族歧视为依据侵犯人身尊严的种族隔离和其他不人道和侮辱性办法",这两种行为须"于故意并违反各公约和本议定书时作出"。这些"严重破坏行为"反映了 20 世纪 70 年代的具体关切(巴基斯坦与印度的冲突,以及南非问题)。在起草文本时同样也考虑到要避免过于轻率地适用。

第 85 条第 5 款规定,对各公约和本议定书的严重破坏行为"应视为战争罪"。这一表述似乎不言自明,但主要具有历史意义:出于涉及二战后战争罪审判方面的原因,当时属于苏联集团的各国一直拒绝承认严重破坏各公约的行为可以归入战争罪的一般范畴。

第 88 条强化并完善了《日内瓦公约》的有关规则,要求"在对严重破坏各公约或本议定书的行为提出刑事诉讼方面,(彼此提供)协助"。特别是对在引渡事项上改进合作方式作了规范。

3.4.2 上级责任

1949 年《日内瓦公约》没有用很大篇幅来说明,"有义务作为而不作为"本身也可能构成破坏公约行为。《第一附加议定书》第 86 条第 1 款弥补了这一不足。第 2 款为这一看似简单的规则增加了一项规定,涉及上级对其部下行为的责任这一因为"不作为"而出现的最为重要的问题。内容如下:

> 部下破坏各公约或本议定书的事实,并不使其上级免除按照情形所应负的刑事或纪律责任,如果上级知悉或有情报使其能对当时情况做出结论,其部下是正在从事或将要从事这种破约行为,而且如果上级不在其权力内采取一切可能的防止或取缔该破约行为的措施。

第 87 条第 1 款从军事指挥官的责任的角度专门详细阐述了这一原则,进一步规定,缔约国和冲突各方应当要求军事指挥官有责任"防止在其统率下的武装部队人员和在其控制下的其他人破坏各公约和本议定书的行为,于必要时制止这种行为并向主管当局报告"。

尽管有这些责任,军事指挥官需要能够确定无疑地知道何种行为将被视为相当于"破坏"这些法律文件的行为。由于《日内瓦公约》及其两个附加议定书结构复杂,指挥官经常需要专业人员对这些文件的解释提出建议。正如本章第 3.1 节所提到的,第 82

条要求各方“保证于必要时有法律顾问，对各公约和本议定书的适用以及就此问题发给武装部队的适当指示，向相当等级的军事指挥官提供意见”。这并不意味着排长身边总要有一位法律顾问。然而，“相当等级”要依个案视具体事实决定。

尽管规范了上级对其部下行为应当承担的责任，本议定书没有对相反的情形做出规定，即下属可能遭受惩罚，要么因为根据政府或上级命令行事而犯有战争罪行，要么正是因为可能构成战争罪行而拒绝服从这样的命令。在外交会议上，以众多书面建议为基础，代表们对这个问题展开了持续争论。最后，没有一个建议获得足够多数的赞同票。因此，这一问题就被留待各国国内立法和国际层面的进一步发展来解决。

3.4.3　第二附加议定书

《第二附加议定书》中没有类似规定，对违反规则的行为进行惩罚是冲突各方自行决定的事项。本章第 2.3 节提到，各国政府并不支持由非国家有组织武装团体自行建立司法机构的观点。政府方面实施处罚（实际上是拘留）通常是针对敌对行为本身（即直接参加敌对行动，比如可能被视为叛国罪），而不是因其违反了国际人道法。

第 6 条第 5 款弥补了有关惩罚违反行为的规则的缺失，规范了在国内武装冲突末期经常出现的相反但特别微妙的问题。敌对行动的终止应该意味着，曾经的敌人将恢复共存共处的正常生活，作为直到最近还是其暴力活动现场的国家的相对和平的公民。因此，重要的是尽可能营造有利于这种和平共处的环境。为此，该款呼吁“当权当局对参加武装冲突或基于有关武装冲突的原因而自由被剥夺的人，不论被拘禁或被拘留，给以尽可能最广泛的赦免”。

尽管措辞宽泛，但这一规定不应导致甚至是最恶劣的违反人道法行为也不会受到惩罚（侵犯人权行为也是这样），因为这可能反过来造成对冲突结束方式的极度不满。为了避免这种长期的影响，必须仔细平衡正义与和平的要求。历史与现实经验表明，通常难以找到这种平衡。

3.5　其他实施与执行措施

这一标题涵盖了在 1977 年两个附加议定书不同部分出现的多个问题，都或多或少地与实施和执行有一些联系，但放在本章其他部分又不太适合。

3.5.1　红十字会、红新月会以及其他人道组织的活动

《第一附加议定书》第 81 条规范了以下组织的活动：红十字国际委员会、国家红十字和红新月组织以及红十字会与红新月会国际联合会。由于所规范的活动要与特定武装冲突直接相关，因此并不涉及这些组织在人道援助方面的其他任务。

对于红十字国际委员会，第81条第1款规定，武装冲突各方要“在其权力内（给予）其一切便利，使该委员会有可能执行各公约和本议定书所赋予的人道主义职务，以便保证对冲突受难者的保护和援助”。该款进一步规定，红十字国际委员会“还得进行任何有利于这类受难者的其他人道主义活动，但须得有关冲突各方的同意”。

冲突各方的红十字和红新月组织也必须被给予便利，特别是“按照各公约和本议定书的规定和国际红十字大会所制订的红十字基本原则进行其有利于武装冲突受难者的人道主义活动所需（的便利）”（第81条第2款）。

第81条第2款了选择“组织”一词，目的是将尚未或无法被承认为严格意义上的红十字或红新月会的机构包括在内：近期成立但尚未达到获得国际承认的所有要求的组织。当时包括巴勒斯坦红新月会：该组织难以得到承认，因为巴勒斯坦并非国际承认的国家。同时，以色列的“红大卫盾会”因其“红大卫盾”标志而无法获得承认。上文提到，对于这些棘手问题，在2005年找到的解决办法是创设另一个标志——红水晶（更多内容参见第5章第2.5节以及概述红十字和红新月运动的第5章第3.9节）。

第81条第3款为缔约国和冲突各方增设了一项责任，“以一切可能方式，便利（红十字或红新月组织以及国际联合会）给予冲突受难者的援助”，条件仍然是这种援助符合各公约、本议定书以及前述基本原则的要求。

最后，第81条第4款要求缔约国和冲突各方，尽可能使经冲突各方正式授权并“按照各公约和本议定书的规定从事人道主义活动”的其他人道主义组织“获得第2款和第3款中所规定的类似便利”。

本章第2.5节提到了《第二附加议定书》第18条对红十字和红新月组织等“处于（冲突国）领土内的救济团体”地位的规定。这些团体没有被赋予任何具体权利，只是获准“提供服务，对武装冲突受难者执行其传统的职务”。

尽管第18条并未提及，但是红十字国际委员会经常在陷入国内武装冲突的国家执行其传统职务。所做工作远不仅仅是在其能够进入的该国所有地方传播国际人道法，传播时通常与“处于领土内”的红十字会或红新月会紧密合作。

3.5.2　推广国际人道法的国际活动

在推广尊重国际人道法方面努力强化国际社会作用的结果是，在《第一附加议定书》中增加了两个条款，分别在第一部（总则）和第五部（各公约和本议定书的执行）。

第一部第7条规定，本议定书的保存者（即瑞士）“在缔约一方或几方请求下和缔约各方多数赞成时”，应召集缔约国会议，“审议关于适用各公约和本议定书的一般问题”。“一般问题”表明会议的目的并非审视和揭露据称违反各公约和本议定书的具体行为。

然而,参加这种会议的代表可能希望用具体事例来说明“关于适用的一般问题”,实践中可能难以将这种具体事例与直接指控区分开来。

另一个是第五部的第 89 条。该条规定以“合作”为标题,要求“在严重违反各公约或本议定书的情形下”,各缔约国“承诺在与联合国合作下按照《联合国宪章》采取共同或单方行动”。这个声明相当平淡,没有解决任何关于其真正意义和现实应用的问题。应该说,这段话可以用于联合国协调下的断绝外交关系行动,也可以用于同样由联合国发起的正式武装干涉行动。

应当指出,安理会经常通过决议,呼吁武装冲突各方尊重其根据人道法相关文件应当履行的义务,既涉及国际性武装冲突,当前也更加频繁地涉及国内武装冲突(更多内容参见第 5 章第 3.1.1 节)。

联合国机构以及其他国际机构急不可耐地采用了“严重违反”国际人道法规则这一表述。该表述在第 89 条中首先出现,在即将讨论的下一条规定(第 90 条)中也同样得到了应用。

3.5.3　国际人道主义实况调查委员会

冲突一方违反各公约或本议定书的责任以实际发生违反行为为先决条件,也就是说,已经正式确定了事实。上文提到,对本议定书的许多规则来说,通常很难做到这一点。以据称对医院发动了攻击为例:攻击是针对医院还是针对其附近的某个军事目标(首先是本来就不应该在那里)?对医院究竟造成了多大损害?损害是由空投的炸弹还是其他因素造成?在这种场合,很少有人会客观地去观察,经验表明,冲突各方经常会对事实作出截然对立的描述。那么该相信谁呢?

面对这一窘境,第 90 条规定建立“国际人道主义实况调查委员会”。该委员会由“15 名道德高尚和公认公正的委员”组成,设立于 1991 年。当时,通过单方声明“在对接受同样义务的任何缔约他方的关系上,当然承认调委会有本条所授权的调查他方提出的主张的职权,而无须订立特别协定”,共有 20 个缔约国“同意接受委员会的职权”。

为避免与其他实况调查机构相混淆,该委员会在名称上增加了“人道主义”一词。该委员会有权对据称严重违反各公约或本议定书的行为展开事实调查,并且有权“通过调委会的斡旋,促使恢复对各公约和本议定书的尊重的态度”——这一表述反映了人权文件对职权的类似描述。该委员会有权依据卷入国际性武装冲突的各国的一致单方声明来行使职权,如果没有作出这种声明,须经相关方特别同意,必要时相关方还要签订协议。

第 90 条规定的该委员会的活动,旨在有助于迅速公正地解决因为指责严重违反各公约或本议定书而产生的争议，同时有助于缓解与这些指责相伴而生的紧张关系，进而降低诉诸“报复”或者采取更为恶劣的“纯粹报仇”措施的可能性。

写作本书时，共有71个国家根据第90条作出声明，但还没有出现真正使用该委员会服务的情况。人们意识到，该委员会须与其他实况调查程序竞争，包括在人权领域运行的程序，也包括联合国特别是安理会偶尔为此建立的特设小组。一个相关的案例是联合国秘书长在1992年设立专家委员会，以收集和整理有关指控在前南斯拉夫领土上发生严重违反国际人道法行为的证据。这一委员会的两位成员实际上是实况调查委员会的委员，但是实况调查委员会没有被问及是否准备执行这一任务。

尽管《第二附加议定书》对此保持沉默，但国际人道主义实况调查委员会屡次确认，也愿意而且能够满足对据称在国内武装冲突中的违反行为进行调查的要求。这种调查同样要求各方同意，包括国家和相关的有组织武装团体或者多个团体。事实证明，这一要求是该委员会真正参与任何此类活动的主要障碍，甚至有甚于国际性武装冲突。

该委员会也经常向联合国机构特别是安理会自我推荐，声称可以应其要求行事。结果，安理会在2009年11月11日通过了有关在武装冲突中保护平民的第1894号决议，强调有关据称违反可适用法律的信息“及时、客观、准确、可靠”的重要性，承认“可能为此动用国际人道主义实况调查委员会”。

2009年12月16日，联合国大会通过第64/121号决议，给予该委员会观察员地位。

第5章
1977年之后的发展

第1节　武器法的发展

1.1　关于使用常规武器的禁止性或限制性规定

第2章第4节曾经提到,1974—1977年外交会议未能在制定两个附加议定书的同时,完成有关使用常规武器的立法进程。然而,该外交会议在最后一次会议上通过一项决议,建议在"不迟于1979年"召开另一次会议,以完成有关常规武器的工作。新会议应努力达成协议,不仅规定"禁止或者限制"使用特定常规武器,还要规定审查机制。

"联合国禁止或限制使用某些可被认为具有过分伤害力或滥杀滥伤作用的常规武器公约"会议在1979年按时召开,会议于1980年结束并通过了与会议有着同样冗长名称的公约。公约名称在会议上带来了一些困难,因为可能被解读为选择一种武器进行讨论已经暗示了其非法性。当然,相关武器可以被视为"可疑武器"(荷兰杰出国际法学家贝尔特·罗林教授在20世纪60年代创造了这一名词):"可疑"是因为这些武器本身或其使用方式可能有悖于人道法原则。为了简洁起见,我们将该公约称为《常规武器公约》。

如果说对1977年两个附加议定书的文本达成一致并非易事,那么在通过《常规武器公约》及所附议定书之前进行的谈判则更加困难。当时的任务是就限制使用特定武器达成协议,其中许多武器长期以来已经被纳入武装部队军火库,并且确实在诸多战争中得到普遍使用。因此,与会各代表团的立场分歧很大。举例来说,有一组代表支持全面禁止使用燃烧武器,而另一组代表则认为没有必要保护战斗员免受燃烧武器的影响,也认为没有必要对1977年《第一附加议定书》有关保护平民居民的规则进行补充,专门增加保护平民免受这种武器使用影响的规则。由于出发点相距甚远,对这一问题(以及类似问题)进行谈判形成的文本必然带有妥协的印迹。

《常规武器公约》本身并不包含关于使用特定常规武器的实体条款,而是规范了公约及其议定书的适用范围、生效和修正等事项。1980 年通过的实体规则体现在最初的三个议定书之中:关于"无法检测的碎片"的《第一号议定书》,关于"禁止或限制使用地雷、饵雷和其他装置"的《第二号议定书》,关于"禁止或限制使用燃烧武器"的《第三号议定书》。后来增加了关于"激光致盲武器"的《第四号议定书》(1995 年),关于"禁止或限制使用地雷、饵雷和其他装置"的《修正的第二号议定书》(1996 年)和关于"战争遗留爆炸物"的《第五号议定书》(2003 年)。这里按时间顺序对各议定书进行介绍。最后简要介绍了两个相关公约:《渥太华公约》和《集束弹药公约》。

1.1.1 《常规武器公约》

第 2 章末尾提到,《常规武器公约》是由联合国主持缔结的。这使其与武装冲突人道法的其他条约有些不同,包括 1977 年的两个附加议定书。然而,公约主题又与其他条约的主题密切相关。这种联系在"序言"中显而易见,缔约国回顾了"保护平民居民不受敌对行为影响的一般性原则",以及不必要痛苦和保护环境的原则:这些原则直接来自于 1977 年的《第一附加议定书》。

同样,各缔约国再次重申了"马顿斯条款",以确认其决心:

> 在本公约及其所附议定书或其他国际协定未予包括的情况下,务使平民居民和战斗人员无论何时均置于既定惯例、人道原则和公众良知所产生的国际法原则的保护和权力之下。

与 1899 年一样,这里提出这一表述有着特定目的。谈判清楚表明,个别建议不会得到接受,因此也不会在具体规则中得到体现。对此,这一表述保留了可以适用的"国际法原则"所提供的保护,这种保护尽管公认为模糊不清、界定不明,但又不可忽视。

"序言"还提出了另一个也许不那么明显的问题:公约及其所附议定书的主题与裁军问题的联系。对此,"序言"表达了缔约国"对国际缓和、停止军备竞赛和建设各国间信任做出贡献,从而实现全世界人民和平生活"的愿望,进而指出,在禁止或限制使用特定常规武器领域取得的积极成果"可有助于旨在停止生产、储存和扩散这些武器的主要裁军会谈"。

第 1 条在当时通过时只有一款,通过援引 1949 年《日内瓦公约》共同第 2 条和 1977 年《第一附加议定书》第 1 条第 4 款,规定了《常规武器公约》及其所附《议定书》的适用范围。这条规定将公约适用范围限定于国际性武装冲突(包括民族解放战争在内),这意味着不适用于国内武装冲突。

经过 2001 年修正(2003 年 11 月 18 日起对接受的国家生效),第 1 条最初的内容变为第 1 款。第 2 款将《常规武器公约》及其所附《议定书》的适用范围,扩大至“1949 年 8 月 12 日《日内瓦四公约》所共有的第 3 条中所指的情况”,这是对国内武装冲突最为宽泛的定义。这与共同第 3 条和《第二附加议定书》的下限是一致的:被排除在外的是“内部骚乱和紧张情况,诸如暴动,孤立和零星的暴力行为和性质类似的其他行为,因为它们不属于武装冲突”。第 3 款规定,在国内武装冲突中,“冲突各当事方应遵守本公约及所附议定书的禁止和限制规定”。在这一老生常谈的规定之后,是同样常见的旨在保障国家政治和领土主权的内容。

第 2 条要求不得将《常规武器公约》或其所附《议定书》解释为减损“缔约国根据适用于武装冲突的国际人道法所承担的其他义务”。这里指的是《日内瓦公约》及其两个附加议定书。

另一处隐含提到或者依据《日内瓦公约》及其附加议定书的地方是第 6 条,它要求各缔约国“在和平期间或武装冲突期间,均尽量在其本国广泛传播本公约及该国受其约束的议定书,特别要在军事训练课程中包括这方面的学习,以便使武装部队均知悉各该文书”。无论多么受欢迎,这里重申有必要传播这一法律是公约在执行方面为缔约国设定的唯一义务。另一方面,人们可以期待(或者至少希望)公约及其所附议定书的遵守和执行,能够与传播 1949 年《日内瓦公约》及其 1977 年两个附加议定书的努力同步开展。

在其他方面,《常规武器公约》与早先的条约有所不同。1977 年的两个附加议定书只对 1949 年各公约缔约国开放,而所有国家都可以成为《常规武器公约》的缔约国(第 3、4 条)。不过,这并不意味着存在任何重大区别,因为现在所有国家都是《日内瓦公约》缔约国。尽管是在联合国支持下谈判制定的,但是本公约并不接受联合国或其他国际组织的加入。

公约本身缺少有关武器使用的实体性规则,这一事实反映出当时并不确定各国是否会最终“愿受”与会代表可能达成的所有禁止和限制的“约束”。对这一问题的解决办法是按照武器类别将规则分组,再将规则安排在不同的议定书之中,各国原则上可以自由选择是否接受。

这种安排可能导致:一些国家受某个特定议定书约束,而其他国家则受另一个议定书约束。为了应对可能出现的混乱局面,《常规武器公约》第 4 条规定,成为公约缔约国必须至少接受(当时)三个议定书中的两个。之后,该国可以在任何时间表示“愿意受对其尚无约束力的任何一项所附议定书的约束”。所有这些都要向保存者通报:这里指的是第 10 条所规定的联合国秘书长。

这一制度设计得很聪明，作为补充，相关规则规范了公约和不同议定书缔约国的关系（第7条），但是这一制度没有多少实际意义，因为除了极少的例外情形外，公约缔约国都同时接受了最初的3个议定书。在《第四号议定书》《第五号议定书》和《修正的第二号议定书》通过以后，这个制度就发挥了作用：各国接受某个新议定书的日期存在很大差异。

为了保证介绍的完整性，要提一下第7条第4款。在将公约及其一个或者多个议定书应用于根据1977年《第一附加议定书》第1条第4款和第96条第3款发动的民族解放战争时，可能产生多种情形，该条款对此作了规范。

另一个需要一套复杂规则来规范的问题涉及审查和修正。在缔约会议上，很多有关禁止或限制使用特定（类别）武器的请求都没有得到满足。所提建议被拒绝的代表团，很希望在公约中包括相关规则，以便对已经接受的文本进行后续修正，以及增加新的规则或制定新的议定书。反对者则更倾向于对审查和修正进行限制。

第8条反映了这一矛盾，其中包括许多来之不易的妥协。该条对公约和所附议定书的修正（第1款）和增列新议定书（第2款）的情形作了区分。两款都规定，在公约生效后的任何时候，任何缔约国都可以递交相关提案。保存者要将提案通知所有缔约国，并“征询各缔约国关于应否召开一次会议以审议该提案的意见”。只有多数缔约国（至少18个）同意，才能召开会议，然后会议才有权考虑提案并做出决定。如果目的是要对公约或某个议定书进行修正，只有这些文书的缔约国才可以通过提案。另一方面，新增议定书须由各国均派代表参加的会议通过，不论其是否为公约缔约国。

这些规定仍然可能使不情愿的国家有机会阻挠会议召开，第3款排除了这一可能性，规定如果公约生效十年后仍未曾召开会议，任一缔约国均可要求保存者召集会议“以便审查本公约和所附议定书的范围和执行情况，并审议任何修正本公约或现有议定书的提案”。这里没有要求“多数”，而且非缔约国可以作为观察员参加会议。

公约以及三个所附议定书在1983年12月生效，第3款规定的程序可以随之启动，结果召开了第一次审查大会，经过两次会议之后（分别在1995年底和1996年初），审查大会通过了《第四号议定书》和《修正的第二号议定书》。第二次审查大会于2001年召开，2006年，召开了第三次审查大会。

1.1.2 关于无法检测的碎片的第一号议定书

《第一号议定书》只有一个条款，禁止“使用任何其主要作用在于以碎片伤人而其碎片在人体内无法用X射线检测的武器”。

这一条款直接适用了这一原则：禁止使用“属于引起过分伤害和不必要痛苦的性

质”的武器(1977 年《第一附加议定书》第 35 条第 2 款)。因此主要是用于保护战斗员的,在《常规武器公约》及其议定书中是一个较为罕见的例外。然而,该条款的实际意义却很有限:召开会议时,只是传闻存在上述武器,即使是在今天,这种武器也不属于绝大多数国家的标准装备。实际上,正是因为《第一号议定书》的禁止性规定意义相当有限,公约才在第 4 条第 3 款要求国家必须接受至少两个所附议定书的约束才能成为缔约国:只接受《关于无法检测的碎片的议定书》没有任何意义。

本议定书的规定是努力禁止所有在实践中使用的爆炸性弹药的仅存成果,这充分说明其意义有限。爆炸性弹药包括外壳事先碎片化的射弹(设计按照既定的模式爆炸,形成预先设定尺寸的碎片)或者填充有很小的圆形“弹珠”或像钉子一样的“钢矛”的射弹等。所有这些努力都失败了,因为人们认为,与其他现存普遍使用的弹药(如杀伤爆破炸弹或炮弹)相比,爆炸性弹药的“碎片”类型不能说具有引起过分伤害或不必要痛苦的性质。

1.1.3　关于地雷、饵雷和其他装置的第二号议定书

对于 1980 年《关于无法检测的碎片的议定书》来说,人们努力的目标很高,但是成果却几乎感受不到,《地雷议定书》在这方面(以及其他大多数方面)与之正好相反。人们投入大量精力,阐述各种地雷类弹药的详细使用规则,努力(用经典表述来说)“尽可能保护平民居民”免受这类武器通常可怕而又长期的影响。本议定书通过并生效后,人们感到需要更加强有力的规则,最终在 1996 年通过了《修正的第二号议定书》。由于并未取代 1980 年议定书,而且 1980 年议定书的缔约国尚未全部都接受 1996 年《修正的第二号议定书》(反过来也是一样),仍然有必要先谈一下 1980 年议定书。

第 1 条规定,本议定书适用于陆地,包括“水滩、水道渡口或河流渡口”,但不适用于“海洋或内陆水道中防舰水雷的使用”。本议定书包括的武器类型广泛,不一定都是爆炸性的,这与其名称可能暗示的意思截然不同。“地雷”是爆炸性的:正如第 2 条第 1 款所定义的,是“任何置于地面或其他表面上、下或其附近地点而在人员或车辆出现、接近或接触时引爆的弹药”。“饵雷”不一定是爆炸性的:第 2 条第 2 款将其定义为“人工安装的具有特殊设计和构造、可在有人扰动或趋近一个表面无害的物体或进行一项表面安全的行动时出乎意外地造成杀伤的装置”。“其他装置”也可能是爆炸性的或者别的情况:第 2 条第 3 款将其定义为“人工放置、旨在利用遥控或于一定时间后自行引爆从而造成杀伤或破坏的弹药和装置”。

为了实现保护平民居民的目标,首先是受 1977 年《第一附加议定书》有关同一问题的规定的启发,1980 年议定书对使用这些弹药作出了全面限制。第 3 条规定了三重限

制:禁止在"攻击、防卫或报复"中,"对平民居民或个别平民"使用这类弹药;禁止不分皂白地使用;以及下令采取一切可行的预防措施,以保护平民免受使用这些弹药的影响。第3条对"不分青红皂白地使用"的定义采用了与1977年《第一附加议定书》类似的措辞;第2条第4款和第5款对"军事目标"与"民用物体"的定义也是如此。

第3条规定的"全面限制"绝不是多余的:《常规武器公约》的缔约国并不都是1977年《第一附加议定书》的缔约国。除此之外,第3条明确规定,使用地雷、饵雷和"其他装置"属于1977年《第一附加议定书》第49条所定义的"攻击"的范畴。

第4、5条规定了保护平民居民问题。第4条规定,如果地面部队之间没有实际交战或者即将交战,则在"任何都市、村镇或其他类似的平民集聚地区"限制使用这些武器(遥布地雷除外)。一般情况下,禁止在上述场合使用这些武器,除非"装置于敌方或在敌方控制的军事目标上或目标的紧邻区域内"(比如,作为破坏行为),或是作为一种防御措施,条件是"已采取使平民不受其影响的保护措施,例如张贴警告标志、派设哨兵、发出警告或树立栏栅"。

第5条对使用"遥布地雷"作了规范。根据第2条第1款,"遥布地雷"是指"以大炮、火箭、迫击炮或类似工具或以飞机投布"的地雷。这种"遥布"只获准使用于"自身为军事目标或包含军事目标的区域内",而且附带条件,或者"其位置可被准确记录",或者"在每一个此种地雷上装有一种有效的毁雷器械"(在该地雷不再用于当初安装时的目的时使用)。该条款还要求,"在布放或投放可能影响平民居民的遥布地雷时,除非情况不许可",应预先提出有效警告。

第6条有关禁止"使用某些饵雷"的规则旨在像保护平民一样保护战斗员。在回顾"适用于武装冲突中有关诈术和背信弃义行为的国际法规定"之后,第1款继而规定,禁止"在一切情况下"使用:一是"任何伪装成表面无害的轻便物体,但具有特殊设计和构造,能装入爆炸物并在受到扰动或趋近时引爆的饵雷",二是"附着于或联结在"诸如红十字标志,伤者、病者或死者,医疗物品或儿童玩具等物体(这里仅举数例说明)之上的饵雷。

第6条第2款规定,同样"在一切情况下",禁止使用"任何旨在引起过分伤害或不必要痛苦的饵雷"。这一禁止性规定同样是1899年的著名原则的直接应用。在本公约中作出这一规定时,特别考虑了人们仍然记忆犹新的一种做法:建造精心隐藏的地洞,在底部竖起锋利的竹签。掉进这种陷阱的人可能受到严重伤害,死亡过程漫长而又痛苦。

以上条款对在敌对行动当中使用地雷等作了规定。积极的敌对行动停止很长时间之后,雷区、散布的地雷和饵雷持续对平民居民构成危险,第7条对此作了规范。第7条的规定相当于这样的义务:在可能时记录所有雷区、地雷和饵雷的位置,敌对行动停止后,由记录数据一方或者通过信息交换,来使用这些记录,以采取"一切必要和适当的措施"保护平民。《地雷议定书》的技术性附件规定了详细的"关于作记录的指导方针"。

第 7 条并未用很多篇幅提及敌方占领的情形,尽管在此情形下,任何事先布设用以防御领土的雷区可能会像其他"停止积极敌对行动"的场合一样给平民居民带来威胁。这一形式上的沉默特别是在前南斯拉夫的反对立场中得到了说明,该国宪法明确拒绝接受敌方占领。因此,该国代表团无法接受任何明确提及占领的规则。考虑到在起草过程中的这一细节,"停止积极敌对行动"必须被解读为包括敌方占领的情形。

对于联合国部队或特派团在特定地区执行"维持和平、观察或类似任务"的情形,第 8 条规定,地雷或饵雷的存在可能严重影响其行动。第 1 款规定,如经请求并在其能力范围内,冲突各方要"移去该地区内的一切地雷或饵雷,或使其丧失杀伤力",要采取其他所有必要措施保护该部队或特派团,并要为部队或特派团首长提供其掌握的所有相关情报。具体对于联合国实况调查特派团来说(与其他特派团相比,行动所涉及的领土范围更广而且更不可预测),第 2 款重申了提供保护和情报的责任,但没有提及在特派团活动区域排除地雷(等)危险的义务。

最后,第 9 条敦促各方在敌对行动停止后"在相互之间,以及在适当情况下与其他国家和国际组织"进行合作,扫除冲突期间布下的雷区、地雷和饵雷,或使其失效。

回顾来看,《地雷议定书》仍然是一份得到精心平衡的文件,为平民居民提供了重要保护,只需满足一个条件:相关规则得到职业武装部队的严格遵守,这一武装部队要按照节约兵力的军事原则在适宜这种作战的区域克制实施战争。然而,实践却截然不同,各类地雷和最具背信弃义性质的饵雷几乎遍布整个国家。各方在阿富汗和安哥拉等战场大规模、不加限制地使用这类武器,导致国际社会强烈抗议,继而引发人们努力进一步限制使用这类武器。这些努力产生了积极成果,在 1995 年通过了《修正的第二号议定书》[1],并于 1996 年通过了《渥太华公约》[2],但是最初的《第二号议定书》仍然有效,因此在可以适用时也要求遵守和执行。

1.1.4　关于燃烧武器的第三号议定书

关于《禁止或限制使用燃烧武器的议定书(第三议定书)》只包括两条,每条都是会上艰苦斗争的结果。第 1 条定义了本议定书所指的"燃烧武器",并明确了何种武器不

---

〔1〕 原文有误,应为 1996。(译者注)

〔2〕 原文有误,应为 1997。(译者注)

包括在其范围之内。该条还为一些其他概念下了定义,如"军事目标"和"民用物体"等。第2条包含有关"保护平民和民用物体"的规则。

第1条第1款将"燃烧武器"定义为"任何武器或弹药,其主要目的是使用一种通过化学反应在击中目标时引起火焰、热力、或两者兼有的物质,以便使击中的目的物燃烧或引起人员的烧伤"。所有弹药都符合这一描述,该款举了一些例子:"火焰喷射器、定向地雷、炮弹、火箭、手榴弹、地雷、炸弹和其他装有燃烧物质的容器"。然而,这些例子在本议定书中并没有实质意义,因为所列举的装置都并非专门规范的主体,无论是禁止性规范,还是限制性规范。凝固汽油弹也是一样,尽管会议期间有代表强烈反对使用,但在清单中却并未提及(似乎已经从大多数武器库中逐步淘汰了)。

该款列举了本议定书认为不属于燃烧武器的弹药,这更加具有实际意义。这些弹药首先是"可引起偶发燃烧效应的弹药,例如照明弹、曳光弹、烟雾弹或信号弹"。"曳光弹"主要目的是显示一串弹丸(比如机枪射出的子弹)的弹道,通过其专门装载的物质的化学反应所放射的光芒来实现这样的目的。当曳光弹击中其他弹丸也瞄准了的目标时,同样的化学反应会引发火灾或造成烧伤:这就是一种偶发(而非主要)效应。

同样排除在外的是"旨在结合贯穿、爆破或破片飞散效果并附带具有燃烧效果"的弹药。例如,反坦克弹药就属于这一类别,其穿甲效应是以形成极度高温为基础的。这类弹药的"燃烧效果并非专为烧伤人员而设计",普遍用于对付其他的所谓"硬"目标。

如前所述,本议定书的另一条规定(第2条)为"平民和民用物体"提供了保护。换句话说,它不以任何方式保护战斗员免受燃烧武器的影响,无论是定义中包括的,还是被排除在外的,实际上,也不保护其免受任何其他原因所引发的火灾的影响。

第2条第1款重申了保护平民居民的主要规则,"禁止在任何情况下以平民居民、个别居民或民用物体作为燃烧武器攻击的目标"。当然,这一禁止性规定也适用于所有其他武器。

第2款和第3款都旨在保护"平民集聚",1977年《第一附加议定书》已经引入了这一概念。第1条第2款对其进行了重新定义,进一步增加了一些例子,"指任何长期或暂时的平民集聚,例如,城市中居民住区、城镇和农村居民住区,或难民或疏散人口的营地或队伍,或游牧人群"。用燃烧武器攻击位于这些平民当中的军事目标会引发火灾,这些平民极易受到影响。因此,第2条第2款规定绝对禁止将位于这些区域的军事目标作为"空投燃烧武器的攻击目标"。

第3款规定允许使用非空投燃烧武器实施攻击,但有两个条件:一是该军事目标"与平民集聚点明显隔离";二是"采取一切可行的预防措施以便使燃烧的效果仅限于军事目标，同时避免并在任何情况下尽量减少平民生命的意外伤亡和民用物体的破坏”。应当强调的是，这些禁止性规定提供的保护仅仅适用于其定义的燃烧武器所引发的火灾，并不包括由于使用不在定义内的弹药而偶然引发的火灾。

第 4 款规定保护环境：“森林或其他种类的植被”不得作为“燃烧武器的攻击目标，但当这种自然环境被用来掩蔽、隐藏或伪装战斗人员或其他军事目标，或它们本身即军事目标时，则不在此限”。本款列举的一系列例外情形，涵盖了交战方使用燃烧武器（或任何其他武器）攻击森林的所有可能动机，最终使本款失去了实际意义。

1.1.5　关于激光致盲武器的第四号议定书

使用地雷、饵雷和燃烧武器的情形广泛而普遍，而使用《第四号议定书》所关注的激光致盲武器则似乎稀少而又新奇。1995 年通过这一议定书代表着一种罕见的情形：在特定武器纳入国家武器库以至于几乎无法清除之前就对其使用施加限制。

在相对较短的时间里，激光系统在众多军事行动中已经变得不可或缺，可以发挥诸如标记目标或者导引弹丸等作用。当“目标”是有人武器系统时，激光束可能击中人眼，产生暂时或永久的致盲效果。冲突方也可能将激光束故意瞄准敌方人员的眼睛，以使其暂时丧失战斗力。第一种情况是偶然性的，如果第二种情况仅仅造成短暂失明，也可能是使敌方丧失战斗力的可以允许的方法，而对“永久失明”而言，评价却有不同：人们认为这对受难者及其所属共同体来说是不可接受的痛苦。《第四号议定书》应运而生。

第 1 条规定禁止“使用专门设计以对未用增视器材状态下的视觉器官（即裸眼或戴有视力矫正装置的眼睛）造成永久失明为唯一战斗功能或战斗功能之一的激光武器”。第 4 条将“永久失明”定义为“无法挽回的和无法矫正的视觉丧失，此种视觉丧失为严重致残性且无恢复可能”。继而明确了“严重致残”的概念，配镜师得以精确确定某个人的视觉丧失是否符合定义要求。

第 2 条规定，在使用激光系统时，缔约国必须“采取一切可行的预防措施，避免对未用增视器材状态下的视觉器官造成永久失明”，包括“对其武装部队的（适当）培训和其他切实措施”。第 3 条补充指出，“属军事上合法使用（此种系统）的意外或连带效应”的致盲“不在本议定书禁止之列”，包括“针对光学设备使用激光系统”。

第 1 条第二句话颇有意味：“缔约国不得将（上文引用的第一句话所定义的武器）转让给任何国家或非国家实体。”这是一个裁军性质的条款，在人道法文本中并不常见。这句话之所以引人注意还因为提到了非国家实体，包括恐怖分子或其他叛乱团体，不论其是否卷入了武装冲突。这同样是超出《常规武器公约》一般适用范围的重要步骤。

1.1.6 关于地雷、饵雷和类似装置的修正的第二号议定书[1]

对《地雷议定书》进行修正最后形成了在很多方面都不同于其他议定书的文件。其他议定书都明显符合公约的框架,而本议定书有着自己的关于适用范围的章节(称为第1条)、关于转让的条款(称为第8条),以及关于执行、实施、国际协商与合作的部分(第11至14条)。这一议定书同样是一个相当复杂的文件,在此只提几个重点问题。

第一个重点问题是适用范围。第1条第2款规定,本议定书也适用于国内武装冲突。第2至6款重复了1977年《第二附加议定书》的表述,包括捍卫国家主权的内容,《常规武器公约》第1条现在也包括相关内容。第3款规定,在这种国内武装冲突中,"每一冲突当事方应遵守本议定书的禁止和限制规定"。对于努力指导特别是非国家方(可能不仅非国家方)履行本议定书所规定义务的人来说,任务并不轻松。

第2条对很多名词下了定义,这里选取一个:"杀伤人员地雷"是"主要设计成在人员出现、接近或接触时爆炸并使一名或一名以上人员丧失能力、受伤或死亡的一种地雷"(第3款)。这个定义之所以重要,是因为与原来的议定书相比,《修正的第二号议定书》专门对这种地雷施加了限制。

第3条对使用地雷等作出了一系列一般性限制。部分限制性规定与1980年议定书的有关规定相对应,而其他限制性规定则重申了1977年两个附加议定书所明确的保护战斗员(免受不必要痛苦)和平民(免受敌对行为影响,包括禁止报复)的原则和规则。

在这些众多限制中,第3条第2款较为突出,宣告各缔约国和其他冲突方"对其布设的所有地雷、饵雷和其他装置负有责任"。这句话没有就此结束,继而指出:"并承诺按照规定对其进行清除、排除、销毁或维持"。但是人们可能会问:这一责任的限度是什么?仅仅是排除相应装置,还是也要消除其不法使用所造成的伤害,包括相应的经济后果?考虑到后一种解读可能涉及巨额资金,因此可能并非起草者的本意。即便如此,这种解读在法律上并非毫无根据,值得有朝一日呈上法庭。

第4至6条的部分内容专门对使用杀伤人员地雷作出了规范。第4条规定禁止使用这种"不可探测"的地雷(本议定书的技术附件对此作了说明)。第5条对使用非遥布杀伤人员地雷设置了技术和其他限制,第6条对使用包括杀伤人员地雷在内的遥布地雷作了限制。作出这些限制性规定的目的是防止对敌方战斗员以外的人员造成伤害。

第7条有关使用饵雷和其他装置的规定,重申了1980年议定书的多数类似条款。

---

[1] 该文件全称为:《禁止或限制使用某些可被认为具有过分伤害力或滥杀滥伤作用的常规武器公约》所附的经1996年5月3日修正后的《禁止或限制使用地雷、饵雷和类似装置的议定书》(经1996年5月3日修正后的常规武器公约第2号议定书)

该条款并未重复规定禁止使用"旨在引起过分伤害或不必要痛苦的"饵雷(那样也只会是重复而已)。但是进一步规定,在"地面部队未进行交战或未有迹象显示即将交战的(含有)平民集聚点"的地区限制使用饵雷。1980 年议定书的类似条款还将地雷包括在内。

本议定书有关实施的内容包括以下方面的规则:转让(第 8 条);记录和使用与地雷等有关的情报(第 9 条);排除地雷以及国际合作(第 10 条);技术合作与援助(第 11 条);保护各种特派团(包括红十字国际委员会的特派团)(第 12 条);缔约方之间进行协商(包括年度会议)(第 13 条);以及最后但不是最不重要的,遵守(第 14 条)。

第 14 条第 1 款敦促缔约方"采取一切适当步骤,包括立法及其他措施,以防止和制止其管辖或控制下的个人违反本议定书或在其管辖或控制下的领土上违反本议定书"。"个人或领土"和"管辖或控制"意味着这些措施适用于广阔的领土范围,包括敌方被侵略或占领的领土,以及不应忘记的是,发生国内武装冲突时的本国领土。

第 14 条第 2 款规定,第 1 款中的措施"包括为了确保对违反本议定书的规定在与武装冲突有关的情况下故意造成平民死亡或严重伤害的个人进行刑事制裁和将其绳之以法而采取的适当措施"。尽管没有像 1949 年《日内瓦公约》和 1977 年《第一附加议定书》那样明确创设"严重破坏行为",该条款毫无疑问规定了一种"严重违反国际人道法的行为"。

所有这些创新性举措都很受欢迎,可能有助于加强本议定书的规定。第 14 条第 3 款规定的义务更为传统,要求缔约方保证其武装部队接受正确的指令和训练;第 4 款的规定也很传统,涉及缔约方进行双边或者多边协商的可能性问题。

最后一点评论仍然涉及《修正的第二号议定书》的独立特性。确实,本议定书有很多特点,使其与《常规武器公约》所附的其他议定书大不相同。然而从技术上看,它只是另一个附加的议定书。具体说来,它本身并没有关于批准、生效、条约关系等事项的规定。就这一点而言,有意思的是,摩纳哥这个(微型)国家在 1997 年成为公约缔约方时,选择仅接受关于无法检测的碎片的《第一号议定书》和关于地雷的《修正的第二号议定书》的约束,分别是五个议定书中最为宽松和最为严格的文件,但却包括了使其可以参加年度审查会议的议定书。

1.1.7　关于战争遗留爆炸物的第五号议定书

在 20 世纪 70 年代,就已经围绕使用"杀伤炸弹"展开了热烈讨论,这种武器进一步发展形成了所谓的"集束弹药",爆炸时会在宽广区域内散布一定数量的小型爆炸装置。如果只有战斗员在这一区域集结,还没有问题。经验表明,通常不是这样,结果导致大量平民居民伤亡。另外，并非所有的子炸弹在击中人体、物体或者目标地面时都会爆炸，因此战斗结束后进入这一区域的人员面临受到严重伤害的危险。其他未爆炸弹药带来了同样的危险。

2000 年 9 月，在瑞士召开了一次专家会议，红十字国际委员会在会上建议谈判制定有关这些战争遗留爆炸物的议定书。2001 年，在《常规武器公约》第二次审查会议上，这一想法得到了广泛支持，并成立政府专家组起草文本。专家组草拟的文本于 2003 年 11 月 28 日在公约缔约国会议上获得通过。在按照要求收到 20 份批准书之后，关于战争遗留爆炸物的《第五号议定书》于 2006 年 11 月 12 日生效。

本议定书适用于所有武装冲突，不论是国际性的还是非国际性的（第 1 条第 3 款）。本议定书将战争遗留爆炸物规定为“未爆炸弹药”或“被弃置的爆炸性弹药”。“爆炸性弹药”被定义为“含有炸药的常规弹药”，但并不包括《修正的地雷议定书》所规定的“地雷、饵雷和其他装置”。“未爆炸”弹药指的是实际在武装冲突中使用、“应爆炸而未爆炸”的爆炸性弹药。“被弃置”的弹药指的是没有被使用但“被一武装冲突当事方留下来或倾弃”而且“不再受（该方）控制”的爆炸性弹药（以上均见第 2 条）。

战争遗留爆炸物从一开始就带来了危险，当其所在的领土不再是正在进行敌对行动的区域，居民恢复正常的户外活动时，危险会呈指数级增加。采取措施保护其免受这些危险影响就变得更为迫切，也更为实际。本议定书因此区分了冲突各方的一般责任（即使敌对行动正在进行时也适用）和敌对行动停止后出现的各方的具体责任。

对投送或弃置爆炸性弹药负责的各方的一项一般任务是记录相关信息。第 4 条第 1 款规定，这必须“在实际可行的情况下最大限度地”进行：目的是提醒在实际的敌对行动当中，其他考虑可能会影响正常记录。

对于冲突各方所控制领土上的武器弹药成为战争遗留爆炸物的情形，本议定书对冲突各方的任务同样作了详细规定：第 5 条规定，各方必须采取“一切可行的预防措施”，以保护“平民群体、个别平民和民用物体”免受这些装置的“危害和影响”；“可行”的意思是“考虑到当时所有情况包括考虑到人道主义因素和军事因素而实际可行或实际上可能”——这是一个广为人知的保障性规定，但这一规定在“当时情况下”是可以理解的。从实践来看，该条规定建议开展“危险性教育”、示警、“竖立标志和栅栏及监视受战争遗留爆炸物影响的区域”。

实际敌对行动停止后，双方的义务更为迫切。第 4 条第 2 款进而要求“使用了或弃置了成为战争遗留爆炸物的爆炸性弹药”的一方，使控制“受影响区域”的另一方知晓其记录的有关使用或者弃置的信息，应当“立即”做到，但也应“实际可行而且不损害其正当安全利益”。如果将信息直接提供给控制该领土的方面似乎并不现实，该条规定建议通过联合国或“其他相关组织”来传送信息。

这使得冲突一方所控制的领土上有了战争遗留爆炸物：接下来必须“尽快标示、清除、排除或销毁”战争遗留爆炸物；对于经评估认为构成“严重人道主义危险”的，要优先处理（第 3 条第 2 款）。第 3 款明确了要求采取的步骤，包括“调查和评估威胁”；“评估”排除危险的措施的“必要性和可行性”并且“确定优先顺序”；实际采取排除危险的措施；以及“为开展这些活动筹集资源”。

在开展上述活动时，相关方面应“考虑到各项国际标准，包括国际排雷行动标准”（第 3 条第 4 款）。这些标准或者国际排雷行动标准由联合国排雷行动处制定并执行，日内瓦国际人道排雷中心提供支持。最初起草这些标准是为了反对地雷，现在在必要时也适用于战争遗留爆炸物。

《第五号议定书》后面的条款规范了“保护人道主义特派团以及组织免受（战争遗留爆炸物）影响”问题，具体途径包括：提供关于在其开展活动或将要开展活动的区域内的战争遗留爆炸物的位置信息（第 6 条）；请求其他国家或国际实体援助的权利，以及提供援助的义务（第 7 条）；以及在标示战争遗留爆炸物，危险性教育，对战争遗留爆炸物受害者的照顾、康复和重新融入生活等方面的“合作与援助”（第 8 条）。第 9 条鼓励缔约国“采取一般性预防措施，以尽可能减小产生战争遗留爆炸物的可能性”——意思是应该改进爆炸性弹药的技术特点，以免成为战争遗留爆炸物。

第 10 条对缔约国“在有关本议定书实施的一切问题上”彼此进行协商的问题作出了规定，明确尤其要通过《常规武器公约》创设的同样的审查大会机制进行协商。2007 年 11 月召开第一次会议后，审查大会每年都召开。会议的工作包括“审查（本议定书的）现况和实施情况”，以及国家执行情况。对此，第 11 条要求缔约国确保其武装部队“发布适当指令和作业程序”，而且人员培训要“与本议定书的有关规定相符”。

总之，《第五号议定书》可能大大有助于减少战争遗留爆炸物导致的痛苦。同时需要指出，对这一问题感兴趣的各方（国家以及包括红十字国际委员会在内的组织）仍然并不满意，因为集束弹药在实践中尚未被彻底禁止使用、生产、开发等。各方进一步努力的结果是通过了《集束弹药公约》（参见本章下文第 1.2.2 节）。

1.1.8　《常规武器公约》所附议定书有关对等与报复的规定

1980 年《地雷议定书》第 3 条第 2 款和 1996 年《修正的第二号议定书》第 3 条第 7 款规定，禁止“在任何情况下，无论是为了攻击、防卫或报复，针对平民居民或个别居民使用适用本条的武器”。1980 年议定书第 6 条第 2 款规定，禁止使用“任何旨在引起过分伤害或不必要痛苦的饵雷”,1996年议定书第3条第3款对这样设计的“任何地雷、饵雷或其他装置”作出了同样规定,这两条规定都因为使用“在任何情况下”而得到了强化。《燃烧武器议定书》第2条也是这样,规定禁止“以平民居民、个别居民或民用物体作为燃烧武器攻击的目标”。上述后面这些条款没有提到“报复”。

这些条款中“在任何情况下”的表述意味着:依据(消极)对等原则使用相应武器并不合法。然而,“报复”概念正是体现在这里:从定义看,“报复”是不合法的行为,但报复的目的(迫使敌方改正错误)和诉诸报复行为应当满足的严格条件又使其正当化了。

《地雷议定书》明确禁止针对平民居民或平民个人的报复性攻击,《燃烧武器议定书》则没有类似规定。不过,这种差异并不意味着有任何重要结论。《地雷议定书》在提到“报复行为”时指出,它是作为对“攻击或防御”的符合逻辑的反应,这只是重申了《第一附加议定书》第51条第6款所包含的禁止作为报复攻击平民居民或平民个人的一般性规定。《燃烧武器议定书》中缺乏类似内容只是由于相应条款的结构略有不同,而认为允许作为报复对平民居民使用燃烧武器的相反观点显然是错误的。

《地雷议定书》仍然有“过分伤害或不必要痛苦”的内容,主要目的是保护战斗员(如果不是完全以此为目的的话)。战斗员这类人员只有在受伤、生病或者作为战俘处于敌方手中时,才受到保护免遭报复。考虑到《地雷议定书》对此没有作出具体规定,而且由于缺乏这样或那样的明确实践,可以得出的唯一结论是:像其他被禁止的武器一样,作为报复对敌方武装部队使用地雷、饵雷和其他装置是否正当仍然存在争议。

1.2　关于多种武器的使用、生产等的禁止性规定

1.2.1　关于杀伤人员地雷的《渥太华公约》

本公约的正式全称是《关于禁止使用、储存、生产和转让杀伤人员地雷及销毁此种地雷的公约》。这部公约不仅是一部人道主义条约,还是一个国家间的裁军文件:从名称可以看出,除了使用之外,本公约涵盖了涉及这种地雷的各个方面。因此这里只是简单提一下。虽然于1997年9月18日在奥斯陆通过,本公约通常因为于1997年12月3日和4日在渥太华供开放签署而被称为《渥太华公约》。本公约是民间组织(1992年发起的“国际禁止地雷运动”)周密组织、持续有力推动的结果:认为《常规武器公约》第二号议定书的限制性规定不够充分,努力并且成功实现了对使用杀伤人员地雷的全面禁止。

“序言”第一段清楚表述了制定这一公约的动机,宣称各缔约国:

> 决心终止杀伤人员地雷造成的痛苦和伤亡,它们每星期杀死或残害数以百计的人,大多数是非武装的无辜平民,特别是儿童,妨碍经济发展和重建,阻止难民遣返

和国内流离失所者重返家园，并在布设后多年仍然引起其他严重后果。

“序言”的另一段强调了公众良知的作用，承认“红十字会与红新月会国际联合会、国际禁止地雷运动和世界各地许多其他非政府组织”所作的努力。最后一段回顾了人道法的基本原则：选择作战方法或手段的权利并非毫无限制；禁止使用属于引起不必要痛苦性质的武器；以及区分平民与战斗员的原则。

下面来谈实体部分，第 1 条第 1 款宣告，各缔约国承诺“在任何情况下，决不……使用杀伤人员地雷”。接着是同样绝对的禁止性规定，包括禁止发展、生产、获取、储存或转让这类武器，也包括禁止协助、鼓励或诱使“任何人从事本公约禁止缔约国从事的任何活动”。第 2 款进一步承诺“按照本公约的规定销毁或确保销毁所有杀伤人员地雷”。应该指出，虽然该条规定全面禁止在所有武装冲突中使用杀伤人员地雷，但关于禁止研发等裁军类型的规定只对国家具有约束力。

第 2 条定义了一些重要概念。第 1 款在定义“杀伤人员地雷”时采纳了 1996 年议定书的定义，但没有将“主要的”一词作为地雷设计要求的要素。接下来的一句话将装备有“防排装置”的反车辆地雷排除在外。正如第 3 款所解释的，“防排装置”为地雷提供保护，以免人们试图“触动或以其他方式故意扰动”。这种装置（以及带有这种装置的地雷）可能在人为触动下引发爆炸。这种地雷和“防排装置”都没有被设计或布设成杀伤人员模式，因此被排除在外。

本公约其他部分规范了组织事项：销毁储存中或雷区内的地雷、合作与援助、定期或特别“缔约国会议”、实情调查团等。特别要提一下第 9 条，要求各缔约国“采取一切适当的法律、行政和其他措施，包括实施刑事制裁，以防止和制止在其管辖或控制下的任何人或者在受其管辖或控制的领土上从事本公约禁止缔约国进行的任何活动”。

总而言之，禁止使用达姆弹已有一个世纪之久，禁止使用“主要作用在于以碎片伤人而其碎片在人体内无法用 X 射线检测”的武器是最近的事，目前的全面禁止使用杀伤人员地雷的规定是对常规武器的第三个专门的现行有效禁令，意义颇为重大。这一领域的所有其他具体规则都局限于限制使用，而不是禁止使用。

1.2.2　《集束弹药公约》

《集束弹药公约》于 2008 年 5 月 30 日在都柏林外交会议上通过，是与制定《第五号议定书》并行的一个缔约进程的结果，涉及众多国家，红十字国际委员会和联合国等组织，以及民间组织（集束弹药联盟）。很多国家已经签署了这一公约，在收到要求的 30 份批准书之后，该公约于 2010 年 8 月 1 日生效。

《第五号议定书》试图在不将相关弹药清除出国家武器库的情况下，防止、减少或者帮助克服未爆炸或被弃置的弹药所造成的损害,而2008年的公约则将集束弹药单列出来,作为完全禁止使用、生产、拥有等的对象(第1条)。第2条对相应弹药下了定义。有意思的是,该条开头对受害人作了非常宽泛的定义:不仅包括因为使用集束弹药而被炸死、伤害或遭受其他指定类型损失的所有人,也包括“受影响”的这些人的“家庭和社区”(第1款)。

第2条将集束弹药定义为“设计用于散射或释放每颗重量在20公斤以下的爆炸性子弹药的一种常规弹药,包括爆炸性子弹药”;将“爆炸性子弹药”定义为“为特定用途由集束弹药散射或释放的常规弹药,这种子弹药根据设计可以在撞击之前、撞击之时或撞击之后引爆所装炸药”(第2、3款)。本条规定进而列举了不在本定义范围内的一些(子)弹药:首先是具有特定作用的弹药(用于散发照明弹、烟雾、烟火剂或金属箔片,用于产生电力或电子效应,或者专用于防空的弹药)。同样被排除在外的是专门“为避免造成大片滥杀滥伤后果及未爆子弹药构成的危险”而研发的弹药,要求满足下列要求:每一弹药所含爆炸性子弹药在9颗以下[1];每一子弹药的重量在4公斤以上,根据设计能测到和锁定单一目标,装配有电子自毁和自行失效装置(均引自第2款)。显然,没有国家会热衷于开发符合这些要求的弹药。

本公约规定了以下工作的程序:销毁现有库存(第3条),在缔约国管辖或控制区域清理和销毁遗留集束弹药(第4条),以及在一国管辖或控制区域援助集束弹药受害人(第5条)。第6条规定了为实现这些目标进行国际合作和援助的问题。

施行要从国家层面开始(第9条)。为了加强这方面的工作,本公约规定了在报告方面的透明措施(第7条)以及合作促进遵守公约问题(第8条)。如果国家之间发生与本公约的解释或适用有关的争端,应“彼此协商,通过谈判或其选择的其他和平手段,包括诉诸缔约国会议和根据《国际法院规约》提交国际法院审理,尽快解决争端”(第10条)。第11条规定了缔约国会议有关事项,第12条对审议会议作了规定。

公约的其他内容包括通常的条约技术性条款。最后要提一下的是,序言中有一段话指出,“决心在任何情况下都不允许(非国家武装团体)参与本公约禁止缔约国从事的任何活动”。本公约并未明确执行这一禁止性规定的措施。

1.2.3 生物武器和化学武器

对于核武器来说,这里要简单交代一下:考虑到在立法领域的僵局,联合国大会在1994年决定请国际法院对以下问题提出意见——根据国际法是否可以允许使用核武器

---

〔1〕 原文有误,公约规定是十颗以下。(译者注)

或者以核武器相威胁。本章第 3.2.1 节探讨了该法院在 1996 年的咨询意见。

正如前面章节所提到的,1925 年《日内瓦议定书》禁止使用化学武器和细菌武器,但是并未禁止其生产和拥有等。同样并不完全明确是否可以作为报复,用以对付先使用类似作战手段(或者也属于"大规模毁灭性武器"的手段)的敌人。数十年来,禁止使用这类武器被视为习惯法规则,但这并没有解决上述问题:可以想见的是,禁止使用特定武器的习惯法规则,可能伴随的是同样作为习惯法规则的承认在敌方违反禁止性规则时有诉诸报复的权利。

人们试图改变这种情况,结果通过了《禁止细菌武器公约》(1972 年)和《禁止化学武器公约》(1993 年)。这些公约主要是裁军条约,这里只讨论与我们的目的相关的内容。

尽管 1972 年的《禁止细菌(生物)及毒素武器的发展、生产及储存以及销毁这类武器的公约》在名称中还保留着 1925 年议定书使用的"细菌"一词,但是实际涵盖的范围远比之前的文件更为广泛。

第 1 条规定了缔约国的基本义务:

> 本公约各缔约国承诺在任何情况下决不发展、生产、储存或以其他方法取得或保有:
>
> (1) 凡类型和数量不属于预防、保护或其他和平用途所正当需要的微生物剂或其他生物剂或毒素,不论其来源或生产方法如何;
>
> (2) 凡为了将这类制剂或毒素使用于敌对目的或武装冲突而设计的武器、设备或运载工具。

从对所禁止的制剂和毒素的描述可以清楚看出,公约涵盖范围更加广泛。有意思的是,这些概念被以否定的方式定义为"不属于……和平用途所正当需要的"。缔约国的承诺并未重复 1925 年议定书有关使用的禁止性规定。不过,该承诺包括了发展(等),而且是"在任何情况下",甚至包括最为负面的情况,即敌方使用这种武器。因此,诉诸报复行为似乎被排除在外了。

事实上,任何违反该公约的行为都可能导致向联合国安理会提出控诉,尤其是在战时使用生物武器或毒素;随即安理会可能发起调查,而且会将调查结果通知各缔约国(第 6 条)。如果安理会决定采取措施的话,所采取的措施取决于其根据《联合国宪章》有关规定对当时情势所作的判断。公约第 7 条对安理会"断定由于本公约遭受违反而使缔约国面临威胁"的情形作了规定;该缔约国可以随即请求援助,"本公约各缔约国承诺按照《联合国宪章》提供或支持(这种)援助"。这并不是一个特别有效的执行机制,当涉及具有更为重要的军事意义的武器(例如化学武器)时,肯定是不够充分的。

又过了20年之后,国际社会才就1993年《关于禁止发展、生产、储存和使用化学武器及销毁化学武器公约》的文本达成一致意见。相应地,这一公约既复杂又深奥,而《细菌武器公约》则简单而基本。后者没有监督机制,而《化学武器公约》则津津乐道于依照公约第8条设立了完整的“禁止化学武器组织”。该组织总部位于海牙。

从名称上可以看出,本公约没有止步于禁止化学武器的发展等,而是同样重申和强化了有关使用的禁止性规定。“序言”第6段强调指出:

> 决心为了全人类,通过执行本公约的各项规定而彻底排除使用化学武器的可能性,从而补充按1925年《日内瓦议定书》承担的义务。

第1条第1款在很大程度上复制了《细菌武器公约》的开头条款,再次重申,各缔约国承诺“在任何情况下决不”发展(等)化学武器。这里须注意两个不同点:这一条规定并未描述或者定义“化学武器”,而且第1款在第2项规定禁止“使用化学武器”。

定义问题是谈判讨论的热点。第2条很长,在很大程度上体现了讨论的成果。然而,该条款在一些方面遵循了《细菌武器公约》的安排:确认了特定“有毒化学品及其前体,但预定用于本公约不加禁止的目的者除外,只要种类和数量符合此种目的”(第1款第1项),以及“经专门设计通过使用后而释放出的(1)项所指有毒化学品的毒性造成死亡或其他伤害的(特定)弹药和装置”(第1款第2项)。在“合指或单指”时,这些都属于化学武器:并非有意用于不加禁止的目的的有毒化学品本身就构成化学武器。

接下来是更多的定义:“有毒化学品”(通过其对生命过程的化学作用而能够对人类或动物造成死亡、暂时失能或永久伤害的任何化学品);“前体”(“在以无论何种方法生产一有毒化学品的任何阶段参与此一生产过程的任何化学反应物”);“二元或多元化学系统的关键组分”(在决定最终产品的毒性上起最重要作用而且与二元或多元系统中的其他化学品迅快发生反应的前体),等等。

这一制度中的一个关键概念是“本公约不加禁止的目的”。第2条第9款将这些目的明确为:

> (1)工业、农业、研究、医疗、药物或其他和平目的;
>
> (2)防护性目的,即与有毒化学品防护和化学武器防护直接有关的目的;
>
> (3)与化学武器的使用无关而且不依赖化学品毒性的使用作为一种作战方法的军事目的;
>
> (4)执法目的,包括国内控暴。

应当指出，除了“和平目的”以外，这一定义承认需要一直准备对有毒化学品以及(使用)化学武器进行防护，体现了令人心酸的现实考虑。

同样具有现实意义的是将“国内控暴”作为不加禁止的目的。催泪瓦斯和类似化学品在许多国家被用作“控暴剂”。第 2 条第 7 款将控暴剂定义为“未列于一附表中、可在人体内迅快产生感觉刺激或失能生理效应而此种刺激或效应在停止接触后不久即消失的任何化学品”。在对“有毒化学品”和“前体”的定义所作的注释中，明确了“附表”的概念:“载于关于化学品的附件中”，并且列举“订明适用核查措施”的化学品。

控暴剂的存在意味着可能被用于武装冲突的场合。第 3 章第 3.2 节提到，这是令人不快的，应予阻止。第 1 条第 5 款因而专门规定，“不把控暴剂用作战争手段”。尽管表述不像关于化学武器的一般禁止性规定那样绝对(“在任何情况下决不”)，但公约要求对这一规定(以及公约其他条款)“不得做出保留”(第 22 条)。可以回顾一下，美国在 1975 年保留了“在防御性军事行动中首先使用控暴剂”的权利，“以拯救生命”，并举例说将其用于对付战俘营中参加骚乱的囚犯。这一保留不必再次作出，因为这种使用方法不能算是“用作战争手段”。美国对首先使用除草剂所作的保留也是一样，同样涉及保护性的非作战目的。

“用作战争手段”的表述相当模糊，并未明确是涵盖所有武装冲突还是仅包括国际性武装冲突。1925 年《日内瓦议定书》无疑适用于“战争”，即只是国际性武装冲突。可以说，关于禁止使用化学武器的习惯法规则也逐渐将国内武装冲突包括在内。然而，《化学武器公约》容忍使用控暴剂带来这样的问题:在一国爆发国内武装冲突时，催泪瓦斯可在一个街角以“控暴”模式用于平息当地骚乱，而在另一个街角则“作为战争手段”为俘虏非国家武装团体成员提供便利。至于这种在国内武装冲突中的作战运用是否能够(而且应该)被有效排除，还有待观察。

第 2 节 其他实体性的发展

2.1 圣雷莫海战法手册

像陆上战争法一样，有关海战的法规已经存在了几个世纪。第 2 章第 1 节提到，1907 年第二次海牙和平会议为此作了很多工作。然而，除了 1949 年日内瓦《第二公约》关于保护海上伤者、病者及遇船难者的规则以外，之后海战法的编纂几乎完全停止了。1974—1977 年“外交会议”没有授权探讨海战法问题，只是在《第一附加议定书》第 49 条规定，为平民居民提供一般保护使其免受敌对行动影响的规则，“适用于可能影响平民居民、平民个人或民用物体的任何陆战、空战或海战”以及“从海上或空中对陆地目标的任何攻击”。20 世纪后半叶连续召开会议编纂和发展一般海洋法,虽然清楚意识到了这个问题,但同样没有得到授权。

很多因素导致了这种状况。简要从几点来看,现在的情况比联合国成立前要复杂得多;海洋被划分为更多区域,联合国的存在和活动影响了中立的意义,在海面、水下及上覆空域的作战方法也发生了根本变化。另外,实际卷入海战的国家相对较少,而且其中一些国家并不热衷于看到相关法律在各国广泛参与的国际会议上得到编纂,因为在那种场合,结果是由其自身利益以外的各种利益决定的。

在这种情况下,正如第 2 章第 4 节所提到的,圣雷莫国际人道法学院着手准备并出版了一份文件,对海战法规则作了可靠重述。这份文件由来自政府或与政府关系紧密(但以个人身份参与该工作)的法律和海军专家,以及红十字国际委员会的代表精心完成。1994 年以《圣雷莫海上武装冲突国际法手册》的名称出版。

该《手册》涉及议题广泛,其中有几个议题超出了本部分的范围。例如,武装冲突与自卫法的关系;在各种作战区域内的交战行为和中立国地位;对船舶和货物的拦截、登临和检查、迫使改变航向和实施拿捕。与我们的目的有关的是第三章(基本规则与目标识别)和第四章(海战的方法与手段)。

该《手册》第三章第一节“基本规则”重申了众所周知的原则:选择作战方法或手段的权利不是没有限制的;区分平民和战斗员、民用物体和军事目标的原则;对“军事目标”所下定义与《第一附加议定书》相同,要求攻击严格限于针对军事目标,明确规定“商船和民用飞机都是民用目标,除非它们属于本文件制定的原则和规则所确指的军事目标”;禁止使用“属于引起过分伤害和不必要痛苦的性质”或不分皂白的作战方法或手段;禁止根据“杀无赦”实施敌对行为;要求适当顾及自然环境;以及最后但并非最不重要的(从历史角度看),指出“水面舰艇、潜艇和飞机也受同样原则和规则的约束”。

第二节“攻击时的预防措施”重复了《第一附加议定书》有关这一问题的规则。第六节增加了关于民用飞机的具体预防措施。

第三节列举了免受攻击的敌方船舶和飞机的类型,以及豁免的条件和丧失豁免的情形。例如,免受攻击的有:医院船和医务飞机;运载平民居民生存所必需的供应品或从事救援行动的船只;(专门用于运送平民乘客的)客轮和民用飞机。免受攻击的船舶必须:“(1) 无害地用于执行正常使命;(2) 按要求服从识别与检查;以及(3) 不故意阻碍战斗员的行动,按要求服从停止前进或让出航道的命令”(规则 48)。不遵守这些条件会导致其失去豁免,因而可能遭到攻击;对医院船来说,只有在改善形势的其他措施都没有效果时,才可以作为最后手段进行攻击(规则 49 至 51)。

对失去豁免的医院船和其他船舶来说,只有在下述情况下,才可予以攻击(规则 51 和 52):(1) 转变航向或拿捕均不可行;(2) 没有其他办法对其行使军事控制;(3) 医院船拒绝服从命令的情况足以严重到使它成为、或可以被合理地推定为军事目标;(4) 附带伤亡或破坏与预期的军事效益相比是相称的。类似的规则适用于敌方飞机丧失豁免的情形及其后果(规则 57)。

船舶或飞机作为或"被合理地推定为"军事目标,须"对军事行动提供有效协助"。对此,规则 58 规定,"如果怀疑免遭攻击的船只或飞机被用于有效地协助军事行动时,则应推断其未被这样使用"。

其他敌方商船只有在符合军事目标的定义时,方可进行攻击。第四节列举了可使这些船只成为军事目标的行为,例如:运载部队;被纳入敌方情报搜集系统;在护航下航行;或者"有效地协助军事行动的其他行动,如运送军用物资"。这一节还对敌方民用飞机作出了类似规定。

第五节规定了确定中立国商船和民用飞机可被攻击的条件的类似规则,包括合理相信某船舶正在运送禁运品或突破封锁,或者民用飞机正在运送禁运品。

《手册》第 4 章第 1 节规范了作战手段问题:导弹与其他射弹、鱼雷和水雷。依照规则 78,"使用导弹与射弹,包括那些具有超视距能力的导弹与射弹,须遵守(基本规则)规定的目标识别原则",以及有关"攻击时的预防措施"的规则。鱼雷必须"在航程结束后下沉或变为无害"(规则 79)。关于使用水雷的规则更为详细(规则 80 至 92),准许"阻止敌方使用海区",但进一步规定"不得对中立国水域或国际水域之间的航行产生实际影响",并应适当顾及"对公海的合法使用,特别是要为中立国航运提供安全的备用航道"。其他规则明确了各种水雷的技术要求,并且规定了冲突各方在实际敌对行动停止后应当采取的措施,以"清除自己所布的水雷,或使其变为无害,各方清除各自布设的水雷"。

关于"作战方法"的第二节分为两部分。一部分是关于"封锁",在开头重申了有关这一问题的传统规则(包括极其简单的规则 95,"封锁必须有效。封锁是否有效是个事实问题")。随即将来自人道法其他领域的规则纳入进来:禁止把封锁作为使平民居民忍受饥饿的手段,或者用于预计对平民居民造成的损害会大大超过"封锁预期带来的具体而直接的军事效益"的情形(规则 102);有义务保证处于被封锁领土内的平民居民所缺乏的食品和其他必备物资的自由通行,但有权做出技术安排,且须满足一个条件,即这类补给品的分发由"保护国或能够提供公平保证的人道组织,如红十字国际委员会在当地监督实施”(规则103);有义务“允许专供平民居民或武装部队伤、病员使用的医疗物品通行”,但同样有权做出技术安排(规则104)。

实践中,海军大国宣告在部分海上区域(有时是大片区域)关闭所有航运,规定未经明示许可不得航行通过这种“禁区”。第二节的另外一个部分对此作了规范。在容许最多“作为一种例外措施”设立这种海区的同时,《手册》强调交战国不得借此“推卸自己按国际人道法所应承担的义务”,并且明确了交战国必须遵守的一系列规则,以将设立海区的不利影响降至最低。

第三节规定了关于欺骗、战争诈术和背信弃义的规则。其中一条(规则109)特别涉及军用飞机和辅助飞机:“任何时候都禁止(这些飞机)假冒豁免、民用或中立地位”。

规则110指出,“允许使用战争诈术”。这一规则并未举例说明所允许的诈术,而是列举了被禁止的行为:“悬挂伪装旗发动攻击”;“冒充身份”,例如冒充医院船或有权标有红十字或红新月标志或执行人道使命的其他船只,或冒充运载平民旅客的客轮。

规则111规定,“禁止背信弃义行为”。继而重复了1977年《第一附加议定书》第37条第1款对构成背信弃义的行为所下的定义。规则111并没有重复该条款所列的背信弃义行为,而是自己举了一些例子:“背信弃义行为包括冒充以下身份发动攻击:(1)豁免、民用、中立或受保护的联合国身份;(2)通过发出遇难信号或船员登上救生筏等方式表示投降或遇难”。

《圣雷莫手册》涵盖的内容远远多于这里所能反映的内容。即使是以上对其第三章和第四章的概要介绍也足以表明,这份文件的作者们取得了令人印象深刻的成就,将传统海战法与人道法其他领域的原则和规则融合起来,使其整体成为海军大国应当可以接受的一套现实规则——实际上部分大国已经接受了这些规则。

2.2 空战和导弹战手册

与海战不同,空战出现只不过一个世纪。然而,即使是在飞机仍然是梦想,气球是唯一能在空中飞行的人造物体的时代,人们就认识到了飞行装置作为作战手段的潜在力量,在1899年和1907年海牙和平会议上分别通过《第三公约》和《第十四公约》,规定作为临时措施,禁止“从气球上或用其他新的类似方法投掷投射物和爆炸物”。

第一次世界大战期间和之后,空战能力迅速发展,不仅包括近距离空中支援,还包括独立的空中行动。首先,这导致由6名法学家组成的委员会展开工作并于1923年完成了《海牙空战规则》;其次,当时的国联大会在1938年通过决议,谴责故意轰炸平民居民的行为,并且制定了对军事目标进行空中攻击的基本规则(另参见第2章第1.2节和第

3 章第 3.4 节)。

这些文件都没有拘束力,而且第二次世界大战后的立法大会都没有承担起编纂空战规则的任务。不过应当指出,在 1974—1977 年的外交会议上,与海战相比,这一问题也没有被完全排除。实际上前文已经提到,在起草有关保护平民居民的规则时,会议充分意识到了这一问题,适当考虑了来自空中的攻击的影响。

空军在独立行动能力和与地面部队联合行动能力方面的近期发展,促使人们感到迫切需要重述空战法。哈佛大学“人道政策与冲突研究项目”承担起了这一艰巨任务,自 2004 年起,召开了一系列由经验丰富的空军军官和红十字国际委员会代表以个人身份参加的专家会议,其间还与感兴趣的其他方面进行了磋商。2009 年 5 月 15 日,与会专家通过了《空战和导弹战国际人道法手册》,包括了 175 条用黑体字印刷的规则。文本获得一致通过:尽管与会者不一定赞同每一条规则,但这并不妨碍其接受最终版的整套规则,有时要求在核心小组撰写的手册评注当中反映其立场。红十字国际委员会实际上提出了一些少数派的意见,例如关于“军事目标”概念涵盖的内容等(参见本部分下文)。《手册》以及共计 323 页的《评注》最终于 2010 年 3 月 4 日正式出版。

《手册》的目的是重述“适用于国际性武装冲突中的空战和导弹战的现有法律”[规则 2(1),第二部分“一般框架”开头部分],专家们对各条规则的表述被认为反映了习惯法。这可能(但不需要)类似于 1977 年《第一附加议定书》等的文本。专家们不那么确定的是非国际性武装冲突中习惯法的状态,因此将《手册》限定于“国际性武装冲突中的行动”。即便如此,规则 2(1)规定,“本手册的部分规则(可以适用于)非国际性武装冲突”。适用于非国际性武装冲突的众多情形(因此承认该规则在国内武装冲突中作为习惯法的效力)并未体现在规则的文本中,但在《评注》中有明确阐述。

第二部分解决的另一个事项是联合国部队的地位问题。从作为观察员到资格充分的战斗人员,联合国部队可能会以非常不同的身份出现在战地(以及空中)。规则 3(1)指出,在遵守安理会根据《联合国宪章》第 7 章作出的具有拘束力的决定的同时,本手册的规则“也适用于联合国部队实施的所有空战和导弹战,以他们作为战斗员参加武装冲突的程度和期间为限”。规则 3(2)进一步规定,本手册的规则“也适用于其他全球性或者地区性政府间国际组织参与的武装冲突”——例如目前在阿富汗开展行动的北约。(参见本章第 3.1.2 节有关联合国秘书长关于联合国部队遵守国际人道法的公告的内容)。

与《圣雷莫海战法手册》一样,本《手册》所涵盖的内容要多于这里所能反映的内容。特别是这里将不探讨禁运品、空中封锁和中立等问题。其他内容将简要介绍,重点关注的是“空中或导弹战斗行动”：规则1（即第一部分“定义”）将这一核心概念定义为“旨在伤害、杀死、破坏、损伤、俘获或摧毁目标的空中或导弹行动，以及为这种行动提供支援或者针对这种行动开展积极防御”。（由于导弹行动也是一种“空中行动”，这里除非特别注明，均将两种行动简称为“空中行动”）。

规则1将武器定义为“在战斗行动中使用的作战手段，包括火炮、导弹、炸弹或者其他弹药，能够造成：(1) 人员伤亡或死亡；(2) 物体损坏或破坏”——简而言之就是战争武器。单独列出进行定义的是：导弹（“从飞机、军舰或者陆基发射器发射的自行无人武器，包括制导导弹和弹道导弹”）和精确制导武器（“可以使用外部制导或者自我制导系统对准目标的武器”）。

规则5是第三部分（“武器”）的首条规则，要求“在空战和导弹战中使用武器”要遵守区分原则，尊重有关禁止造成不必要痛苦的规定。规则6列举了在任何作战行动中都禁止使用的一些类别的常规武器、生物武器和化学武器，本书前几章对此作了探讨。规则9重新表述了《第一附加议定书》第36条的内容，规定国家有义务“在将武器列装前进行合法性评估，以确定是否在一些或者所有场合将禁止使用”，多个国家已经接受这一规则并且进行了实践。

因为时常成为话题，规则8值得特别关注。该规则认为，拥有精确制导武器的交战方在使用这些武器方面并没有“具体义务”。但这并不意味着交战方可以完全自主决定是否使用这些武器，根据该规则所作解释，“在有些情况下，如果不使用精确制导武器，就无法实现禁止不分皂白攻击的要求，以及避免附带损伤或者尽可能将附带损伤最小化的义务”。在这些情况下，要么不顾后果地选择使用手头掌握的非精确制导武器（意味着犯下战争罪行），要么停止攻击（需要时可以寻找替代手段，比如地面部队行动）。

第四部分（“攻击”）与后面几个部分一样，分为一般规则和空中行动的具体情形两个方面。“一般规则”重复了有关攻击的确定规则（规则10至规则15），以及对受攻击方来说有关攻击后果的确定规则（搜寻、收集伤者和病者，搜寻死者——规则16）。有意思的是，规则10对“合法目标”作了定义，在现有相关条约中并没有这一术语。规则10列举的合法目标包括战斗员、军事目标和直接参加敌对行动的平民。这意味着，在参加起草工作的大部分专家看来，本手册有关对“合法目标”进行攻击的规则不加区分地适用于战斗员和直接参加敌对行动的平民。

规则17属于空中行动的具体情形，规定只有“军用航空器，包括无人驾驶战斗航空器”有权实施攻击。“无人驾驶战斗航空器”指的是“任何型号的无人驾驶军用航空器，可以携带、发射武器，或者使用机载技术使上述武器对准目标”。这一武器平台在今天的战斗中发挥了重要作用,但有时存有争议。顺便提一下,本手册及其评注都没有提到“定点清除”问题。

规则18重申了“不得以在平民居民中散布恐怖为主要目的而采取(暴力行为或暴力威胁)”的规则。与此相对照的是,为了同样目的而采取的非暴力的空中行动是允许的。事实上,规则21限制了“(禁止)指令攻击平民或民用物体,以及不分皂白攻击”等规则的适用范围,仅限于“造成暴力后果的空中或导弹攻击,即导致死亡、伤害、损伤或破坏的行为”。

规则19要求“实施空中行动或受空中行动影响”的交战方采取措施,以减少行动造成的苦难。这些工作大部分要由受攻击方来完成:它有义务搜寻、收集、照顾伤者、病者和遇船难者[第(1)项],而且应该接受并为公正的人道组织开展工作提供便利[第(3)项]。双方都要参与第(2)项所要求的工作,“只要情况允许,要安排停火,以为第(1)项规定的活动提供便利,必要时要通过中立的调解者进行”。

规则1对军事目标所下的定义在表述上与《第一附加议定书》第52条第2款完全相同,规则10以“合法目标”为名列举了可以作为军事目标的物体。这一定义的多个构成要素,特别是“性质”“位置”“目的”和“用途”等资格条件在第五部分得到了详尽阐述,包括从一般角度(规则22至规则24),也包括针对空中行动的具体情形(规则25、26)。很多相关内容都是不言自明的,但有些也值得在这里提一下。

规则22是第五部分(“军事目标”)的首条规则,第(1)项指出,某个物体的“性质”“代表着它的根本属性”,进而列举了在所有情况下都符合军事目标条件的物体。第(2)项(“位置”)重复并详细阐述了很多国家在批准《第一附加议定书》时所作的声明,即适用这一标准“可能导致山口、桥头、丛林小道等具体区域成为军事目标”。第(3)项阐明,“目的”指的是某个物体的“预期的未来用途”,而第(4)项“用途”则指的是物体的“当前功能”。

规则23列举了根据规则1(25)和22(1)的标准可能在性质上属于军事目标的物体,但并不详尽,包括:“工厂、交通线路和手段(例如机场、铁路、公路、桥梁和隧道);能源生产设施;油库;传送设施与设备”。有关规则23的评注指出,大部分人认为,这些物体将“仅在当时情形下根据性质成为军事目标”。少数人尤其是红十字国际委员会则不接受“临时性质”的概念,认为所列举的物体可以根据用途、目的或者位置成为军事目标。毫不奇怪,符合这些要求的物体在新闻报道中经常会被质疑是否可以受到合理攻击。妥善回答这些质疑要求全面了解攻击时的情况,包括对攻击方知悉或者应当合理知悉的情况的深入了解。

规则25是关于具体情形的首条规则,它毋庸置疑地指出:航空器只有在作为军事目标时才能被攻击。规则26进一步指出,“敌方所有的军用航空器都是军事目标,除非受到保护”(例如,作为医务飞机)。规则27的标题是“可能使任何其他敌方航空器成为军事目标的活动”,列举的活动包括:支持敌方的敌对行动(例如,作为对“9·11”事件的回应,“用作攻击手段”);“为敌方武装部队的军事行动提供便利”;“为敌方的情报搜集系统提供协助”;“拒绝遵守军事当局的命令”。对这些类别的活动都举例作了说明。作为兜底条款,最后是“其他为军事行动作出有效贡献的情形”。

第六部分规范的是平民直接参加敌对行动问题。规则28改写了《第一附加议定书》第51条第3款的内容,用一句话表述了相关规定:“平民在直接参加敌对行动并仅在直接参加敌对行动时,失去免受攻击的保护。”关于这一规则的评注讨论了在专家组中引起争议的三个问题:“直接参加”的开始和结束的确切时刻,作为非国家有组织武装团体成员的个人的地位,以及“旋转门”现象(“白天是农民,晚上是战斗人员”)。

规则29在说明规则内容时,列举了几个具体活动。“根据当时的情况”,这些活动可能构成上文所说的“直接参加”,包括防御军事目标免受敌方攻击;参加电子战;参加目标搜寻;在空中战斗行动中操作武器系统;围绕特定空中战斗行动的具体要求对空勤人员进行培训等。这一开放式清单中最为关键的是其中提到的“当时的情况”:起决定作用的是,在需要决定是否攻击特定平民时,交战方掌握(或者人们可以合理地认为交战方掌握)的各种情形的细节。

对规则29的评注总结提炼了《解释性指南》所确认的关于某个行为构成直接参加敌对行动的三个叠加要求:该行为客观上可能造成的损害必须达到一定的程度,而且必须有直接的因果关系,该行为“还必须专门旨在为了支持冲突一方并损害另一方(而施加损害)”(后面的这个要素被称为“交战联系”)。评注指出,这些要求并未得到一致接受。很多专家认为,“这些标准并不是现有法律的内容,而且对直接参加敌对行动的范围施加了并不合适的限制”。这些批评是否合理有待实践证明。

《手册》的下一个议题是要求攻击方(第七部分)和被攻击方(第八部分)采取的预防措施。关于对航空器进行攻击的一般性规则体现在第七部分;关于对民用航空器进行一般保护的规则随后出现在第九部分;关于对民航飞机、获得安全通行证的飞机以及医务飞机提供的特别保护规则,则体现在第十和第十二部分。这些规则的很多内容(尽管并非全部内容)都涉及空战,这一特定作战领域在1974—1977年外交会议上几乎没有涉及,为此特别需要专家进行系统安排。

规则30是第七(一)部分(攻击时的预防措施)的首条规则,提醒“必须时刻注意避免攻击平民居民,平民和民用物体”。规则 32 将这一较为宽泛的原则阐发为三条具体的预防措施(每条都要求“采取所有可行措施”):验证某个目标属于合法目标而且不受特别保护;选择能够避免或减少附带损伤的作战手段和方法;确定附带损伤是否“与预期的具体和直接军事利益相比”属于过分损伤(这里引用的是军事目标定义中的比例性要素)。规则 1(1)对附带损伤的定义是,“对合法目标进行攻击所造成的平民生命意外损失、平民受到伤害、民用物体和其他受保护物体被损坏,以及同时发生这些损害等”。值得注意的是,如果攻击行为本身是非法的,就不存在意外生命损失、伤害或者损坏构成附带损伤的问题。

第七(二)部分(空战或导弹战的具体情形)列举了攻击方根据第七(一)部分确定的原则应该履行的多种义务,包括取消或中止攻击的义务等。值得注意的是,规则 39 规定,“攻击中要采取可行的预防措施这一义务同等适用于无人航空器(或无人作战航空器)行动”。无人航空器指的是“并不搭载武器也无法控制武器的任何规模的无人驾驶航空器”,但这种航空器可以用于执行侦察等任务;无人作战航空器指的是搭载武器的无人航空器。

规则 40 属于第七(三)部分(指令攻击飞行中的飞机)的内容,规定尽管在攻击之前“必须采取所有可行的预防措施,验证其构成军事目标”,但在使用“当时可用的最佳手段”进行验证时,应适当顾及“(对攻击方的)潜在威胁的迫切性”。这一规则提出了很多相关的因素,包括飞行前或飞行中的空中交通管制信息。规则 41 补充指出,提供这种空中交通管制服务的交战国和中立国应采取措施,确保军事指挥官(包括军用航空器的指挥官)持续掌握“分配给处于敌对行动区域的民用航空器的指定航线,以及这些民用航空器所提交的飞行计划”,包括有关通信频道、识别模式和识别码、目的地、乘客和货物等的信息。

规则 42 至 46 构成第八部分,总结了《第一附加议定书》有关受攻击方应当采取的预防措施的规则,这里不必重复。值得注意的是,规则 45 探讨了“人体盾牌”问题,告诫“遭遇或可能遭遇空战或导弹战”的交战方,不要利用“平民居民或单个平民的存在或移动”来“使某些地点或区域免受空战或导弹战影响”,或者为自身军事行动提供防护或便利,同时告诫他们不要为了这些目的指挥“平民居民或单个平民的移动”。

第九部分规范了有关保护民用航空器的具体内容。部分内容涉及中立国航空器,这里不作探讨。至于敌方民用航空器,规则 48(2)重申,只有在作为军事目标时才可以受到攻击;规则 50 指出,如果这些航空器“参加了(前面提到的)规则 27 所规定的活动”,则构成军事目标。

规则53至57明确了民用航空器的“飞行安全”问题。这些航空器首先必须向有关空中交通管制部门提交飞行计划。建议采取的其他措施包括:不偏离指定的航线(发生不可预见的情形时可以作为例外,但要求立即通报);避开“具有潜在危险性的军事行动区域”;在敌对行动附近区域飞行时,“遵守军事部门有关航向和高度的指示”。在这方面,交战各方应注意的是,情况允许时应当发出航空通告,说明有关这些危险军事行动的信息,包括“启动临时空中限制措施”等(第十六部分指出,交战方在国际空域设置的空中禁区,以及在本国空域或者敌方空域设置的禁飞区,都有这样的特点)。

考虑到在国际联系中的作用,民航飞机有资格得到最高等级的可行保护(规则58的提法是“在预防措施上须特别注意”)。顺便提一下,民航飞机和获得安全通行证的飞机的境遇是第十部分规范的内容。

民航飞机指的是“身份可以识别而且定期或不定期运载平民乘客”的航空器[规则1(9)]。这一定义足以涵盖定期航班、包机(可能定期或不定期飞行)和公务机。但并不包括“定期或不定期运行”的民用运输航空器,这些航空器可以得到第九部分所规定的不那么严格的一般保护。

规则59规定,“当存有疑问时,无论是在飞行中还是在民用机场停留,民航飞机应被认定没有对军事行动作出有效贡献”。至于在地面停留的客机,这一规则只适用于“搭载平民乘客”的情形,要么在登机口,要么在滑向或者滑离跑道的过程中。在这些情形中,可能仍然可以与飞机或者机场塔台通信,以验证相关情况。

一旦起飞,民航飞机“应该避免进入禁飞区或‘空中禁区’,或者紧邻敌对行动区域的空域”。规则60补充指出,仅仅进入这些区域并不使其失去保护。

规则63规定了“可能使民航飞机成为军事目标”的情形。列举的第一种情形是在敌方军用机场停留,这本身是不够的——还要求有“使该飞机成为军事目标的情形”。其他情形与规则27一样,而且使用了同样的兜底条款:“其他对军事行动作出有效贡献的情形”。

一旦民航飞机被认为构成军事目标,只要进一步满足几个条件就可以对其进行攻击。规则68列举了这些条件:无法强迫飞机改变航向,“以便降落、进行检查,并在需要时予以拿捕”;采取其他方式无法实现“军事控制”。同时,“导致失去保护的情形”必须“足够严重,能够证明攻击的正当性”,“预期的附带损伤与预期获得的军事利益相比并不过分,而且采取了所有可行的预防措施”。这再次让我们想起的例子是为了防止发生类似于“9·11”的攻击而可能采取的措施。

这提升了保护的地位,也需要进行较为困难的评估,为此,规则69指出,攻击民航飞机的决定“应该由适当的指挥层级作出”。如果该飞机正在空中飞行，规则 70 要求“在对其采取任何行动之前”，应当发出警告。这种情形较为罕见，一旦出现，“适当的”指挥层级必须是比较高的军事乃至政治层级，除非要求立即采取行动。

在“具体保护”的名义下，后续部分涵盖了多个议题：医务和宗教人员，医疗队和医疗运输工具（第十一部分），医务飞机（第十二部分），环境（第十三部分）和“其他人员和物体”（第十四部分）。“其他人员和物体”又是一个可以容纳不同项目的“筐”，包括民防、文化财产、平民居民生存所不可或缺的物品，以及联合国人员等。由于这些部分的很多规则只是复述了《第一附加议定书》的内容，从空战角度看意义有限，因此这里不予讨论。

第十二部分（医务飞机）是个例外。规则 1（21）将医务飞机定义为“交战方主管当局指定长期或者临时专门用于运送和救治伤者、病者或遇船难者，以及医务人员和医疗设备或补给的飞机”。这种飞机“在上下及两侧面应显明标以（红十字、红新月或红水晶），以及其本国国旗”[规则 76（1）]。当临时的医务飞机出于某种原因无法这样标示时，应使用“可用的最为有效的识别手段”[第（3）项]，还从总体上对“其他识别手段”提出了建议[第（2）项]。规则 76（4）进一步指出，识别手段“只是旨在为识别提供便利，本身并不赋予受保护地位”。反之亦然：没有标志或者没有有效适用其他识别手段，并不使医务飞机失去受保护地位——不过面临的风险显著增大。

规则 77 和规则 78 反映了《第一附加议定书》有关医务飞机在不同区域活动的规定：友邻区域、争议区域和敌方区域。在后两种区域有效开展活动，须事先取得敌方的明示同意。规则 79 补充指出，“必须严格遵守”敌方在同意时附加的条件。规则 86 指出，如果没有按照要求获得许可，执行搜寻和收集伤者、病者或遇船难者任务的医务飞机须自担风险[规则 1（21）的定义中并不包括这一职能]。这一规则还指出，“用于找回军事人员的搜救飞机无权享有保护，即使并非军用飞机也是如此”。

第十五部分（人道援助）在总结归纳有关这一问题的一般规则之后（规则 100—102），进一步规定，“只要情况允许”，实施空中行动的交战方“应该中止空中或导弹攻击，以允许分发人道援助物资”（规则 103）。在这部分最后，规则 104 举例说明了必须采取的“技术安排”，以“允许和便利（规则 101 提到的）救济物资、设备和人员快速而不受阻碍地通过”。列举的例子包括：“设立空中走廊或航路”；“组织空投”；“有关飞行细节的协议（涉及时机、航路、降落等）”；“搜寻救济物资”。

第十六部分（空中禁区和禁飞区）重新表述了一些重要原则：设立这些区域并不解除交战方“依据国际性武装冲突法应当履行的义务”，这些区域不得“指定用于毫无限制的空中或导弹攻击"（规则 105）。另外，第十六部分决不否认，交战方有权"控制紧邻敌对行动区域的民用航空飞行"或者采取设置"战争地带"等防御性措施（规则 106）。

空中禁区可以在国际空域设立，禁飞区则在冲突一方本国或敌国领空设立。在空中禁区中，可以适用的"国际性武装冲突法规则"与禁区外并无二致，"范围、地点和期限以及强制采取的措施不得超过军事必要的合理要求"（规则 107）。禁飞区不仅要设立，还要执行：尤其是飞机得到警告，"未经特别许可进入禁飞区"使其"可能受到攻击"（规则 108、110）。

第十七部分（欺骗、战争诈术和背信弃义行为）遵循了《第一附加议定书》有关这些问题的得到普遍接受的规则（规则 111—113）。以"空中或导弹行动的具体情形"为标题，这部分举例说明了背信弃义行为，包括假装拥有多种被保护地位、假装投降等（规则 114）。进而列举了"在任何时候均应禁止"的具体情形："飞机不当使用遇难求救电码、信号或频率"和"将军用飞机以外的其他飞机用作攻击手段"（规则 115）。

规则 116 接下来列举了战争诈术方面的几个例子。这里要提一下的是，"为了欺骗敌方而（使用）假的军用电码以及电子、光学和声学手段（只要不包括遇难求救信号，不包括受保护电码，不错误传达投降信息）"。规则 117 提醒"离开飞机在陆地或水上参加战斗行动的机组人员"，"必须按照国际性武装冲突法的要求将自己与平民居民相区分"。

规则 118 是第十八部分（间谍活动）的首条规则，将"间谍活动"定义为"（间谍）在敌方控制领土（秘密搜集）具有军事价值的情报的行为，目的是将其传递给敌对方"。规则 119 指出，"根据国际性武装冲突法"，这类活动"不受禁止"。军用航空器执行情报搜集任务时，"不被视为开展间谍活动"（规则 123）。无论是否执行这种任务，敌方军用航空器显然可以作为军事目标受到攻击（规则 26、27）。规则 124 规定，如果交战一方的民用航空器"为了搜集、拦截或以其他方式获取情报而在敌方空域（或敌方控制空域）以外飞行"，则"不被视为从事间谍活动，尽管可以对正在执行情报搜集任务的这种航空器进行攻击"（根据规则 27，同样要适当顾及到采取第四、九、十部分所规定的攻击时的预防措施）。

第十九部分和第二十部分分别规范了"投降"和"从遇难飞机跳伞降落的人"。这里把这两部分内容合并起来进行介绍，目的是突出强调一个问题：机组人员在飞行中难以表明投降意图。规则 125 阐述的原则是，"敌方人员可以向交战方提出投降（并交出掌握的军事装备）"。至于具体情形，规则 128 阐述的内容显而易见："希望投降的军用航空器机组人员应该竭尽所能清楚表明投降意图"。在航空器并未遇难，而且敌对方意识到在他们可能希望投降的情况下,仍须将该航空器视为危险物体,尽管禁止不计后果将其直接击落,规则 126 提到,“禁止下令对明示投降意图的人员杀无赦”。另一方面,敌对方可以“要求投降按照规定的模式进行,在当时情况下要合乎情理”(规则 129 补充指出,不遵守这些要求“可能导致航空器和机组人员遭受攻击”)。

这一“合理模式”最终可能包括“从航空器上跳伞降落”,这是机组人员“表达意图”的唯一可靠方式。规则 130 对此作了明确。跳伞后,航空器处于遇难状态,会在某处坠落。不过,机组人员跳伞时该航空器并未处于遇难状态,这样他们就无法受到以下规则的保护:“从遇难飞机上跳伞降落的任何人,在其降落中,均不应成为攻击的对象”(规则 132,重申了《第一附加议定书》第 42 条第 1 款的规定)。即便如此,规则 131 指出,在机组人员降落过程中或落地后,均不得予以攻击,他们实际上“拥有战俘身份”。但是他们仍然面临风险,在降落过程中或落地后可能受到并未意识到其投降意图的地面人员的攻击。下令跳伞的当事方要向地面人员传达这一情况。

第二十三部分(联军行动)是这里要介绍的最后一个部分。规则 160 将“联军行动”定义为“两个或多个国家作为长期盟友或临时联盟共同参加国际性武装冲突的行动”(也就是说,可以分别是北约和“意愿联盟”)。其他规则对不同的情形作了规范,主题是如果《第一附加议定书》缔约国与比方说美国(并非缔约国也并不认为相关规则反映习惯法)组成联军,在实践中可能产生什么后果。简单地说,缔约国的法律义务和法律责任没有变化(规则 161—163),而且有意思的是,一国“可以与并不根据国际性武装冲突法承担同样义务的国家参加联军行动,尽管那些国家可以参与该国不得参与的活动”。特别是对最后提到的情形来说,“该国”可能希望避开那些禁止参与的活动,至少可以避免被要求为相关行为承担共同责任。

2.3　《1954 年关于发生武装冲突时保护文化财产海牙公约的第二议定书》

1999 年通过的《1954 年关于发生武装冲突时保护文化财产海牙公约的第二议定书》自 2004 年 3 月 9 日起生效,“在其缔约国的相互关系上是对公约的补充”(第 2 条),开放供《公约》缔约国加入(第 41 条和第 42 条,以及第 1 条第 4 项)。本议定书保留了《公约》第 1 条对“文化财产”的定义(第 1 条第 2 项),但对一般性保护规则作了重要改动(第 2 章),并且引入了全新的“重点保护”制度(第 3 章),实际上取代了《公约》的“特别保护”制度。本议定书对“执行范围”有自己的规则(第 3 条),并增加了有关“刑事责任与管辖权”(第 4 章)和“机构问题”(第 6 章)的章节。

《第二议定书》不仅适用于国际性武装冲突,而且对国内武装冲突进行了限制,在这一点上与《公约》不同(第 3 条第 1 款以及第 22 条第 1 款)。第 3 条第 2 款包含一个常见的表述,“当武装冲突各方中有一方不受本议定书的约束时,议定书的各缔约国在其相互关系上依然受本议定书之约束”,而且这种关系也将延伸至“一个不受本议定书约束的冲突国”,“只要它接受并执行本议定书之规定”。然而,非国家冲突方无法成为本议定书的缔约方,因此也无法“接受其规定”。

第 5 章关于“非国际性武装冲突中的文化财产保护”只有一条——第 22 条。该条第 2 至 6 款对本议定书扩大适用范围的后果作了规范:“不适用于内部局势动乱和紧张”(等);不影响“一国主权”(等);当违反本议定书时,“无损于该缔约国的法律优先权”;不为干涉提供正当理由;“不影响冲突各方的法律地位”。第 7 款进一步规定,“联合国教科文组织可向(国内武装冲突)各方提供服务”。

第 2 章关于“一般性保护规则”在很大程度上用 1977 年两个附加议定书的表述重写了 1954 年《公约》的规则。《公约》使用“军事上绝对需要”来表示可以放弃“尊重”的场合,但在本议定书中却不再是放弃“尊重”的唯一决定因素,源自《第一附加议定书》的一系列条件对其作了补充。核心条件是,“不得援引”以之为基础而放弃尊重的规定,“对某一文化财产采取敌对行动,除非:该项文化财产所起的作用已使其变为了军事目标”(第 6 条第 1 款)。第 1 条第 6 款为“军事目标”下了定义,表述与《第一附加议定书》第 52 条第 2 款相同,要求该物体不仅“由于其性质、位置、目的或用途对军事行动有实际贡献”,而且其“全部或部分毁坏、缴获或失去效用会提供明确的军事利益”。第 6 条第 1 款使用“作用”一词的目的是强调,文化财产按其性质和目的不太可能成为军事目标(十九世纪的一门火炮可以是纪念物,但不再是军事目标)。

援引有关“放弃尊重”的条款应由高层决策。第 6 条第 3 款规定,“只有相当于或高于营级的军官才能做出”,“在情况不允许做出其他选择时,营以下军官才可决定”。后半句话体现了现实考虑,下一款同样如此,规定“当条件允许时”,要“事先发出有效警告”。总而言之,一般性保护注定仍然要依条件而定。

第 7、8 条介绍了“攻击时的预防措施”和“防止敌对行动影响的预防措施”两个概念,借用了《第一附加议定书》第 57、58 条的表述。第 9 条旨在强化《公约》有关在被占领土保护文化财产的规则。顺便提一下,由于本议定书是对 1954 年《公约》的补充,它不必重复《公约》第 4 条第 1 款和第 4 款所包含的禁止对文化财产采取敌对行动(特别是作为报复的任何行动)的规定。

只有满足下列条件,文化财产才能被置于“重点保护”之下:(1)“属于对全人类具有最重大意义的文化遗产”;(2)“系国内有关法律和行政措施视为具有特殊的文化与历史价值并给予最高级别保护的文化财产”;(3)“未被用于军事目的或用以保护军事设施”,并且“控制(该财产)的缔约国”必须已经“声明……它不会用于此类目的”(第 3 章第 10 条)。

第 10 条第 1 款中“对全人类具有最重大意义”的表述要与“突出的普遍价值”概念相区分。“突出的普遍价值”概念是 1972 年《保护世界文化和自然遗产公约》承认物体属于“文化遗产”的决定因素。具体解释这一表述由“武装冲突中的文化财产保护委员会”负责。该委员会是本议定书的执行机关,由缔约国大会选出 12 个缔约国组成,这些缔约国应“挑选在文化遗产、防务问题和国际法方面具有专长的人士作为自己的代表”(第 23、24 条)。

该委员会起草的规则是,“当考虑文化财产是否对全人类具有最重大意义时,委员会将逐个评估其突出的文化意义、独特性以及是否在受到破坏时将对全人类造成不可挽回的损失”(《1999 年第二议定书指导原则》第 32 段,2009 年 11 月 24 日第三次缔约国会议通过)。

第 11 条规定,“管辖和控制一项文化财产”的缔约国可以申请将该项文化财产列入上述委员会专门建立和维护的《受重点保护的文化财产目录》(第 27 条第 1 款第 2 项)。继而规定委员会将申请发至所有缔约国(各国可以提出反对“意见”);视情征询政府或非政府组织以及独立专家的意见;然后由委员会做出决定,在出现反对“意见”时,需要 4/5 的多数。第 11 条还规定了爆发敌对行动时的紧急程序,在等待正常程序的结果时,可以形成临时性的重点保护。

“文化财产自列入《目录》之时起便享受委员会给予的重点保护”(第 11 条第 10 款)。这使得委员会可以决定“重点保护”的起止时间。各冲突国必须“确保(受重点保护的文化财产的)豁免权”,“不把这些文化财产作为进攻目标,不将这些文化财产或其周围设施用以支持军事行动”(第 12 条)。

文化财产失去这种保护资格的情形包括:一是“根据第 14 条之规定中止或取消了该项保护资格”,二是“有关文化财产的使用方式已使其成为军事目标”(第 13 条第 1 款)。对于后一种情形,该财产可以作为“攻击目标”,但是要满足第 2 款列出的严格条件:(1) 其他可行方式无法终止其使用;(2) 已经采取了一切可行的预防措施,以避免对该财产造成损害,或者将损害最小化;(3) 进攻命令由“军事行动最高指挥当局”发布,已通过有效手段向“对方”发出了警告,命令其结束被禁止的使用方式,并且给对方以合理的时间“设法改变有关情况”。第(3)个条件并不包括“即时合法防卫”的情形。应当注意的是,这里没有再提“军事必要”(无论迫切与否),而且紧急因素被减少到最低限度。

第13条第2款规定了在以被禁止的方式使用受到重点保护的文化财产时,可以作出的军事反应,而第14条第2款则集中规范了对其法律地位的影响:当“被用以为军事行动服务时,委员会可以中止对该文化财产的重点保护”。如果继续以被禁止的方式使用,“委员会可以例外地取消对其保护,并从《目录》中将其删除”。除了这种禁止使用的情形以外,当“文化财产不再符合(第10条规定的)某一标准”时,委员会也可以中止或取消该财产的重点保护地位,并将其从《目录》中删除(第14条第1款)。

需要指出的是,前面提到的《指导原则》在必要处对上述各个条款都作了评注。该《指导原则》由委员会起草,经缔约国会议审议通过,是旨在将实施《第二议定书》的“最佳做法”囊括在内的“简洁实用工具”。

第15条是第4章的开始条款,对“严重违反”本议定书的行为作了规范。这些行为是指第1款列举的“不顾公约或本议定书之规定,故意”做出的行为。有三种情形特别严重:(1)“将受重点保护的文化财产作为进攻目标”;(2)“将受重点保护的文化财产或其周围设施用以支持军事行动”;(3)“大量地破坏或攫取”受公约和本议定书一般保护的文化财产。剩下的两种情形只能算是“严重”;(4)将后一种文化财产作为“进攻目标”;(5)“偷盗、掠夺或侵占受公约保护的文化财产,以及对它们进行破坏的行为”。

本议定书各缔约国必须确保,根据其国内法这些行为属于“刑事犯罪”,并“可以通过适当刑罚进行惩罚”。为此,各缔约国必须“遵守法律的一般原则和国际法,尤其是遵守把个人刑事责任扩大到直接行为者以外之其他人的规则”(第15条)。第16条第1款要求各缔约国确保对第15条规定的违约行为拥有管辖权:对于所有违约行为来说,须在该国领土发生或由其国民实施(属地和属人管辖原则);对于列举的特别严重的第(1)至(3)种情形,同样规定“被推定作案人就在该国领土之上”(适用了普遍性原则)。第16条第2款并未排除基于其他理由行使管辖权,规定本议定书有关刑事责任与管辖权的条款,不适用于接受和适用本议定书其他规定的非缔约国冲突方的武装部队成员。

第17至20条规定了关于起诉、引渡和法律上的互相协助的规则,以及拒绝引渡或在法律上互相协助的理由。第21条是第4章的最后一条,要求各方采取必要措施“以制止故意实施的下列行为”:(1)违反本公约或议定书规定使用文化财产;(2)违反本公约或议定书的规定,“从被占领土上非法出口、转移文化财产或转让文化财产权”。

第6章关于“机构问题”规定设立三个机构:“缔约国大会”和“武装冲突中的文化财产保护委员会”(上文提到过这两个机构),以及“武装冲突中的文化财产保护基金”。该基金旨在提供财政或其他援助,在和平时期用以支持某些预防措施,在武装冲突时期或武装冲突之后,用于为保护或修复文化财产而采取的紧急或其他措施(第29条)。

第 7 章包含有关下列问题的规定:传播和指令(规定"负责在武装冲突时期执行本议定书的军政当局应充分了解本议定书的内容",第 30 条第 3 款);在特定情形或者出现严重违反行为时的国际合作(第 31 条,重复了《第一附加议定书》第 89 条的规定,但在联合国之外增加了联合国教科文组织);委员会对特别是受重点保护的文化财产提供"国际援助"(第 32 条);以及联合国教科文组织提供"技术援助"(第 33 条)。

第 8 章(关于本议定书的"实施")规定,"将在负责维护冲突各方利益的保护国的协助下执行"(第 34 条)。第 35 条明确了保护国"认为有必要为保护文化财产(而出面斡旋)"时可以履行的"斡旋"职能。对于可能出现的没有指定保护国的情况,第 36 条将调解的角色赋予了联合国教科文组织总干事和委员会主席。

2.4　儿童权利公约关于儿童卷入武装冲突问题的任择议定书

《儿童权利公约》(1989 年通过,1990 年生效)第 38 条敦促各国"确保未满 15 岁的人不直接参加敌对行动",并且要求避免招募这些年轻人加入其武装部队;在招募已满 15 岁但未满 18 岁的人时,缔约国应"致力首先考虑年龄最大者"(第 2、3 款)。这一文本重复了 1977 年《第一附加议定书》第 77 条第 2 款的表述,显示了红十字会与人权团体在为避免儿童参加敌对行动而斗争方面的紧密联系。

与此相一致的是,1995 年的第二十六届红十字和红新月国际大会在决议二中纳入了武装冲突时期保护平民居民的内容,强烈谴责"招募和征集 15 岁以下的儿童加入武装部队或武装团体",建议"冲突各方不对 18 岁以下的儿童进行武装,并且采取所有可行措施确保 18 岁以下儿童不参加敌对行动"。会议还对联合国人权委员会有关"1989 年《儿童权利公约》任择议定书"的工作表示支持,"本议定书的目的是加强对卷入武装冲突的儿童的保护"。人权委员会工作的最终体现是联合国大会于 2000 年 5 月 25 日通过了本议定书(2002 年 2 月 12 日生效)。

第 1 条要求缔约国"采取一切可行措施,确保不满 18 周岁的武装部队成员不直接参加敌对行动"。第 2 条符合逻辑地作出规定:缔约国必须确保不满 18 周岁的儿童"不被强制招募加入其武装部队"。

第 3 条对自愿应征作了规范。允许不满 18 周岁的人自愿应征的缔约国必须:(1) 设定不低于 15 周岁的最低年龄,除非是该国"武装部队开办或控制的学校";(2)"交存一份具有约束力的声明",规定其选择的最低年龄,并"说明其为确保不强迫或胁迫进行此类招募而采取的保障措施";(3) 确保此种应征是自愿的,被充分告知此类兵役所涉的责任,得到本人父母或法定监护人的知情同意,并且提供"可靠的年龄证明”。

第 4 条规范了招募加入非国家武装团体这一微妙问题。本条所采用的表述“非国家武装部队的武装团体”,涵盖了国际性和非国际性武装冲突的情形。这些团体被告诫,“在任何情况下均不得招募或在敌对行动中使用不满 18 周岁的人”(第 1 款)。各国必须采取一切可行措施防止此种招募和使用,包括“采取必要的法律措施禁止并将这种做法按刑事罪论处”(第 2 款)。当然,“本条的适用不影响武装冲突任何当事方的法律地位”。

对于本议定书的其他 9 个条款和序言中的 18 段话,这里可以不必提及。目前只需指出,上述实体性条款显著完善了《儿童权利公约》第 38 条和 1977 年两个附加议定书的相关条款。新规则的实施在很多国家可能不会存在问题,因为那些国家早已废弃了招募儿童参加武装部队的做法。在其他国家,关于实施、报告和监督的详细规则可能有助于克服对招募参加武装部队进行年龄限制的实际障碍。

值得重点关注的是第 4 条有关非国家武装团体的独立规定。特别是尽管在国内武装冲突中并非总是独家新闻,儿童卷入敌对行动(或者以之为名的丑陋行径)在每天的新闻中都非常抢眼。呼吁这些群体停止使儿童卷入战争性质的活动需要费一番口舌。这一规则的人道法特性在这里有所显现,红十字国际委员会出现在现场通常比人权机构向领导人和共同体施压以免儿童受到战斗冲击更为合适。“采取必要的法律措施禁止并将(在国内武装冲突中招募儿童的)做法按刑事罪论处”也会有所帮助。对此需要指出的是,国际刑事法院目前审理的一个案件正是关于招募和征集 15 岁以下儿童并部署其积极参加敌对行动问题的(参见本章第 3.4.5 节)。

2.5 1949 年日内瓦公约第三附加议定书:“红水晶”

上文多次提到,1948 年以色列建国伊始,就拒绝使用红十字或红新月作为其医疗部门的标志,而是采用了红大卫盾标志。20 世纪 30 年代以来,犹太定居者就已经使用了这一标志。1949 年 12 月 8 日,在签署《日内瓦公约》时,以色列作了保留:“在尊重公约规定的识别标志的不可侵犯性的同时,以色列将使用红大卫盾作为其武装部队医疗部门的识别标志”。

以色列的国家团体同样使用这一名称,而不是《国际红十字和红新月运动章程》要求的红十字或红新月,因此无法被承认为正式的“红十字类”组织,也无法获得该运动的成员资格。巴勒斯坦红新月会也无法获得认可,因为他不是一个得到承认的国家(这是加入该运动的另一个条件)。不过,这两个团体并不完全独立于外部世界,获准作为观察员参加国际会议和类似活动——但并未解决这一问题。

这一问题的解决花费了半个多世纪的时间,最后要求采取一系列步骤。首先,2005 年 11 月 28 日,红大卫盾会和巴勒斯坦红新月会达成了有关相互尊重与合作的《谅解备忘录》和《行动安排协议》。这为 2005 年 12 月 8 日通过 1949 年《日内瓦公约》第三附加议定书铺平了道路。该附加议定书在专门召开的 1949 年《日内瓦公约》缔约国外交会议上通过,创设了另一个识别标志,官方称其为“第三议定书标志”,并定义为“白底红色边框的竖立正方形”(第 2 条第 2 款)。

后续步骤随即展开。2006 年 6 月 21 日,第 29 届红十字和红新月国际大会首先决定修订《国际红十字和红新月运动章程》,不是增加红大卫盾标志,而是将标志名录替换为“《日内瓦公约》及其附加议定书认可的识别标志”,从而使红大卫盾会得以加入。其次,大会决定将新标志“自此以后确定为‘红水晶’”。再次,红十字国际委员会宣布决定按照运动《章程》的要求,承认红大卫盾会和巴勒斯坦红新月会;红十字和红新月国际大会进而要求红十字会与红新月会国际联合会吸收两个团体为成员。参加大会的各国代表团随后离开会场,各国红会、红十字国际委员会以及红十字会与红新月会国际联合会共同组成联合会大会,并在这一名义下鼓掌欢迎上述两个团体,为这个长期无法解决的激烈争议画上了句号。

《第三附加议定书》是一部完全意义上的条约,序言占了一页纸,共有 17 条。第 2 条创设了与现有标志具有同等地位的用于识别和保护的新标志。

第 3 条规范了红水晶的识别性使用问题。决定使用这一标志的缔约国的国家团体,可以“以识别为目的嵌入”《日内瓦公约》所认可的标志(指的是红十字和红新月)或者“某一缔约方实际正在使用、并于本议定书通过之前经保存者向其他各缔约方和红十字国际委员会做了通报的其他标志”(这一表述实际上可以简写为“红大卫盾”)。该团体也可以使用这种其他标志的名称(实际上就是其本身的名称),并且可以在不使用红水晶框架的情况下在其领土上进行展示。

第 4 条准许红十字国际委员会和红十字会与红新月会国际联合会“在特殊情况下为方便其工作使用(红水晶标志)”;第 5 条规定,“参加联合国主导的行动的医疗服务和宗教人员在参与国的同意下”,可使用第 1 条和第 2 条中所述的一种特殊标志。对上述两种情形来说,这些组织和人员选择一种标志而非另外一种标志的原因在于:令人遗憾的是,另外一种标志是攻击的目标而非尊重的对象。

《第三议定书》于 2007 年 1 月 14 日生效,同年 11 月 22 日,以色列批准了这一文件。

2.6 武装冲突的概念:同一主题的多个变量

第1章第2节曾经指出,20世纪的最后25年和21世纪的最初几年的特点是频繁发生有时极其暴力和残酷的武装冲突,国际人道法长期确立的众多原则和规则遭到公然蔑视:劫持人质,明确以被保护人和被保护物体为目标(平民、红十字和红新月会人员、救护车),等等。这些武装冲突极少是国际性的,也就是国家之间的武装冲突。很多是国内武装冲突(例如苏丹、斯里兰卡、哥伦比亚)或者混合武装冲突(例如南斯拉夫解体)。其他情形尽管毫无疑问属于武装冲突,但却并不严格属于上述两种类别:例如,以色列与真主党在黎巴嫩的冲突,与哈马斯在加沙地带的冲突,美国及其盟友在阿富汗针对基地组织和塔利班的斗争。

作为对这些事件的反应,更多原本针对国际性武装冲突制定的武装冲突法规则也被适用于或者宣告适用于非国际性武装冲突。本章第2.7节探讨了在这方面的发展。另外一个反应是围绕应当适用于后一种冲突的法律展开了争论。这里简要探讨一下这个问题。

2001年9月11日针对纽约世贸中心和华盛顿五角大楼的攻击发生之后,美国总统随即向基地组织宣战,称其为"反恐战争"。这一"战争"很快呈现为多种形态。"持久自由行动"是美国领导的针对基地组织武装和阿富汗塔利班的军事行动,表现出武装冲突的所有特点。中央情报局在世界范围开展的隐蔽行动与此不同,试图消灭、俘获、拘留怀疑参加恐怖主义活动或者具有恐怖主义倾向的个人。这些行动并不在具有明确领土界限的各方的武装冲突框架内实施,称为执法措施或者执行政策措施更为合适,要受宪法、刑法、刑事诉讼法和人权法相关规则的规范。

"持久自由行动"在最初阶段针对的是基地组织(不受领土界限约束的飘忽不定的团体)和塔利班(位于阿富汗领土的武装团体,事实上行使政府权力),同时阿富汗还存在一个得到国际承认但实际并不存在的"政府"。塔利班被赶下台后,武装活动仍在阿富汗继续,基地组织比以往更加飘忽不定,塔利班成为非国家有组织的武装团体,也出现了得到国际承认的政府。上述两种情形中的行动都达到了武装冲突的程度。(与此同时,获得联合国授权的北约国际安全援助部队在2004年后与阿富汗政府一起采取各种行动,包括保护平民居民、改善居民生活条件、培训阿富汗安全部队以及与塔利班战斗等)。

更为准确地说,"持久自由行动"的第一阶段是国家间武装冲突,受国际性武装冲突法规范。在第二阶段,中央政府和塔利班之间的战争曾经是(在本书写作时仍然是)国内武装冲突,适用的规范包括 1949 年《日内瓦公约》共同第 3 条,以及被认为适用于这种情形的更多相关原则和习惯法规则。对于美国的活动来说,考虑到美国卷入的程度以及使用的作战手段和方法,根据国际性武装冲突法的标准来衡量其军事行动最为合适。

一般来说,涉及某个国家与在另一个国家的非国家武装团体的武装冲突可能呈现出很多不同的色调。当某国与在另一个国家领土上的非国家武装团体发生武装冲突时,如需确定什么法律适用于该国采取的域外行动,有一点是毫无疑问的:当该国也针对上面所说的另一个国家采取军事行动时,肯定构成国际性武装冲突。对于所有其他情形来说,主要的考虑应该是关于战争法的政策问题:在另一个国家的领土上开展的任何成规模战斗都要求将最为完整、最为确定的原则和规则作为规范,即国际性武装冲突法。唯一的例外可能是在持续进行的国内武装冲突中与当地政府一同进行的小范围军事行动,在这种情形中可能也要求尊重适用于当地的人权规范。

2.7　使战争法适用于国内武装冲突

前面几章提到,适用于国内武装冲突的战争法最初内容并不丰富(1949 年《日内瓦公约》共同第三条),后来发展为包括更多的原则和规则。1977 年《第二附加议定书》专门规范国内武装冲突问题,1954 年《文化财产公约》的 1999 年《第二议定书》,1980 年《常规武器公约》所附议定书都更为完全地适用于这类冲突。协定法之外,相关原则和习惯法规则也有了发展。较早的一个例子是,联合国大会于 1968 年在第 2444 号决议中承认:有关保护平民居民的一些基本原则适用于所有武装冲突。后来红十字国际委员会在 2005 年出版了人们期待已久的有关习惯国际人道法的研究成果,主张其确认的 161 条规则大部分在国内武装冲突中也有法律效力。

圣雷莫国际人道法学院在 2006 年出版的《非国际性武装冲突法手册》(带有评注)中提出了类似的观点。像《圣雷莫海上武装冲突国际法手册》和人道政策与冲突研究项目的《空战和导弹战国际法手册》一样,《非国际性武装冲突法手册》在推出时声称是对规范国内武装冲突的法律的重述,意思是反映习惯法但不作为法律渊源。与红十字国际委员会的研究成果一样,该手册涵盖了武装冲突的全部规则。

这些数量众多的协定法和习惯法规则,据称适用于国内武装冲突而且对非国家方也有约束力,但战场上的实际做法却与之大相径庭。一个因素在于人们期望非国家方尊重条约所制定的规则,然而非国家方却无法成为条约的缔约方。相关条约也没能允许他们宣告接受这些规则(1977 年《第一附加议定书》将代表争取民族自决权的当局也包括在内,参见第 4 章第 1.2 节)。

对此需要指出的是,第二十七届红十字和红新月国际大会(1999 年)在《2000 — 2003 年行动计划》中,敦促"有组织武装团体在非国际性武装冲突中尊重国际人道法,呼吁他们宣告愿意尊重该法律并对部队开展培训。"值得肯定的是,这一呼吁在要求口头表达意愿的同时,也要求对本团体的武装部队进行实际指导。这是通向实施的必备步骤。遗憾的是,各方对这一呼吁似乎没有什么反应,后来召开的红十字和红新月国际大会(2003,2007)也没有再涉及这一问题。

2000 年后,"日内瓦呼吁"(一个位于日内瓦的非政府组织)采取的做法是集中关注这一问题并试图取得成果。该组织也关注非国家武装团体,试图逐渐使他们相信:承诺全面禁止杀伤人员地雷具有必要性和实用性(杀伤人员地雷被定义为"在人员出现、接近或接触时有效爆炸的装置,包括由受害者触发的其他爆炸装置和具有相同效果的反车辆地雷——无论是否具有防排装置")。接受这种承诺的团体要签署确认相关事实的文件——《"日内瓦呼吁"关于遵守全面禁止杀伤人员地雷和地雷行动合作的承诺书》。签署意味着接受"日内瓦呼吁"的监督和核查。"日内瓦呼吁"可能将核查结果公之于众。另一方面,"日内瓦呼吁"支持相关团体实施承诺,具体方式包括开展培训以及为销毁库存协调技术支持等。

多年以来,"日内瓦呼吁"成功促使数量众多的非国家武装团体签署并履行"承诺书"。目前,该组织正在探索是否可能将同样的模式(在作出具体承诺的同时接受监督和核查)应用于另外两个领域,即儿童和妇女的保护。

红十字国际委员会运用长期形成的工作方法为此作出了自己的努力,在当前的国内武装冲突中也将呼吁和监督结合起来。根据具体情形,红十字国际委员会可以就人道法的所有内容与冲突各方广泛对话,也可以重点关注某个武装团体,努力使其相信尊重某些具体规则的必要性和实用性,例如不杀害俘虏;一旦成功,就进一步扩大接受的规则的范围。与"日内瓦呼吁"不同,红十字国际委员会除了一般性地发布信息之外通常不公布结果。

第 3 节　国际和国内行为体

3.1　联合国

3.1.1　安全理事会

第 2.3 节曾经提到,联合国对武装冲突法及其发展的兴趣长期停留在口头上,由大会通过关于"武装冲突中的人权"等事项的决议。政治气候的变化随着柏林墙的倒塌而达到顶峰,导致联合国在武装冲突问题上采取更为面向行动的立场,进而远离大会,进入安理会的视野。安理会根据《联合国宪章》授权行事,由"关切"转变为"谴责",开始发声反对"严重违反人权法和人道法"的情势。有意思的是,其决议和主席声明(低于正式决议的表达手段)很少对国际性和非国际性武装冲突进行区分,在提到"人道法规则"时也没有任何具体所指,尽管经常专门提到有必要尊重和保护平民居民。

除了对具体情势通过决议和声明之外,安理会还形成了以秘书长报告为基础的对特定问题进行一般性辩论的做法。于是,安理会定期对武装冲突中平民居民特别是妇女和儿童的命运问题进行辩论。另外一个讨论了一段时间的问题是小武器的扩散以及采取何种措施阻止其快速扩散。尽管这些辩论不一定会形成具体举措,但事实证明这是一个很有用处的政策确定机制,可以促使联合国会员国和其他实体在相关领域进一步采取行动。

除了这些口头做法以外,安理会还发起了更为具体的行动。在 1980 年至 1988 年的两伊战争中,联合国秘书长根据安理会指示不断派出实地特派团,以核查冲突方是否像传言那样使用了化学武器。特派团随后提交的报告如果确认这些传言属实,安理会每次都会作出严厉谴责(遗憾的是,不足以使被指责方改变政策)。

对违反可以适用的法律的行为,国家有义务进行赔偿,包括对受害者个人作出赔偿。1990 年至 1991 年伊拉克侵略并占领科威特为实际履行这一义务提供了机会。安理会第 687 号决议(1991)设立了联合国赔偿委员会,授权其审查并裁决对伊拉克侵略科威特直接造成的损失进行赔偿的要求。尽管该委员会主要处理的是伊拉克非法使用武力所造成的损失(即诉诸战争权方面),但也对个人所遭受的违反武装冲突法(包括占领法)的行为作出了赔偿裁决,例如作为人质或者抢劫私人财产。尽管军事开支和军事人员的索赔要求被排除在该委员会的权限之外,但是仍然对因为违反国际人道法的虐待行为而受伤的联军战俘作出了赔偿裁决(更多内容参见本章第 3.6.1 节)。

安理会的上述行动通常针对的是有关各方,但其决定设立前南和卢旺达法庭依据的则是个人刑事责任的理念,事先都有委员会报告了对在相关领土上严重违反人道法的事件进行调查的情况。

一个类似的案例是安理会长期卷入的在苏丹达尔富尔地区的武装冲突。2004 年,安理会要求某国际调查委员会"对关于达尔富尔各方违反国际人道法和人权法行为的报告进行调查,同时确定是否发生了种族灭绝行为,确认违法行为的实施者,确保追究应当负责的人员的责任"。在 2005 年 1 月 25 日的报告中,该委员会指出,尽管其调查结果并不能证明政府当局在达尔富尔实行了种族灭绝政策,但有证据表明实施了危害人类罪和战争罪等其他国际罪行。该委员会确认了很多可能的嫌疑人,强烈建议安理会“立即将达尔富尔情势提交国际刑事法院”,并设立“旨在向犯罪行为受害人提供补偿的赔偿委员会,无论是否已经确认这些罪行的实施者”。安理会很快采纳了第一条建议:2005 年 3 月 31 日将“达尔富尔自 2002 年 7 月 1 日以来的情势”提交国际刑事法院检察官(更多内容参见本章第 3.4 节)。相比之下,安理会到这一天并未采取行动组织对受害人进行赔偿。

3.1.2 秘书长

前一部分提到,秘书长的一项职责是针对一系列问题向安理会提出报告,可以应安理会邀请提出,也可以独立提出。这些报告接连不断,有的涉及武装冲突事项,或者是关于冲突的具体情势(刚果民主共和国、哥伦比亚、斯里兰卡等),或者是关于战斗员行为的具体问题(使用特定武器、童兵、妇女儿童待遇等)。通过这一途径,秘书长能够对安理会决策发挥显著影响,无论是对于已在安理会议程中的事项,还是对于秘书长希望列入议程的问题。

核查具体情势的要求多次促使秘书长设立调查委员会。上文刚刚提到的是,派出特派团对 1980 年至 1988 年两伊战争中使用化学武器的情况进行调查,以及达尔富尔国际调查委员会。其他例子包括在设立前南和卢旺达特设国际法庭之前,设立专家委员会以搜集有关严重违反人道法行为的信息(本章第 3.3 节)。

性质同样截然不同的是在 1999 年发布的《秘书长关于联合国部队遵守国际人道法的公告》。《公告》是联合国秘书处、红十字国际委员会和部队提供国三方长期辩论和谈判的结果,在 1999 年 8 月 12 日(《日内瓦公约》50 周年纪念日)生效。

《公告》没有规定相关条约适用于联合国部队,而是提供了源自这些条约的指导原则,涉及保护平民居民,作战手段和方法,被拘留人员待遇,保护伤者、病者以及医务人员和救济人员等问题。

《公告》第 3 条没有规范联合国对其部队成员违法行为的责任问题,而是规定,无论联合国与部队部署地国是否有部队地位协定,联合国“承诺确保其部队在行动中完全尊重适用于军事人员行为的一般公约的原则和规则”。对于刑事责任问题,第 4 条规定,“如果发生违反国际人道法的行为,联合国部队军事人员将在其本国国内法院受到起诉”。由于《公告》并非具有拘束力的文件,这一规定仅仅是陈述了一个显而易见的事实:联合国本身没有能够处理这类案件的内部司法部门,因此部队派遣国自己要对实施违反行为的人员进行起诉和审判。将这一规定从反面解读为不得将此类案件提交至任何其他国内或者国际主管刑事法庭,似乎并没有充分依据。

3.2　国际法院

在本书前几个部分中,我们数次提到国际法院,特别是关于其对尼加拉瓜诉美国案(*Nicaragua v. the United States*)的判决(国际法院认为美国在尼加拉瓜附近海域的布雷行动违反了法律,参见第 3 章第 3.2 节)。一些其他案例使得国际法院有机会对武装冲突法相关问题发表意见,这里集中探讨与本书有关的内容。

3.2.1　*以核武器进行威胁或使用核武器的合法性问题(1996 年咨询意见)*

1977 年两个附加议定书通过之后,关于有可能使用核武器问题的最为重要的事件出现在政治领域,尤其是 1989 年柏林墙倒塌和 1991 年苏联解体。这些事件的一个影响在于:部分消解了"相互确保摧毁"的威胁所导致的在冷战时期持续存在的紧张和恐惧。此前的两大对手开始大量拆除核弹头,但并未放弃其令人恐惧的摧毁能力。同时,其他国家有的已经发展了自身的核能力,有的则开始发展。通过 1971 年《不扩散核武器条约》来阻止这一趋势的努力并不成功。

在这样的情况下,关于有可能使用核武器的合法性或非法性的问题仍然十分重要。通过红十字国际委员会或者联合国发起外交会议显然无法解决这一问题,1994 年 12 月底,联合国大会决定将这个问题提交国际法院,请其对下述问题发表意见:"国际法是否允许在任何情况下以核武器进行威胁或使用核武器?"

国际法院在 1996 年 7 月 8 日发表的咨询意见开头回答了几个基本问题:是否有资格提供意见(答案为"是");该请求是否涉及法律问题(答案同样为"是",尽管承认这一请求的政治含义)。与发表咨询意见相关的是,部分国家是否有合理依据感到担心:联合国大会提出的问题含糊而抽象,"可能使法院作出超越其司法职责范围而基于假设或猜测的宣告"。对此,国际法院在咨询意见的第 15 段指出:为了提出咨询意见,无须写出各种"设想情况",研究各类核武器并评估高度复杂而且极具争议的技术、战略和科学资料。国际法院将只是通过适用与这一情况有关的法律规则来处理各个方面出现的问题。

这是一个重大的简化,不是对于联合国大会所提出的问题,而是对于国际法院的解决方式。关于总的类别属于"核武器"的各种武器的著作可谓汗牛充栋:差异体现在爆炸力、初级和次级放射、使用的可能条件、使用的短期和长期影响,等等。国际法院在措辞上似乎有些矛盾,只是通过"应用与此情况有关的法律规则"来"处理各个方面出现的问题"。当国际法院指出"核武器的破坏力在时间或空间上都无法控制,可能毁灭一切文明和地球的整个生态系统"时(第 35 段),这种明显的非技术性解决方式就更加令人惊讶。核武器本身在这里体现为一种邪恶力量。

对于可以适用的法律,国际法院提到了使用核武器“将违反《公民权利和政治权利国际公约》第 6 条所保障的生命权”的观点,也提到了反面观点,“该公约的目的是在和平时期保护人权,而涉及敌对行动中的非法生命损失的问题要受适用于武装冲突的法律的规范”(第 24 段)。国际法院没有采纳后一种观点,认为“(该公约的)保护在战时并不停止(除非是可以克减的权利,而生命权不是可以克减的权利),不得任意剥夺生命的权利在敌对行动当中同样适用”。然而,当确定什么是任意剥夺生命时,“要依据可以适用的特别法,即旨在规范敌对行为的适用于武装冲突的法律”(第 25 段)。

从实体内容看,国际法院总结指出,需要考虑的“最为直接相关的可以适用的法律是,《联合国宪章》关于使用武力的规定和在武装冲突中适用的规范敌对行为的法律,以及本院确定的核武器方面的相关具体条约”(第 34 段)。《联合国宪章》承认针对武力攻击的自卫权,而国际法院认为这一权利的行使要受到作为习惯法规则的必要性和比例性的条件限制。这些条件也适用于在自卫中以核武器进行威胁和使用核武器的情形。

下面谈一下“在武装冲突中适用的法律”。国际法院指出缺乏明确规范核武器使用问题的条约法(第 37 段),但同时指出存在许多“对人身的尊重具有根本意义”的规则,认为这些规则对所有国家都有约束力,因为它们代表着“习惯国际法中不可违反的原则”(第 79 段)。对于《第一附加议定书》,国际法院“回顾所有国家都受(其所包含的)规则的约束,该议定书在通过时只是表达了先前存在的习惯法,例如马顿斯条款”(第 84 段)。国际法院驳斥了这样的观点:核武器是新近发明的,“人道法既定原则和规则”因而并不适用。进而指出,这一观点不符合“这些法律原则所固有的人道主义性质,这种性质遍布于整个武装冲突法,并且适用于各种作战样式和武器,包括过去的,也包括现在和将来的”(第 86 段)。

所有这些都没有招致异议,而从中得出的结论却“有争议”(第 90 段);从保护不参与武装冲突国家的中立原则所得出的结论也是如此,国际法院在第 88、89 段对此作了分析。国际法院同时提出两种观点:一是对使用特定核武器的合法性进行评估必须根据其特点和具体情形(第 91 段);二是在任何情况下都禁止使用核武器(第 92 段)。

对于第一种观点,国际法院认为,其支持者没有“说明什么样的具体情形能够证明使用核武器的正当性,也没有说明是否这种有限度的使用不会升级为全面使用高能量核武器”,接着指出,“本院不认为自己有充分依据来断定这种观点的正确性”(第 94 段)。这里,人们会问,如何才能使这一态度与法院早前关于只是将规则应用于具体情形的声明协调一致,似乎不同类型核武器的不同使用模式与此没有关联。

对于第二种观点,国际法院得出了类似结论:“没有充分理由使其能够确实断定使用核武器在任何情况下必然会违反武装冲突法的原则和规则”(第 95 段)。

国际法院进一步提到了“每一国家求生存的基本权利,以及因此进行自卫的权利”,“国际社会中相当多的国家多年来遵循的‘威慑政策’”,以及“某些核武器国家在(根据某些条约)承诺不使用这种武器时附加了保留”(第 96 和 97 段),最后经 7 票赞成、7 票反对并由主席投出决定票,得出结论(第 97 段):

> 鉴于国际法的全面现状,……和掌握的种种事实,本院认为,它无法确实断定,一个国家在生死存亡关头实行自卫的极端情况下使用核武器,究竟是合法还是非法。

有人指出,国际法院这样“认为”是因为其并未主动探求在不同场景中可能使用多种核武器的事实。也有评论认为,“意见”主体部分的论证并不支持最后结论提到的“(一个国家)在生死存亡关头实行自卫的极端情况”。由于感到没有充分依据在“某些情况下对某些武器来说合法”和“总是非法”之间进行选择,国际法院只能作出上述结论。剩下的就是提供一点自身想法的善意尝试,或者至少是对“意见”的上述引文投赞成票的国际法院七名法官的想法。

“咨询意见”并未澄清使用核武器的合法性或者非法性问题,这是有些遗憾的。这可能仍然会是一个无法通过法律来解决的问题(溯及既往的诉讼除外,比如在日本判决的有关对广岛和长崎使用“原子弹”的案例,参见第 3 章第 5.3.3 节)。在这种情况下,人们只能祈求核装置不会落入不负责任的人手中,而现在掌管核武器的“负责任之手”在将这些武器诉诸使用之前,不仅会再三考虑,而且会考虑上百次。对此,过去长久以来一直没有使用核武器,即使是在认真考虑使用的情况下也是如此,这也为未来带来了一些希望。

3.2.2　在被占领巴勒斯坦领土建造围墙的法律后果(2004 年咨询意见)

第 3 章第 4.6.4 节提到,2002 年,以色列开始在被占领巴勒斯坦领土建造隔离墙,试图更好地保护自己免受来自被占领土的攻击。这导致联合国大会在 2003 年 12 月 8 日决定请国际法院提供有关建造围墙所带来的法律后果的意见。国际法院于 2004 年 7 月 9 日提出了咨询意见。

以色列和其他国家提出的一个初步反对意见是,“法院应当谢绝行使管辖权,因为它没有掌握作出结论所需的事实和证据”。对此,国际法院认为掌握有“秘书长的报告以及他向法院提交的大量档案材料,其中不仅有关于隔离墙走向的详细资料,并且有关于隔离墙对巴勒斯坦居民的人道主义和经济社会影响的资料,以及根据特别报告员和联合国主管机构在实地视察后编写的一些报告"(第57段)。法院认为,"它已具备足够的资料和证据,能够提出大会请求的咨询意见",并且指出,"他人可能以主观或政治方式评价和解释这些事实的情况,不能成为法院放弃司法任务的理由"(第58段)。

巴勒斯坦领土在1967年被占领:是否仍是"被占领土"? 国际法院在1907年《海牙陆战公约》附件《章程》所反映的习惯法中找到了相关法律(尽管以色列并非该公约的缔约国),认为《章程》的规定"已经成为习惯法的一部分,事实上已经得到了参与本法院咨询程序的所有各方的承认"(第89段)。《章程》第42条规定,"领土实际由敌对军队管理时,则将其视为被占领土,占领范围只限于已建立并实施此种管理的领土"(第78段)。国际法院认为"以后发生的事件丝毫没有改变这种情势",指出"(这些领土)仍然是被占领土,以色列的地位仍然是占领国"(同上)。

对于"后续发生的事件",国际法院确定了与以色列所采取措施有关的法律(第89段)。首先是在《日内瓦第四公约》中找到了法律,以色列是该公约的缔约国,巴勒斯坦也承诺适用该公约(1982年6月7日发表单方声明并交由瑞士政府保存:瑞士认为承诺有效,但又认为作为保存国不能确定该声明是否可被视作加入文书,第91段)。实践中,以色列在被占领巴勒斯坦领土问题上适用了《第四公约》的大部分内容,但却否认该公约在法律上的可适用性(第93段)。国际法院指出,根据该《公约》第2条第1款,"《公约》在下列两项条件得到满足时就可以适用:存在武装冲突(不管是否承认有战争状态);以及冲突在两个缔约方之间发生。特别是在冲突期间由一个缔约方占领的任何领土内,随即可以适用。"(第95段)。

第2条第2款将《第四公约》的适用范围从国家间武装冲突延伸至"在一缔约国的领土一部或全部被占领之场合,即使此项占领未遇武装抵抗"。国际法院确认这一文本并未"通过排除不在一个缔约方主权范围内的领土"来限制公约的适用范围,并将该款解释为仅仅是要表明,"即使在冲突期间实施的占领没有遇到武装抵抗,《公约》仍然适用"。进而指出,这种解释"反映了《日内瓦第四公约》起草人保护无论以何种方式落入占领国之手的平民的用意"。的确,"1907年《海牙章程》的起草人既关注保护领土被占国的权利,也关注保护领土内的居民","《日内瓦第四公约》的起草人则力图确保平民在战时得到保护,而不管被占领土的地位如何"(同上)。国际法院援引了红十字国际委员会在2001年12月5日所作的声明,即红十字委员会"始终申明,《日内瓦第四公约》在法律上适用于以色列国自1967年以来占领的领土,包括东耶路撒冷"(第97段);并且指出,联合国安理会和大会在众多决议中采取了同样立场(第98、99段)。

国际法院接着谈了《公民权利和政治权利国际公约》,回顾了在"核武器咨询意见"

中提出的观点,认为该文件提供的保护“在战争中并不停止”。国际法院区分了三种可能的情况:“某些权利可能专属于国际人道法的事项;其他权利可能专属于人权法事项;另外一些法律可能属于国际法这两种分支的事项”。进而指出,“为了回答所提出的问题,本法院必须考虑人权法和作为特别法的国际人道法”(第 106 段)。

根据所掌握的信息,国际法院指出,“建造这堵墙导致了财产设施的破坏和征用,而这种情况违反了 1907 年《海牙章程》第 46 条和第 52 条以及《日内瓦第四公约》第 53 条的规定”(第 132 段);“在绿线与这墙之间建一个封闭区以及建立飞地对被占领巴勒斯坦领土的居民(除了以色列公民和已被同化者)的迁徙自由施加了很大的限制”,“农业生产也受到了严重影响”(第 133 段)。国际法院在总结中再次指出,建造这堵墙以及相关制度阻碍了被占领土居民(除了以色列公民和已同化者)根据《公民及政治权利国际公约》第 12 条第 1 款应当享有的迁徙自由;阻碍了受影响的人行使《经济、社会、文化权利国际公约》和《儿童权利公约》郑重宣布的关于工作、获得医疗服务、接受教育和拥有适当生活水平的权利;最后,“建造这堵墙以及相关制度促成了(上文提到的)人口组成的变化,这违反了《日内瓦第四公约》第 49 条第 6 款以及安全理事会决议的规定”(第 134 段)。

法院接下来提出问题:“军事紧急状况”是否属于适用于被占领土的武装冲突法规则的例外情形,即使占领所用的军事行动总体上已经结束。实际上,《第四公约》第 53 条规定禁止破坏个人财产,“在军事行动必须作出此种破坏的情况下”允许例外。不过,就掌握的材料而言,“本法院并不信服:违反(该条款的)禁止性规定进行的破坏是其军事行动所绝对必要的”——进而可以作为例外(第 135 段)。

国际法院最后得出结论,认为以色列必须“不再违背其在被占领巴勒斯坦领土修建围墙的行为所引发的国际义务”(第 150 段)。这意味着“有义务停止其正在被占领巴勒斯坦领土,包括在东耶路撒冷及其周围进行的围墙修建工程”以及“立即拆除围墙位于被占领巴勒斯坦领土的部分,包括在东耶路撒冷及其周围的部分”(第 151 段)。

国际法院同时认为以色列有责任对自身违反国际义务的行为作出补偿:有义务“向所有(因为修建围墙而)遭受损失的有关自然人和法人进行赔偿”(第 152 段),以及“退还土地、果园、橄榄园,以及归还为在被占巴勒斯坦领土修建隔离墙而从任何自然人或法人手中攫取的其他不动资产”;如果这些都不可能,以色列有义务“赔偿有关人员所遭受的损失”(第 153 段)。法院还相当笼统地指出,以色列有义务“根据适用的国际法规则,对所有因隔离墙的修建而遭受任何形式的物质损害的自然人或法人进行补偿”(同上)。国际法院的这些结论可以支持受违反行为影响的自然人和法人的赔偿或者补偿诉求。

在国家层面，国际法院主张所有国家都有义务"不承认因在被占领巴勒斯坦领土上，包括在东耶路撒冷及其周围修建隔离墙而导致的非法状况"，也不得"为维护这一修建行为所致局势而提供帮助或者援助"。各国还应"确保终止任何通过修建隔离墙而对巴勒斯坦人民行使自决权造成阻碍的行为"；另外，"在遵守《联合国宪章》及国际法的同时，（必须）确保以色列遵守（《日内瓦第四公约》）所包含的国际人道法"（第 159 段）。

国际法院最后邀请"联合国，尤其是大会和安全理事会，考虑须采取何种进一步行动，以终止修建隔离墙以及相关制度所造成的非法状况，对本咨询意见给予应有的考虑"（第 160 段）。

3.2.3　*在刚果领土上的武装活动*（*The Democraic Republic of the Congo v. Uganda*, Judgment of 19 December 2005）

1999 年 6 月 23 日，刚果民主共和国向国际法院提交了与乌干达的争议，涉及"乌干达在刚果民主共和国领土上实施的武装侵略行为"。

在第一次提交的关于违反《联合国宪章》和其他相关文本的意见中，刚果民主共和国认为乌干达在刚果部分领土上的存在构成了交战占领。在 2005 年 12 月 19 日的判决中，国际法院重申："根据《海牙章程》第 42 条体现的习惯国际法，领土实际由敌对军队管理时，则将其视为被占领土，占领范围只限于已建立并实施此种管理的领土"（第 172 段）。根据掌握的资料，国际法院指出，尽管乌干达部队毫无疑问出现在刚果领土上，但只在一处区域（伊图里地区）"作为占领国建立并实施了管理"，因此有义务（根据《章程》第 43 条的规定）尽其所能"在被占领土最大限度地恢复并确保公共秩序和安全"，"这种义务包括确保尊重可以适用的国际人权法和国际人道法规则，保护被占领土上的局面免遭暴力行为，以及不容忍任何第三方实施这种暴力行为"（第 176、178 段）。作为伊图里地区的占领国，乌干达要"对其军队违反国际义务的行为"负责，同时，"对于因为缺乏警惕而未能阻止在被占领土的其他主体（包括代表自身行事的叛乱团体）违反人权法和国际人道法的行为，乌干达也应负责"（第 179 段）。

刚果第二次提交的意见涉及乌干达违反条约法和习惯法各种原则的行为，这些原则"课加了包括在武装冲突时期依照国际人道法尊重并确保尊重基本人权的义务"，以及"在武装冲突中时刻对平民和军事目标进行区分"的义务（第 181 段）。从"某些联合国文件所包含的证据看，就其证据价值和必要时经其他可靠途径进行验证的情况而言"（第 205 段，详细说明参见第 206 至 210 段），国际法院认为，"乌干达人民国防军部队对平民居民实施了杀戮、酷刑和其他不人道待遇等行为，摧毁了村庄和平民建筑物，没能区分平民和军事目标，在与其他战斗员战斗时没能保护平民居民，涉及训练童兵，也没有采取措施确保在被占领土尊重人权和国际人道法"(第 211 段)。"考虑到其军事地位和职责,在刚果的乌干达士兵的行为可以归责于乌干达,有人认为相关人员在特定情况下并未以政府管理人员的身份行事,是没有道理的"(第 213 段)。另外,考虑到武装冲突方要为其武装部队组成人员的行为负责(1907 年《海牙陆战公约》第 3 条和《第一附加议定书》第 91 条),"乌干达人民国防军人员是违反了下达的指示还是超越了授权"就无关紧要了(第 214 段)。

国际法院因此确定上述行为可以归责于乌干达,进而分析是否"构成违反乌干达应当承担的国际义务",并在国际人权法和国际人道法中找到了相关法律。至于"国际人道法和国际人权法的关系以及……国际人权法律文件在国家领土外的可适用性",国际法院回顾了它近期在"隔离墙咨询意见"中得出的结论,"国际法的这两个分支……均须纳入考虑范围"。对于该问题,国际法院同时指出,"国际人权文件适用于'国家在其领土外行使管辖权的行为',特别是在被占领土"(第 216 段)。(应当指出,与"隔离墙咨询意见"的背景情况不同,对伊图里地区是短期占领。从引文可以看出,国际法院认为占领法的适用只取决于《海牙章程》第 42 条的要求是否得到了满足)

刚果民主共和国第三次提交的意见涉及非法开采、侵吞和掠夺自然资源,同样有很多资料证明存在这些事实(第 237 段)。刚果在提交的意见中指出,国际法院"并不掌握可靠证据证明乌干达政府采取了旨在开采刚果自然资源的政策,也没有可靠证据证明乌干达实施军事干预是为了获得刚果的自然资源"(第 242 段),但是刚果确实为自己的主张找到了足够证据,认为乌干达没能"充分采取措施以确保其军队不参与掠夺、侵吞和开采刚果的自然资源"(第 246 段)。法院断言,这些行为违反了"战时法",并且"对此指出《海牙章程》第 47 条和《第四公约》第 33 条都禁止掠夺"(第 245 段)。对于被占领的伊图里地区来说,乌干达还要对并非其军队人员的类似行为负责(第 248 段)。

同样,国际法院对"刚果民主共和国诉乌干达案"(*the DRC v. Uganda*)的判决也包括很多其他内容,难以在此一一列举。对于其他内容,读者可以看看判决本身。

3.2.4　《防止和惩治灭绝种族罪公约》的适用(*Bosnia and Herzegovina v. Serbia and Montenegro*, Judgment of 26 February 2007)

1993 年 3 月 20 日,波黑请求国际法院"判决并宣告"南斯拉夫联盟共和国(2006 年后称为塞尔维亚共和国)"违反了并正在违反《防止和惩治灭绝种族罪公约》,部分消灭(并试图全部消灭)位于(但不限于)波黑共和国领土的民族、种族或宗教团体,特别是穆斯林民众"(第 65 段)。在 2007 年 2 月 26 日的判决中(经过超乎寻常复杂的程序,特别是双方互换了身份角色),国际法院认为"压倒性的证据表明在冲突期间发生了遍及波黑领土的大规模杀戮,绝大多数受害者是受保护团体的成员,这意味着他们可能是系统杀戮的对象"(第 276 段)。不过,国际法院"根据在其面前的证据,并不认为能够确切得出结论——对受保护群体的大规模杀戮在实施时是明确要全部或者局部消灭该团体本身",因此"认为申请方并未证明相关杀戮达到了公约所禁止的灭绝种族行为的程度"(第 277 段)。

国际法院对斯雷布雷尼察事件的结论则有所不同。1995 年 7 月,8000 余名波斯尼亚穆斯林男子,被拉特科·姆拉迪奇将军指挥的波斯尼亚塞族共和国军队绑架并杀害。国际法院在审理这一案件时发现,在斯雷布雷尼察发生了《灭绝种族罪公约》第 2 条第 1、2 项所定义的"杀害团体成员"和"致使团体成员在身体上或精神上遭受严重伤害","目的是部分消灭波黑穆斯林团体","因此构成了灭绝种族行为,实施者是塞族共和国军队,地点是斯雷布雷尼察及其周边"(第 297 段)。然而,这些行为"无法根据有关国家责任的国际法规则归责于(塞尔维亚)"(第 415 段),塞尔维亚也无法对公约第 3 条第 5 项提到的"共谋灭绝种族"负责。国际法院得出结论,"从第 3 条规定的总体内容看,(塞尔维亚)的国际责任并不成立"(第 424 段)。

这遗留下来一个问题:塞尔维亚是否"遵守了源自于公约第 1 条规定的防止和惩治的双重义务"(第 379 条)。对于防止的义务来说,国际法院强调其并不"主张确立了一般性的管辖权,对条约文件(或其他具有拘束力的法律规范)规定各国有义务防止某些行为的案件都可以适用"(第 429 段)。国际法院同时指出,"相关义务是行为方面的,而不是结果方面的";这种责任"只有在实际实施了灭绝种族行为时"才出现;"仅仅是未能采取和实施恰当措施以防止实施灭绝种族行为"可能足以构成相关责任,要求"国家意识到或者通常应当意识到存在将要实施灭绝种族行为的严重危险"(第 430 至 432 段)。

当时,南联盟与塞族共和国及其军队的"政治、军事和财政联系","尽管比之前要弱,但仍然非常密切":南联盟对波斯尼亚塞族的影响力比《灭绝种族罪公约》任何其他缔约国都大。同样,"在相应时间,南联盟有义务遵守法院在 1993 年发出的两项指令中所包含的临时措施"。考虑到所掌握的信息,"一旦塞族共和国军队决定占领斯雷布雷尼察飞地",贝尔格莱德当局也"不可能意识不到(即将发生灭绝种族行为的)严重风险"。基于这些事实,"法院认为,南联盟当局应该在权力范围内尽最大努力阻止当时已经初见端倪的悲剧事件,尽管无法确切判定该事件的规模,至少可以作出估量"。所有这些导致国际法院得出结论,南联盟"违反了防止斯雷布雷尼察灭绝种族行为的义务,须承担国际责任"(第 434 至 438 段)。

至于塞尔维亚是否履行义务惩治了违反《灭绝种族罪公约》的行为,国际法院指出,由于斯雷布雷尼察灭绝种族行为并未发生在其领土上，塞尔维亚"无法因为没有在本国法院审判那些被控参加斯雷布雷尼察灭绝种族行为的人员而受到指控"(第 442 段)。这导致可以根据该公约第 6 条规定，选择由"缔约国接受其管辖权"的国际刑事法庭进行审理。第 6 条规定隐含的义务是国家要"对处于其领土的被控实施灭绝种族行为的人员予以逮捕(尽管其所受指控的罪行是在该国以外实施的)"，"如果不在缔约国本国法院起诉这些人员，则应交由主管的国际法庭审理"(第 443 段)。现在已经有了这种法庭——前南法庭(参见本章第 3.3 节)。

国际法院提出了两个基本的问题并给出了肯定回答：前南法庭是否构成公约第 6 条意义上的"国际刑事法庭"；塞尔维亚是否应"被视为按照该条款规定'接受了(该法庭的)管辖权'"(第 444 至 447 段)。剩下的是事实问题：塞尔维亚是否"与前南法庭充分进行了合作，特别是在逮捕和向法庭提交受控在斯雷布雷尼察犯有灭绝种族罪行并处于其领土的人员方面"。在口头程序期间，塞尔维亚坚持认为"在 2000 年贝尔格莱德政权更迭后，已经遵守了合作义务"——因此，该时间之前并不包括在内。除此之外，"大量相互验证的信息表明，被前南法庭控告犯有灭绝种族罪行的姆拉迪奇将军，作为斯雷布雷尼察大屠杀的主要责任者，在过去的几年中至少多次长时间处于(塞尔维亚领土)，而且现在仍在那里，塞尔维亚当局并未采取合理措施确定其居住地点并将其逮捕"(第 448 段)。法院判决认为，"有充分证据证明被告未能履行与前南法庭充分合作的义务"，"没有按照公约规定履行防止和惩治灭绝种族行为的义务，因此要承担国际责任"(第 449、450 段)。

法院进而分析了赔偿问题，首先是要为未能履行防止灭绝种族行为的义务而进行赔偿。尽管在事件发生时，南联盟"有众多手段可以影响波斯尼亚塞族的军事和政治当局"，"没有证据表明，在这些事件的具体情况下，那些手段足以取得应该达到的结果"。由于无法因此确定"(南联盟)未能履行防止灭绝种族行为的义务与斯雷布雷尼察大屠杀造成的损害存在因果联系"，国际法院指出，在本案中，"经济补偿并非恰当的赔偿方式"(第 462 段)。然而，波斯尼亚"有权获得'满足'形式的赔偿"，具体是"在本判决中宣告：(南联盟)未能履行公约规定的义务以防止灭绝种族行为"(第 463 段)。相应宣告包含在"实施条款"当中(第 471 段第 5 项)。

对于惩治灭绝种族行为的义务来说，波斯尼亚"坚持认为存在持续违反的情形"，包括未能将被指控的个人移交给前南法庭，进而要求作出相关宣告。波斯尼亚还请求国际法院"更为具体地决定'塞尔维亚和黑山应当立即采取有效措施，确保全面履行其惩治灭绝种族行为的义务，……将被控告犯有这种罪行的个人移送(前南法庭)，并与该法庭全面合作'"(第464段)。由于确实相信塞尔维亚"尚未根据《灭绝种族罪公约》第1条和第6条的规定,履行义务向前南法庭移送被控告犯有灭绝种族罪行的人员,尤其是拉特科·姆拉迪奇将军",国际法院"因此将在本判决的实施条款作出相应宣告,认为将构成适当'满足'"(第465段)。"实施条款"(第471段)充分反映了这两方面的内容:第6项指出存在持续破坏公约的行为,第8项命令"塞尔维亚立即采取有效措施以确保全面履行《灭绝种族罪公约》所规定的义务,惩治公约第2条定义的灭绝种族行为或者公约第3条所禁止的其他行为,将被控告犯有灭绝种族罪行或者其他罪行的个人移送(前南法庭)审理,并与该法庭全面合作"。

国际法院审理的波斯尼亚诉塞尔维亚案(*Bosnia v. Serbia*)说明,国家间诉讼可以与国际刑事机构(本案中是前南法庭)针对应就同一事实承担刑事责任的个人的诉讼同步进行。

3.2.5 国家的管辖豁免(*Germany v. Italy*, Application of 23 December 2008)

最后要提一下标题中提到的德国申请,要求国际法院判定意大利:

> 以德意志帝国在第二次世界大战期间即从1943年9月到1945年5月违反国际人道法的行为为基础,通过允许对联邦德国提出民事索赔,违反了依据国际法承担的义务,未能尊重联邦德国根据国际法享有的管辖豁免。

这一申请涉及在意大利法庭起诉的针对德国的民事索赔案件,这些案件由德国占领军在意大利加入同盟国之后杀害的意大利人的后裔提出。在本书写作时,这一案件仍然处于初步阶段。2010年7月20日,法院宣布对意大利提出的反诉不予受理。意大利请求法院"裁决并宣布":由于拒绝对意大利的战争罪受害者作出有效赔偿,德国违反了根据国际法应当履行的义务。

3.3 前南和卢旺达法庭

1991年南斯拉夫解体引发了一系列武装冲突。有关骇人听闻罪行的报道越来越令人担忧,经常围绕着"种族清洗"的做法。本章第3.1.2节提到,1992年10月,联合国秘书长设立专家委员会,负责收集和分析有关这些严重违反人道法行为的可用信息。1994年5月,该委员会提交了最终的报告。在一年之前的1993年5月25日,安理会通过第827号决议,建立了"起诉1991年以来在前南斯拉夫境内所犯严重违反国际人道法行为负责人的国际法庭"(简称前南法庭)。

前南法庭设立后不到一年,在卢旺达爆发了一场大规模的种族冲突,成千上万的图西族人被胡图族团体杀害。安理会因为没能迅速采取行动阻止这场大屠杀而遭到批评，继而同样由专家委员会准备之后作出反应，于 1994 年 11 月 8 日通过第 955 号决议，创设了另一个国际特设法庭，法庭对 1994 年在卢旺达境内犯下的种族灭绝和其他违反国际人道法的行为拥有管辖权（简称卢旺达法庭）。

3.3.1　管辖权

前南和卢旺达特设法庭的管辖权源自于安理会根据《联合国宪章》第七章（对于和平之威胁、和平之破坏及侵略行为之应付办法）通过的决议。前南法庭的属地管辖权限于前南斯拉夫境内。除在卢旺达境内的种族灭绝事件以外，卢旺达法庭的属地管辖权还包括卢旺达公民在邻国境内所犯的违反人道法的行为，但是另一方面，时间上仅限于在 1994 年实施的行为，结果使得后来对成千上万逃离卢旺达冲突现场的人进行屠杀的行为超出了其管辖范围。

相比之下，前南法庭的属时管辖权没有限制。其“前南斯拉夫问题国际法庭规约”第 1 条规定的是“1991 年以来……所犯的严重违反……行为”，创设该法庭的安理会决议提到的则是发生于“1991 年 1 月 1 日和安全理事会于和平恢复后确定的日期之间”的违反行为。因此，该法庭的管辖权包括 1998 年和 1999 年在科索沃（最初是南斯拉夫的一个省）所犯的严重违反人道法的行为。

前南和卢旺达法庭的属人管辖权仅限于自然人（不论其国籍）（《前南斯拉夫问题国际法庭规约》第 6 条，《卢旺达问题国际法庭规约》第 5 条）。冲突各方和其他集体性实体，无论是国家还是非国家武装团体，都不在两个法庭的管辖权范围内，这与纽伦堡法庭的情况是一样的。《前南斯拉夫问题国际法庭规约》第 7 条第 1 款和《卢旺达问题国际法庭规约》第 6 条第 1 款规定，“计划、教唆、命令、犯下或协助或煽动他人计划、准备或进行（规约规定的）罪行”的人应当承担个人刑事责任；第 2 款规定，任何被告人的官职，“不论是国家元首、政府首脑、或政府负责官员，不得免除该被告的刑事责任，也不得减轻刑罚”。

两个法庭的刑事管辖权包括“严重违反国际人道法的行为”（各《规约》第 1 条）。本条使用的“国际人道法”一词涵盖了战争罪以及危害人类罪和灭绝种族罪，但并不包括侵略罪。《前南斯拉夫问题国际法庭规约》第 9 条和《卢旺达问题国际法庭规约》第 8 条最后规定，法庭优先于国内法院（关于两个法庭管辖权范围内的“严重违反国际人道法行为”的被害人的境况，参见本章下文第 3.6 节[1]）。

---

〔1〕 原文有误，应为本章第 3.3.3 节。（译者注）

《前南斯拉夫问题国际法庭规约》第 2 条规定，前南法庭对严重破坏《日内瓦公约》的行为拥有管辖权，第 3 条授权法庭起诉违反“战争法规或惯例”的行为。第 3 条列举了以下行为（并未穷尽所有情形）：“使用有毒武器或其他武器，以造成不必要的痛苦；无军事上之必要，横蛮地摧毁或破坏城市、城镇和村庄；以任何手段攻击或轰击不设防的城镇、村庄、住所和建筑物；夺取、摧毁或故意损坏专用于宗教、慈善事业和教育、艺术和科学的机构、历史文物和艺术及科学作品；劫掠公私财产”——这些都是 1907 年《海牙章程》的表述。

在判例法中，前南法庭一直主张只能适用习惯法规则。法庭认为，有的条约法规则只是规定禁止某种行为而没有将其定罪，有的并未充分明确其定罪的禁止性行为的要件，只有根据习惯国际法才能确定。即便适用于冲突各方的条约禁止某种行为并且规定了个人刑事责任，因此可以作为法庭管辖权的依据，前南法庭在实践中同样更愿意确定相关协定法规定也是对习惯的宣告。法庭非常倚重习惯，甚至将第 3 条中的“战争法规或者惯例”概念解释为同样适用于国内武装冲突（至于对这种过于倚重习惯法的批评性评论，参见第 1 章第 2 节）。

由于卢旺达问题从一开始就被认为完全属于国内冲突，《卢旺达问题国际法庭规约》第 4 条将严重违反 1949 年《日内瓦公约》共同第 3 条和《第二附加议定书》的行为明确列为可以惩罚的罪行。承认个人应当为违反适用于国内冲突的人道法的行为承担刑事责任，这是一个历史性事件。此前，通常认为“战争罪”概念与国内武装冲突无关。共同第 3 条和《第二附加议定书》为此都没有规范个人责任问题。因此，特设法庭的建立和运行为消弭两类冲突的区分作出了重要贡献。

3.3.2 上级责任

一个重要问题涉及上级责任，1977 年《第一附加议定书》第 86、87 条之前对此作了规范（参见第 4 章第 3.4.2 节）。前南和卢旺达法庭《规约》分别在第 7 条第 3 款和第 6 条第 3 款规定：

> 如果一个部下犯下本规约第 2 条至第 5 条[1]所指的任何行为，而他的上级知道或应当知道部下将有这种犯罪行为或者已经犯罪而上级没有采取合理的必要措施予以阻止或处罚犯罪者，则不能免除该上级的刑事责任。

前南和卢旺达法庭《规约》分别在第 7 条第 4 款和第 6 条第 4 款否定了这样的观点：

---

〔1〕《卢旺达法庭规约》为第 2 条至第 4 条。（译者注）

实施犯罪的下级通过证明是按照上级命令行事可以免除责任。同时,“如果国际法庭裁定合乎法理则可以考虑(上级命令以)减刑”。

两个法庭都审理了涉及上级责任问题的众多案件。前南法庭对上下级关系的一个特定方面作出了澄清,认为这种关系的关键在于存在一种权威关系,除了形式上的权威以外,也可以是一种事实上的权威。至于“应当知道”的标准问题,前南法庭主张当指挥官“掌握的信息使其知道可能正在实施或者将要实施这种违法行为,有必要进一步调查”时,就满足了“应当知道”的要求(德拉里奇等,判决书,第384至386段)。在同一判决中,审判分庭指出,指挥官采取“合理的必要措施”的责任应当限于其“权力范围内”的措施(第395段)。

3.3.3　被害人的角色和权利

在第二次世界大战后对轴心国高级官员进行的纽伦堡审判和东京审判当中,被害人几乎被无视了:不能提出赔偿要求,极少数人应邀作证。如前所述,在赔偿问题上,当时主要靠的是一次性付清的协议,被害人个人的损失交由其所在国家处理。

在半个世纪以后,在前南和卢旺达法庭的诉讼呈现出截然不同的画面,几乎每个案件都邀请了大量被害人作证。两个法庭的《规约》规定了包括非公开审理和保护被害人身份在内的证人保护措施(前南法庭《规约》第22条,《卢旺达法庭规约》第19条)。

对于补偿问题,尽管两个法庭的《规约》都没有规定由被害人提出请求或者代表被害人提出请求,但是规定法庭可以“下令把通过犯罪,包括用强迫手段获得的任何财产和收入归还其合法的拥有人”(前南法庭《规约》第24条第3款,卢旺达法庭规约第23条第3款)。除此之外,对被害人的补偿问题同样留由其所在国家处理。为了对此提供便利,两个法庭的《程序和证据规则》在第106条规则中规定,“判定被告犯有对被害人造成伤害的罪行时,书记官处应当向相关国家的主管当局送交判决书”;对于这种赔偿要求,“在罪犯为这种伤害承担刑事责任的问题上,法庭判决应为终审且具有拘束力的判决”。

3.3.4　退出战略

安理会在2003年已经为两个法庭确定了“退出战略”,要求“在2010年底前”完成工作——很快证明这一目标难以实现。即便如此,这确实导致越来越多案件被移送有关国家国内法院审理,并在必要时开展了一个广泛的支持项目,以提高这些法庭处理战时案件的能力。

2010年12月22日,安理会通过第1966号决议,采取诸多措施,以促使两个法庭加快完成工作。为了达到这一目的,安理会决定建立新机构——国际刑事法庭余留机制。

这个机构有两个分支：一个是为卢旺达法庭设立的，计划在2012年7月1日开始运作；另一个是为前南法庭设立的，计划在2013年7月1日开始运作。安理会通过了这一机制的《规约》，将其作为决议附件一。安理会要求前南和卢旺达法庭"在2014年12月31日前迅速完成本决议规定的剩余工作"。还就一系列过渡安排达成了一致意见（作为附件二）。

具体内容不作详细介绍，这里简要提以下几点。两个法庭仍然负责"完成各自分支机构启动前应当进行的审判或提交的诉讼"（《过渡安排》第1条第1款；包括旷日持久的对卡拉季奇的审判）。如果法庭定罪的罪犯（例如姆拉迪奇）在余留机制的分支机构运作之前遭到逮捕，距离运作之前的时间长短将决定该案件是由法庭还是由该机制审理。如果在机制启动的日期或者之后实施逮捕，就只能由该机制处理（《过渡安排》第1条第2至4款）。

余留机制"应继续拥有前南和卢旺达法庭（在各自《规约》中规定）的属物、属地、属时、属人管辖权"（余留机制《规约》第1条）。除非是藐视法庭的案件，余留机制的权力限于既有指控；只有在法庭权力下的罪犯属于涉嫌对犯罪行为负有首要责任的最高级别领导人，或者经过合理努力仍然未能成功将案件提交国内法院时，余留机制才能受理针对上述罪犯的案件（《规约》第2、3条）。

同时，第1966号决议再次"敦促两法庭和余留机制积极全力以赴，将不涉及那些涉嫌对犯罪行为负有首要责任的最高级别领导人的案件移交各国有关司法机关"（第11段）。

通过采取这一系列措施，正如第1996号决议前言第5段话所指出的，安理会希望再次确认"决心不允许那些应当对严重违反国际人道法行为负责的人逍遥法外，有必要将前南和卢旺达法庭定罪的人员都绳之以法"，同时显著减少完成这一任务需要的惊人开支。

3.4 国际刑事法院

前南法庭设立后不久，得益于当时有利的政治气候，国际法委员会最终完成了其在联合国早期就已经开始的国际刑事法院规约的起草工作。1994年，国际法委员会将规约草案提交联合国大会。在专门成立的委员会起草完成了可能得到广泛接受的文本之后，联合国大会在第52届会议上决定于1998年6月15日至7月17日在罗马召开外交会议，"以最后确定并通过关于设立国际刑事法院的公约"。1998年7月17日，会议通过了《国际刑事法院规约》，139个国家随后签署规约。在60个国家批准之后，《罗马规约》于 2002 年 7 月 1 日生效。2003 年 3 月 11 日,首批审判人员在法院所在地海牙宣誓就职。在本书写作时,《规约》共有 111 个缔约国。美国长期以来是国际刑事法院的坚定反对者,近期转而采取了积极合作的立场。

前南和卢旺达特设法庭在属地和属人管辖权方面有局限性,可能被指责为选择性司法,而国际刑事法院原则上是在世界范围都有管辖权的常设法院,可能有希望发展成为不受这种批评的机构。不过,法院的声誉将最终取决于在获取和处理具体案件中的作为。

3.4.1 管辖权

第 5 条(关于"法院管辖权内的犯罪")一开始即指出,"本法院的管辖权限于整个国际社会关注的最严重犯罪"。它管辖的罪行包括战争罪、危害人类罪、灭绝种族罪。还包括侵略罪;不过,由于当时没有对管辖这一罪行的条件达成一致意见,第 5 条进而规定仅在对该罪的定义和法院行使该部分管辖权的条件达成一致意见后,该法院才对这种犯罪行使管辖权。这一问题颇为棘手,其中包括法院管辖权与安理会权力之间的关系这一难题,但是最终于 2010 年 5 月至 6 月在乌干达坎帕拉召开的审查会议上得到解决。由于对这种罪行的管辖权的实际行使尚需时日,本章第 3.4.6 节专门探讨了这一问题。

第 8 条明确了法院对战争罪的管辖权。第 1 款指出,法院对这类罪行具有管辖权,"特别是对于作为一项计划或政策的一部分所实施的行为,或作为在大规模实施这些犯罪中所实施的行为"。这段话为法院行使管辖权设置了一定的门槛,尽管并不是绝对的门槛,因为"特别"一词表明:法院保留了对孤立的战争罪行进行审理的权力。

第 8 条第 2 款明确了战争罪的四种不同类型,前两种适用于国际性冲突,后两种适用于国内冲突。这样,《规约》就维持了对两类情形的区分(两个特设法庭在各自《规约》和实践中也是如此)。

第 8 条第 2 款第 1 项列举了严重破坏《日内瓦公约》的行为,第 2 项列举了"严重违反适用于国际性武装冲突的法规和惯例的其他行为"。后一项列举的内容相当广泛,包括在 19 世纪就已获承认的作战规则,但同样也考虑了国际人道法的最新发展,有些是《第一附加议定书》已经作出规范的内容。例如,将针对联合国维和人员和人道组织(及其设施、物资、单位和车辆)的各种行为确定为犯罪的规定;占领国使平民迁进或迁出特定领土;强奸、性奴役、强迫卖淫、强迫怀孕、强迫绝育或任何其他形式的性暴力;故意将断绝平民粮食作为战争方法;以及征募不满 15 岁的儿童加入国家武装部队,或者使他们积极参与敌对行动等。

至于使用违禁武器,仅列举了两项:毒物或有毒武器,窒息性、有毒或其他气体和所有类似的液体、物质或器件;在人体内易于膨胀或变扁的子弹。根据第2款第2项第20目,“违反武装冲突国际法规,(使用)具有造成过分伤害或不必要痛苦的性质,或基本上为滥杀滥伤的武器、射弹、装备和作战方法”,一般不在国际刑事法院管辖范围内,但在这些武器和作战方法“被全面禁止”,并依照相关规则以一项适当修正案的形式“列入本规约的一项附件内”时,则受其管辖。这意味着,国际刑事法院无权决定:使用特定武器违反了这些原则,因此可以作为战争罪予以惩罚。这包括核武器,《规约》最终没有涉及这种武器。

第8条第2款列举的国内武装冲突中的战争罪行尽管数量可观,但比国际性武装冲突要少得多。第2款第3项提到了严重违反共同第3条的行为,从而使其首次成为刑事条约规范的对象。第2款第5项规定可以惩罚“严重违反适用于非国际性武装冲突的法规和惯例的其他行为”,这一系列行为源自于《第二附加议定书》,以及《海牙章程》《日内瓦公约》和《第一附加议定书》中的习惯法规则。与关于国际性武装冲突的规定一样,有关国内冲突的规定包括保护联合国(和其他人道)人员和资产,也涉及基于性别的犯罪。“征募不满15岁的儿童加入武装部队或集团,或利用他们积极参加敌对行动”这样的条款也与适用于国际性冲突的相关规定同步存在。然而,在国内冲突中使用国际性武装冲突所禁止的武器,并没有被列为国际刑事法院管辖内的战争罪行。

第2款第3项将严重违反共同第3条的行为确定为犯罪,对可以适用的条件而言,第2款第4项规定,它不适用于“内部动乱和紧张局势,如暴动、孤立和零星的暴力行为或其他性质相同的行为”。第2款第6项在谈到与第2款第5项关系时重复了上述内容,并补充指出,该项规定只“适用于一国境内发生的武装冲突,如果政府当局与有组织武装集团之间,或这种集团相互之间长期进行武装冲突”。这一表述原则上是以《第二附加议定书》第1条第1款为基础的,但在几个方面背离了该条款。该表述包括非国家武装团体之间的冲突(共同第3条也包括这种冲突,但《第二附加议定书》第1条则不包括),并不包括对该国部分领土进行控制的要素(这种控制使得某个团体能够“进行持久而协调的军事行动并执行(本)议定书”)。这些都是重大改进,而第2款第6项则令人遗憾地将“长期的”作为额外条件。这一条件在《第二附加议定书》中找不到依据,实际上来自于前南法庭对受理的第一个案件所作的早期判决,即塔迪奇案(the *Tadic* case)。

第8条第3款源自于《第二附加议定书》第3条,规定有关国内冲突的条款“均不影响一国政府以一切合法手段维持或恢复国内法律和秩序,或保卫国家统一和领土完整的责任”。

考虑到《规约》所定义的犯罪可能无法满足罪刑法定原则的要求,第9条规定,“本法院在解释和适用(包含犯罪的条款)时,应由《犯罪要件》辅助”。经过筹备委员会充分准备,缔约国大会于 2002 年 9 月 9 日通过了《犯罪要件》(ICC-ASP/1/3,第 II-B 部分)。

3.4.2　管辖权的行使,补充性原则

国际刑事法院面临的核心问题之一是有效行使管辖权问题。《规约》第 12 条规定了“先决条件”。总体要求是,或者犯罪发生地国(或被告人国籍国)接受本法院管辖,或者安理会根据《联合国宪章》第七章行事,向本法院提交案件。成为《规约》缔约国的国家将因此接受本法院的管辖。一国也可能就某个特定犯罪接受其特别管辖。需要强调的是,就安理会提交的案件而言,本法院可以对在非缔约国境内由该国国民实施的犯罪行使管辖权。

如果行使管辖权的先决条件得到了满足,那么下一个问题就是,由谁或如何实际启动行使管辖权。第 13 条提到了三种可能情形:缔约国或安理会可以将案件提交法院,检察官也可以主动启动调查。后一种情形在第 15 条得到了规范,指出“检察官可以自行根据有关本法院管辖权内的犯罪的资料开始调查”。当国家机构无法运转时,法院也可能会主动介入,1994 年在卢旺达就是如此。

国际刑事法院无意取代或者废除国内法院。《规约》序言回顾指出,“各国有义务对犯有国际罪行的人行使刑事管辖权”。第 1 条规定的原则是,本法院“对国家刑事管辖权起补充作用”。根据第 17 条第 1 款,只有在对案件具有管辖权的国家“不愿意或不能够切实进行调查或起诉”,或者“由于该国不愿意或不能够切实进行起诉”而决定不起诉被告时,国际刑事法院才能受理。当与国家相关的个人直接或间接参与国际犯罪时,特别容易出现上述情形,因为政府当局通常缺乏起诉高层官员的权力和政治意愿,对于为了执行政府既定政策而实施犯罪的情形尤其如此。

在行使管辖权方面,国际刑事法院仍然并不成熟。但是即便它更为充分地发展,可能也无法受理属于其管辖权范围内的所有案件。如果相关国家也不采取行动,罪孽深重的犯罪分子将不受惩罚这一风险会持续存在。为此,2010 年审查会议再次确认“决心不允许那些犯有《罗马规约》提到的国际社会关注的最为严重的罪行的人逍遥法外”,“强调各缔约国根据《规约》应当履行的义务”——有效应对这些犯罪。大会同样鼓励所有“利益攸关方,包括国际组织和民间组织,进一步探索强化国家司法机关调查起诉国际关注的严重罪行的能力”,目的是减少罪犯逍遥法外的情形(RC/Res. 1,2010 年 6 月 8 日)。

3.4.3　一般原则(包括上级责任)

《规约》第 3 编明确了刑法的一般原则,包括“法无明文不为罪”和“法无明文者不处

罚”;刑法的不溯及既往原则(不为在《规约》于2002年7月1日生效前的行为承担刑事责任);各种形式的个人责任;上级的责任;心理要件以及排除个人刑事责任的理由。

国际刑事法院对自然人有管辖权(不同于法人,第25条第1款)。第2款强调,“实施本法院管辖权内的犯罪的人,应负个人责任”。远远没有局限于实际的犯罪行为,第3款详细阐述了“实施犯罪”的概念。该条规定广泛列举了犯罪的实施(不论是单独还是伙同他人)、支助、便利和协助等,包括命令、唆使、引诱、帮助、教唆或提供犯罪手段等。对以任何其他方式支助以共同目的行事的团伙实施或企图实施犯罪的情形,也可予以惩罚,条件是这种支助是故意的,并且是“为了促进这一团伙的犯罪活动或犯罪目的”或者“明知这一团伙实施该犯罪的意图”。特别是就灭绝种族罪而言,直接公然煽动他人实施种族灭绝(正如在卢旺达所发生的)也被归到“实施犯罪”概念之下。

第25条第4款规定,《规约》“关于个人刑事责任(的任何规定),不影响国家依照国际法所负的责任”。显然,反之亦然:属于国家机构的个人实施本法院管辖权范围内的犯罪,不因该国为其行为承担国际责任而免除其根据《规约》所负的刑事责任。第27条为此专门规定,任何官方身份,包括作为国家元首或政府首脑,都不能免除个人根据《规约》所负的刑事责任。

关于“指挥责任”问题的第28条,对“军事指挥官或以军事指挥官身份有效行事的人”以及其他“上下级关系”作了区分。对于军事指挥官或以该身份有效行事的人,该条第1款规定,这类人员:

> 如果未对在其有效指挥或控制下的部队,或在其有效管辖和控制下的部队适当行使控制,在下列情况下,应对这些部队实施的犯罪负刑事责任:
>
> (1) 该军事指挥官或该人知道,或者由于当时的情况理应知道,部队正在实施或即将实施这些犯罪;和
>
> (2) 该军事指挥官或该人未采取在其权力范围内的一切必要而合理的措施,防止或制止这些犯罪的实施,或报请主管当局就此事进行调查和起诉。

对于其他“上下级关系”,第28条第2款包含类似规定。区别在于,不像第1款第1项有关情报的规则那样宽泛,第2款第1项的规则是“该上级人员知道下级人员正在实施或即将实施这些犯罪,或故意不理会明确反映这一情况的情报”。第2款第2项规定的另一个要求是,“犯罪涉及该上级人员有效负责和控制的活动”;对军事指挥官则无须作出这一要求。

重要的是,《规约》定义的“上级责任”理论对国际和国内武装冲突都同样适用。这

意味着在国内武装冲突中，非国家武装团体的政治和军事领导人将逐渐被纳入这一条款的范畴。

第 29 条规定，“本法院管辖权内的犯罪不适用任何时效”。可以想见，依据相关国家的国内立法，这种犯罪可能会适用时效，结果用第 17 条第 1 款的话来说，该国就“不能够切实(对该罪行)进行调查或起诉”。在此情况下，国际刑事法院可以受理该案件——如果不予受理，就会导致犯罪不受惩罚。

第 31、32 条规定了排除刑事责任的理由，包括自卫和法律错误。

第 33 条规范了上级命令问题，或者更准确地说，规范了“奉政府命令或上级命令”实施犯罪的问题。该条款规定，这类命令不能免除个人责任，除非该人员：(1) 有服从该命令的法律义务；(2) 不知道命令为不法；以及(3)命令的不法性不明显。应当注意，这三个条件是叠加性的。特别是对于第三个条件，第 2 款补充指出，“为了本条的目的，实施灭绝种族罪或危害人类罪的命令是明显不法的”。除此之外，如果所有三个条件都得到了满足，就可以确立有效辩护，免除被告刑事责任。

3.4.4　被害人

《规约》继而规范了法院的组成、行政管理和运行(第四编至第八编)，国际合作和协助(第九编)，判决的执行(第十编)，缔约国大会(第十一编)，财务事项(第十二编)和最后条款(第十三编)。这些部分内容丰富，这里只关注被害人的情况，有关内容体现在第一次缔约国大会(2002 年)通过的《规约》和《程序和证据规则》(ICC-ASP/1/3，第 II-A 部分，以下称“规则”)当中。规则 85 将被害人定义为“本法院管辖权内的犯罪的受害自然人”——这一定义在逻辑上假定存在“本法院管辖权内的”犯罪人员。被害人在国际刑事法院的诉讼中可以以目击者的身份出现，提供证据并努力将诉讼向前推进；或者作为原告，为所遭受的损害寻求赔偿。

提供证据，无论是在武装冲突期间还是之后，是可能招致各种干扰的有风险的活动。法院因此必须“采取适当措施，保护(被害人和证人的)安全、身心健康、尊严和隐私”，这些措施可以包括“不公开诉讼程序，或者以电子方式或其他特别方式提出证据”(第 68 条第 1、2 款)。

在特别是被害人的“个人利益”受到影响时，法院必须“准许在本法院认为适当的诉讼阶段提出其意见和关注供审议”，“被害人提出意见和关注的方式不得损害或违反被告人的权利和公平公正审判原则”(第 68 条第 3 款)。此外，《规约》规定在书记官处成立被害人和证人股，要求该股与检察官办公室协商，提供“保护办法和安全措施、辅导咨询和其他适当援助”，该股工作人员必须有“与性暴力犯罪有关的精神创伤”方面的专业知识(第 43 条第 6 款)。

为了能够立案受理,被害人必须以书面形式向书记官长(实践中是该处的被害人参与和赔偿股)“提出看法和关切”。书记官长将申请书转交有关分庭(即受命处理针对被告的案件的分庭),由该分庭决定是否受理(规则 89)。一旦受理,被害人可以参加整个诉讼的各个阶段,从检察官的早期调查到预审、审判和上诉分庭的诉讼。为此,被害人“可以自由选择法律代理人”(规则 90 分则 1);考虑到国际刑事法院诉讼的复杂性,这通常是很有必要的。如有众多被害人,为确保诉讼效率的目的,他们可能会被要求“选择一名或数名共同法律代理人”(规则 90 分则 2)。

被害人作为求偿人是第 75 条规范的主要问题。该条提到的“赔偿被害人或赔偿被害人方面的原则,包括归还、补偿和恢复原状”在规则 94 至规则 98 得到详尽阐述:被害人的请求必须以书面形式提出并转交给书记官长;必须包括有关被害人、遭受的损伤以及发生的事件的信息,在可能的情况下,要指出被告的身份(规则 94)。只有在法院将被告定罪的阶段,才有可能对这种请求作出决定。鉴于法院审理的每个罪行都可能会有众多被害人,同时考虑到在未来很长时间不会有太多判决,而且被定罪的犯罪者不一定富裕,可以得出结论:不能对这种求偿模式期望过高。

分庭也可以自行决定作出赔偿,但同样只有在将犯罪者定罪的过程中才能作出,证明该犯罪者的行为造成了损害(规则 95)。对此,同样可以指出:目前对本法院在这方面的能力不能期望过多。

《规约》为赔偿提供了第三条道路,体现为被害人信托基金,“用于援助本法院管辖权内的犯罪的被害人及其家属”(第 79 条)。该基金 2002 年体现在文件中(ICC-ASP/1/Res.6),2005 年正式建立并开展工作。资金可以通过两个途径进入基金。首先是分庭决定的赔偿金可以通过信托基金交付(规则 98 分则 1 至 4)。不过,规则 98 在最后一句话简短地补充指出,“在符合第 79 条的规定的情况下,信托基金的其他资源可以用于帮助被害人”(分则 5)。这里提到的“其他资源”较为宽泛,可以被解释为授权该基金接受法院赔偿金以外的资金——这种可能性被迫切地得到了利用。

根据这一并不要求有被定罪人的授权,被害人信托基金为数千名被害人提供了支持,具体途径包括离散家庭团聚会议、整形外科手术等。

2010 年审查会议也对被害人问题的多个方面作了规范。相关决议的标题是“《罗马规约》制度对被害人和受影响的共同体的影响”,决议重申了《规约》防止犯有国际刑事法院管辖罪行的人员逍遥法外的重要性。在鼓励国家实施《规约》“与被害人和证人有关”的条款的同时,敦促本法院“持续优化……现地存在,以改善方式妥为处理被害人和受影响共同体的关切”。

该决议强调,需要“确保被害人和受影响的共同体能够得到有关本法院以及关于被告人依据《罗马规约》可以行使的权利的准确信息”。鼓励“政府、共同体和公民组织在使共同体充分认识到被害人权利方面发挥积极作用”,特别是“性暴力犯罪被害人”的权利;所有这些同样也是为了“防止形成犯罪不受处罚的氛围”。在应受的惩罚问题上,该决议强调“(被害人信托基金)与包括捐赠者和民间组织在内的国际社会进行正常交流的(重要性),以便宣传信托基金的活动,挺高其知名度”,并且呼吁“国家、国际组织、个人、公司和其他实体”为基金作出贡献(RC/Res.2,2010 年 6 月 8 日)。

3.4.5 法院受理的案件

迄今有三个《罗马规约》缔约国(乌干达、刚果民主共和国和中非共和国)将在本国领土的情势提交至国际刑事法院。此外,安理会在 2005 年向国际刑事法院提交的达尔富尔问题,涉及并非缔约国的苏丹(参见本章第 3.1.1 节)。2009 年 11 月 26 日,检察官再次根据《规约》第 15 条主动争取预审分庭授权,开始对肯尼亚在 2007—2008 年发生的选举后暴力行为展开调查。那段时期发生的国内骚乱看起来还没有达到国内武装冲突的程度,因此这里不予讨论。

乌干达案目前正在预审分庭审理,四名嫌疑人仍然逍遥法外。中非共和国案处于预审前的阶段。对于刚果民主共和国的情势来说,三个案件正在审理中,三名嫌疑人在押,一名在逃;在检察官诉托马斯·卢班加·迪伊洛案(the *prosecutor v. Thomas Lubanga Dyilo*)中,指控被告“征募不满 15 岁的儿童加入(非国家武装团体),并且(在正在进行的武装冲突中)利用他们积极参加敌对行动”——这是第一次由国际法庭审理这种行为。

向国际刑事法院提交的达尔富尔问题涉及国内武装冲突的情形。它从一开始就是一个颇为困难的案件,当检察官在 2008 年 7 月决定准备起诉奥马尔·哈桑·艾哈迈德·巴希尔时,就更是如此,巴希尔当时是(经选举后现在仍然是)苏丹总统。2009 年 3 月 4 日,预审分庭同意了检察官的请求,并且及时发出了对巴希尔的逮捕证,罪名是危害人类罪和战争罪(尽管并不包括灭绝种族罪)。截至本书写作时,逮捕证并未导致巴希尔总统遭到逮捕和拘留。实际上,预审分庭在 2010 年 5 月 25 日正式通报安理会:“在检察官诉艾哈迈德·哈伦和阿里·库沙布案(the *prosecutor v. Ahmad Harun and Ali Kushayh*)中”(本案的名称),苏丹共和国完全没有合作。

3.4.6 对侵略罪行使管辖权

《国际刑事法院规约》第 123 条规定,本规约生效七年后,联合国秘书长“应召开一次审查会议,审查(对本规约的)任何修正案”。2010 年 5 月 31 日至 6 月 11 日,审查会议如期在坎帕拉(乌干达)举行。在会议讨论的问题中,这里要谈的是法院对侵略罪行使管辖权问题。其他问题,特别是补充性与有罪不罚,以及被害人在国际刑事法院以及国内法院刑事诉讼中的地位,将在本章下文第3.5和3.6节探讨。

前面提到,本法院对侵略罪行使管辖权要求通过一个条款,“界定侵略罪的定义,及规定(为完成这一任务需要满足的)条件”(第5条)。实际上,联合国大会早在1974年12月14日就通过了一个定义。回顾到安理会应“断定任何威胁和平、破坏和平或侵略行为是否存在”,联合国大会第3314(29)号决议将侵略定义为“一个国家使用武力侵犯另一个国家的主权、领土完整或政治独立,或以……与《联合国宪章》不符的任何其他方式使用武力”。该决议进而解释指出,一个国家首先使用这种武力,“就构成侵略行为的显见证据,但安全理事会得按照宪章的规定下论断:根据其他有关情况,包括有关行为或其后果不甚严重的事实在内,没有理由可以确定已经发生了侵略行为”。

尽管联合国大会在1974年交由安理会决定某种攻击并非“侵略”,但是实践中并不总是要求有安理会的这种明示决定。一个相关的案例是厄立特里亚在1998年对埃塞俄比亚发起的战争。在对这场持续两年的武装冲突进行调查之后,求偿委员会认为厄立特里亚并没有实施侵略行为:它没有作为必要条件的意图,安理会将这一情势作为两个平等主体间的普通武装冲突(参见本章第3.7.2节)。

对审查会议来说,为本罪行作出定义(包括“足够严重”这一要件),将侵略罪在《规约》中固定下来,并且明确有效适用的条件(表述上要确保不想或者尚且不想接受这一新进展的国家领导人不受处罚),要求采取一系列步骤、条款,这里不再一一阐述(全部内容可以在会议文件RC/Res.6中找到)。只须首先指出,第8条第二部分将本罪行定义为:

> (一)为了本规约的目的,“侵略罪”是指能够有效控制或指挥一个国家的政治或军事行动的人策划、准备、发动或实施一项侵略行为的行为,此种侵略行为依其特点、严重程度和规模,须构成对《联合国宪章》的明显违反。
>
> (二)为了第①款的目的,“侵略行为”是指一国使用武力或以违反《联合国宪章》的任何其他方式侵犯另一国的主权、领土完整或政治独立的行为。
>
> ……

还有两条规定规范了法院对侵略罪行使管辖权的问题:第15条第二部分(缔约国提交和检察官自行开始调查)和第15条第三部分(安理会提交情势)。

国际刑事法院能够实际对侵略罪行使管辖权还须经过多年。首先,30个缔约国必须接受这些修正案。2017 年 1 月 1 日后,还须经《规约》缔约国 2/3 多数对近期决定作出确认。即便到那时,通过向书记官长提交不接受管辖的声明,缔约国也能阻止国际刑事法院对侵略罪行使管辖权。尽管如此,在填补侵略有罪不罚所留下的空白方面,2010 年审查会议向前迈进了一大步。

3.5　混合型审判机构

前南和卢旺达法庭之后,安理会没有再建立同样量级的国际特设法庭。但却设立了融合国际和国内要素的多种混合型机构。

3.5.1　柬埔寨法院特别法庭

柬埔寨法院特别法庭是一个"混合型"或者"国际化"的审判机构(部分作为国际法庭,部分作为国内法庭),根据 2003 年联合国与柬埔寨政府签订的协议设立。2004 年,柬埔寨批准该协议,通过了《设立起诉民主柬埔寨时期所犯罪行的柬埔寨法院特别法庭法》。柬埔寨法院特别法庭要审判那些"高级领导人"和对在该时期实施的屠杀"负主要责任的人员"。到目前为止,法庭已经给五个人定了罪:康克由(别名杜赫)、农谢、英萨丽、英蒂迪、乔森潘。

柬埔寨法院特别法庭的管辖权包括整个民主柬埔寨时期,从 1975 年 4 月 17 日到 1979 年 1 月 6 日。可以审判的国际罪行包括灭绝种族罪、危害人类罪、严重破坏 1949 年《日内瓦公约》犯罪、武装冲突时期破坏文化财产犯罪,以及针对受到国际保护的人员的犯罪等,可以审判的国内罪行包括谋杀、酷刑和宗教迫害。将"严重破坏 1949 年《日内瓦公约》犯罪"包括在内,意味着柬埔寨法院特别法庭有权审理在与越南的国际性武装冲突中(始于 1975 年 5 月)所犯下的这种罪行。该场冲突一直持续到 1989 年 12 月,但是大规模战斗主要发生在越南部队侵略柬埔寨领土的民主柬埔寨政权期间:这些事件导致联合国大会颇为担忧地指出,"在柬埔寨的武装冲突(已经)升级,严重威胁东南亚的和平和稳定"。

柬埔寨法院特别法庭有权受理个人求偿,特别是如果法庭管辖权内的犯罪的被害人本人因为该犯罪而直接受到真正的身体伤害、重大损害或者心理伤害。法庭《内部规则》(相应地以《柬埔寨刑法典》为基础)在规则 23 中规定,民事诉讼的目的是:通过支持起诉来参加诉讼;争取集体和道义赔偿。赔偿可以体现为以下形式:命令由被定罪人出资在合适的新闻报道或者其他媒体中发布判决;命令为旨在帮助被害人的非盈利活动或者机构提供资金;其他合适、相当的赔偿形式。不过,民事诉讼当事人无权获得个人补偿。

2010年7月26日，康克由被判30年监禁（实际须再服刑19年）。针对这一判决的上诉仍然悬而未决。

3.5.2 塞拉利昂问题特别法庭

塞拉利昂问题特别法庭是另一个“混合型”或“国际化”的审判机构。它源自于2000年8月14日的安理会第1315号决议，该决议请联合国秘书长与塞拉利昂政府对此谈判达成协议。同年，协议起草完成（2000年10月4日的秘书长报告中包括协议文本和《特别法庭规约》），并于2002年1月16日签署。

设立塞拉利昂问题特别法庭的目的是审判1996年11月30日后在塞拉利昂领土实施的犯罪。当天，塞拉利昂政府与“革命联合阵线”签署和平协议，暂时停止了正在进行的国内武装冲突中的敌对行动。法庭管辖的罪行包括国际和国内两部分，国际罪行包括危害人类罪、违反1949年《日内瓦公约》共同第3条和1977年《第二附加议定书》犯罪，以及其他严重违反国际法的行为；国内罪行包括1926年《防止对儿童的残酷行为法》所规定的虐待女孩犯罪、1861年《恶意损害法》所规定的故意破坏财产犯罪。法庭的属人管辖权涵盖了“那些对严重违反国际人道法和塞拉利昂法律的行为负最大责任的人”，包括“实施这些犯罪，威胁到塞拉利昂和平进程的建立和执行的领导人”。

塞拉利昂问题特别法庭审理的三个案件的被告是民防军、革命联合阵线和武装部队革命委员会各自的领导人。第四个案件（也是最为引人注目的案件）的指控对象是曾任邻国利比里亚总统的查尔斯·泰勒。出于安全原因，对泰勒的审判转移到海牙进行；其他审判在塞拉利昂首都弗里敦进行。

对民防军、革命联合阵线和武装部队革命委员会领导人的审判已经完成（包括上诉阶段），第一个案件判处50年监禁，第二个案件20年，而第三个案件则高达52年。剩下的查尔斯·泰勒案正处于审判阶段。2009年2月，控方提出了全部证据；2009年7月13日，辩方开始提出证据。预计将在2011年的某个时候作出判决。

塞拉利昂问题特别法庭《程序和证据规则》的规则105提到了国内法庭的判例，在这些判例中，受害者可以根据成功的指控提出赔偿要求。1996[1]年，塞拉利昂政府和塞拉利昂革命联合阵线达成《洛美和平协定》，在第29条规定设立战争受害者康复特别基金——受害者很多都是被截肢者。这一规定的效果尚未可知。

---

[1] 原文有误，应为1999年。（译者注）

3.5.3　东帝汶严重犯罪特别法庭

1999 年,印度尼西亚结束了对东帝汶的占领。2002 年,东帝汶独立。在此期间,联合国接手管理,并为此设立联合国东帝汶过渡行政当局。这一行政当局成立了调查委员会,特别调查了印尼军队和亲印尼民兵在 1999 年 9 月全民公决支持独立后实施的暴力行为。调查委员会报告指出,成百上千平民惨遭杀戮,财产遭到大规模破坏,成千上万的民众被驱离家园。调查委员会建议参照前南和卢旺达法庭设立国际法庭,但遭到拒绝。得到支持的提议是在国家司法体系中(首都帝力区法院)设立"严重犯罪特别法庭",每个法庭由 3 名法官组成,包括两名国际法官和一名东帝汶法官。经过授权,特别法庭可以管辖在 1999 年 1 月至 10 月实施的严重国际和国内犯罪。所列举的国际罪行包括灭绝种族罪、战争罪和危害人类罪。联合国东帝汶过渡行政当局还成立了严重犯罪处,负责调查、起诉相关犯罪。

2002 年 5 月独立之后,东帝汶政府授权特别法庭继续开展工作。2005 年 5 月,随着众多联合国基础设施的撤出,特别法庭无限期中止运作。特别法庭共起诉约 400 人,进行了涉及 88 名被告的 55 场审判,其中 4 人被判无罪,84 人被定罪,24 人承认有罪。由于法庭中止运作,数百起案件仍未审判。

2005 年,安理会指令设立的一个专家委员会报告了特别法庭的运作情况,以及恰好与特别法庭共同执行任务的"接受、真相与和解委员会"的情况。该专家委员会指出,大量工作尚未开展,除了印尼拒绝合作将一些高级军官交付审判的原因以外,还有别的原因。该专家委员会认为,安理会可以依据宪章第七章行事,创设特别法庭起诉悬案。这一建议得到了"东帝汶国际联合会"的支持。该联合会是积极参加东帝汶非殖民化进程的非政府组织的联盟,于 2009 年 2 月 18 日向安理会递交了有关信件。

3.5.4　科索沃混合法庭

1999 年 6 月 10 日,当阿族科索沃人和塞族武装部队在科索沃的暴力武装冲突正在进行之时,安理会通过第 1244 号决议,决定设立联合国科索沃临时行政当局特派团(科索沃特派团)。为了对在武装冲突中实施杀戮的犯罪嫌疑人进行审判,科索沃特派团发布规定,允许国际法官在现有科索沃法庭中与国内法官共事,国际律师在个人战争犯罪案件的指控和辩护中与国内律师共事。最初,参与审判的国际法官数量有限,科索沃法官仍占大多数,科索沃特派团在第 2000/64 号法中规定,设立由至少两名国际法官和一名科索沃法官组成的法庭(混合机制),对"有必要确保司法机关独立性和公正性,或者有效司法"的案件作出裁决。"第 64 号法法庭"通常对涉及在冲突期间实施的严重犯罪的案件进行裁决,同时也进行了 20 多场战争罪审判,包括被控灭绝种族但最终被判无罪的米洛斯·约基奇案(Milos jokic)和德拉甘·尼柯立克案(Dragan Nikolic)。

3.6 求偿委员会

3.6.1 联合国赔偿委员会

在伊拉克1990年至1991年侵略和占领科威特之初,安理会于1991年4月3日通过第687号决议,决定伊拉克"按照国际法,应负责赔偿因其非法入侵和占领科威特而对外国政府、国民和公司造成的任何直接损失、损害(包括环境的损害和自然资源的损耗)和伤害"(第16段)。本章第3.1.1节提到,该决议还决定"设立一个基金,以支付按照(上文段落)范围所要求的赔偿,并成立一个委员会负责管理该基金"(第18段)。1991年5月20日,在秘书长作出报告之后,安理会通过第692号决议,决定设立联合国赔偿委员会(作为安理会的一个附属机构)和联合国赔偿基金。

联合国赔偿委员会位于日内瓦,由理事会、专员小组和秘书处组成。委员会核实并评估的索赔既源自于围绕非法入侵和占领科威特的"开战合法性"争论,也源自于违反可以适用的"战时法"的行为。委员会也负责处理支付赔偿问题。索赔要求并非由成千上万的个人和公司提交,而是由各自政府统一提交。另外,秘书长在1991年5月2日给安理会的报告中指出,联合国赔偿委员会无法作为"各方可以出席的法庭或者仲裁机构"。更为确切地说,是根据提供的资料对索赔进行分析,必要时还要寻求专家帮助。显然,索赔金额越高,核实调查就会越深入。委员会批准了大约270万个索赔申请,分配了520多亿美元的赔偿款。

关于强迫迁徙或个人伤害等一般事项的索赔,很多可以成批作出决定,法律上的依据是侵略和占领具有非法性,同时辅以统计数据。武装冲突法规则也能发挥作用,例如当某人声称作为战俘遭到拘留,须确定其是否具有该资格时。

3.6.2 厄立特里亚—埃塞俄比亚求偿委员会

1998年5月至2000年6月,厄立特里亚和埃塞俄比亚爆发了一场耗资巨大、导致大量人员伤亡的战争。2000年6月18日,双方在阿尔及尔达成协议,决定停止敌对行动;同年12月12日,在同一地点签署了和平协定(《12月协定》)。《12月协定》第5条第1款规定设立"中立的求偿委员会"。该委员会受权对所有关于损失、破坏或伤害的求偿作出决定,无论是由政府提出的求偿,还是由作为一方国民的自然人和法人提出的求偿。求偿必须与冲突有关,而且必须涉及"违反国际人道主义法(包括1949年日内瓦四公约在内)的行为或违反国际法的其他行为"。被排除在外的是"因军事行动、准备军事行动或使用武力的费用所引起的求偿,除非这类求偿涉及违反国际人道主义法的行为”。

厄立特里亚—埃塞俄比亚索赔委员会成立于 2001 年,是位于海牙的常设仲裁法院主办的条约机构。常设仲裁法院同时也是本求偿委员会的书记官处。本求偿委员会由五名仲裁员组成,每方任命两名,第五名由任命的四名仲裁员选出。求偿可以由每一方代表自己提出,或者代表作为其国民(或埃裔和厄裔)的自然人和法人提出。求偿有六种名义:非法驱逐;非法迁移自然人;虐待作为战俘的人员;非法拘留或者虐待被拘留的平民;人员遭受损失、破坏或伤害;政府遭受损失、破坏或伤害。对于第六种情形,埃塞俄比亚针对厄立特里亚在开始敌对行动时违反开战合法性的行为提出了求偿。求偿委员会尊重这一求偿,但是并不认为厄立特里亚的攻击构成侵略,因为缺乏要求具有的意图。值得注意的是,求偿委员会受理的是国家求偿而非个人求偿。

厄立特里亚—埃塞俄比亚求偿委员会将工作分为两个阶段:责任问题和赔偿金问题。在第一阶段,求偿委员会从虐待战俘问题入手,认为有据可查的是:双方明显都“承诺遵守涉及战俘的最为基本的原则”。双方部队接受过有关战俘处置的必要程序的训练和指示。“与很多其他当代武装冲突不同”,双方“经常不断地俘获战俘”,敌方退出战斗的人员“被从战场转移到安全条件更好的场所”。实际上,“尽管这些案件涉及的是世界上两个最为贫困的国家,但是双方都付出了巨大努力为自己羁押的战俘提供给养和照顾”(Partial Award, Prisoners of War, Ethiopia's Claim 4, 1 July 2003, para. 12)。即便如此,求偿委员会认为厄立特里亚和埃塞俄比亚都要为显著违反这部分法律的行为承担责任,埃塞俄比亚须承担的责任相对较小。

一个问题是在哪里找到法律。埃塞俄比亚早已是 1949 年《日内瓦公约》缔约国,不过厄立特里亚直到 2000 年 8 月 14 日才加入公约。因此,可以适用的法律是习惯战争法。各方同意《第三公约》的大部分内容具有习惯法性质,然而厄立特里亚却列出了几条看似不很重要的例外情形。值得注意的是红十字国际委员会对战俘的探视权问题。厄立特里亚认为,这是一项基于条约的权利,《第三公约》的相关表述属于“细节或者程序性规定”,尚未获得习惯法地位。求偿委员会指出,红十字国际委员会对此并不赞同,该组织在 1999 年 5 月 7 日发布的一份新闻公报表明了这样的观点。在该公报中,红十字国际委员会“重新计算了对埃塞俄比亚羁押的战俘和被拘禁平民进行探视的次数,指出:‘同时,红十字国际委员会正在努力按照《第三公约》的要求,争取探视自去年冲突爆发以来被俘获的埃塞俄比亚战俘’”。求偿委员会指出,探视战俘营远远不是程序性的,而是属于红十字国际委员会的必不可少的人道职能,并且认为厄立特里亚应当为拒绝允许红十字国际委员会开展活动所造成的伤害承担责任。这些活动包括“派出代表探视拘留埃塞俄比亚战俘的场所,为战俘登记造册,在没有目击者的情况下与其谈话,为战俘提供习惯法意义上的救济和服务”(Partial Award, Prisoners of War, Ethiopia's Claim 4, 1 July 2003, paras. 55—62)。

对于军事行动和占领引发的求偿,可以适用的法律再次成为问题。求偿委员会认为,1907 年《海牙章程》和 1977 年《第一附加议定书》的大部分内容(包括第 75 条关于人道待遇基本保证的所谓“安全网”条款)反映了习惯法。双方并未对此提出异议。至于使用杀伤人员地雷和饵雷问题,求偿委员会感到 1980 年《常规武器公约》及其所附议定书通过时间不长,国家实践非常多样,无法认为其阐述了习惯法,也适用于本案中的武装冲突。例外情况是 1980 年《地雷议定书》有关标记雷区和禁止不分皂白使用的一些规则:这些规则“反映了区分和保护平民的基本人道法义务”(Partial Award, Central front, Ertrea's Claims 2, 4, 6, 7 and 22, 28 April 2004, para. 24)。无意冒犯,这种表述更多体现的是原则而非习惯。

双方都实际使用了地雷,通常是作为围绕军事阵地的防御措施。求偿委员会指出,这种使用方式“较为常见,也是习惯国际法所允许的”。这要求“采取合理的预防措施,比如设立栅栏或者警告标志……以保护仍然处于该区域、有可能进入该防御性雷区的平民”。无从知晓是否采取了这种预防措施,但是部队被迫撤出阵地时遗留的杀伤人员地雷却引发了求偿。对此,求偿委员会指出,“当部队被迫退出己方防御阵地时,……可以理解的是,他们可能无法移除或者销毁雷区。相反,他们可能依赖这些雷区来减缓敌方的攻势,或者引导其进攻方向,以进行防御或逃离”。完全合法的布雷行动就这样对平民构成了风险,实际上强调了“近年快速发展的新的国际公约的重要性,这些公约的目的是限制乃至完全禁止未来使用杀伤人员地雷”(Partial Award, Central Front, Ethiopia's Claim 2, 28 April 2004, paras. 50, 51)。现在仍在书本上的“新的国际条约”还要过一段时间才能获得习惯法地位。

在求偿委员会受理的众多案例中,这里要提一下的是涉及空中轰炸的一个案例。1998 年 6 月 5 日,埃塞俄比亚飞机攻击了阿斯马拉机场,厄立特里亚则攻击了默格莱机场。如果仅仅考虑部署有军用飞机,那么两个机场都是合法军事目标。然而,埃塞俄比亚认为,厄立特里亚飞机还“在默格莱镇的爱迪尔(Ayder)学校附近”投掷集束弹药,杀伤包括小学生在内的大量平民;并且认为厄方是故意为之。厄立特里亚最后承认在学校附近投掷了集束弹药,但辩称“是合法军事行动所引发的偶然事故,并非故意攻击”。

求偿委员会集中研究了掌握的“相当有限的关键事实和琐碎证据”,最终认为厄立特里亚飞机的四个架次飞行在第三、四架次向爱迪尔学校附近投掷了集束炸弹。不过,

“并不认为厄立特里亚是故意攻击附近的平民场所”；厄立特里亚“显然迫切需要集中有限的空中资源对付埃塞俄比亚的空中战斗能力——作战飞机和默格莱机场”；“鉴于埃塞俄比亚的明显空中优势，难以相信厄立特里亚会认为可以通过创设攻击平民的先例来带来好处”；厄立特里亚的计划人员和飞行员对于单人飞机的“计算机化的瞄准系统”都“没有经验”；不大可能“两个连续拨次的攻击会犯下完全相同的目标选择错误”，“多种人为错误……本可能导致炸弹在错误的地点投掷”。

因此，并非蓄意为之，但是在爱迪尔学校附近投掷集束弹药无疑相当于《第一附加议定书》第 49 条第 1 款所定义的攻击：这种行为是正当的吗？求偿委员会在《第一附加议定书》第 57 条找到了有关“攻击时的预防措施”的衡量标准，“要求采取一切‘可能的’预防措施，而不是实际上并不可能的预防措施”。仔细权衡所掌握的有限证据之后，求偿委员会最终认为，“两个架次轰炸都没能靠近预期目标，清楚表明缺乏必要的注意”。这样，由于厄立特里亚“在对默格莱实施空袭时（未能采取）一切可能的预防措施”，求偿委员会“认为它要对 1998 年 6 月 5 日对默格莱的第三、四架次轰炸所造成的平民和民用物体伤亡和损害承担责任”（Partial Award, Central Front, Ethiopia's Claim 2, 28 April 2004, paras. 101—113）。

第二阶段工作结束时，针对每一个违反其确认可以适用的法律的行为，求偿委员会向双方分配了赔偿金。仅仅是对 60 人被杀害、168 人受伤的默格莱事件，求偿委员会就裁决支付 250 万美元（Final Award, Ethiopia's Damages Claims, paras. 154—161）。与其他裁决一样，求偿委员会在该终局裁决的最后重申，“相信各方将确保裁决的赔偿立即得到支付，并且确保收到的赔偿金将被用于救济战争中受伤的平民居民”。

3.7　人权机构

国际人权机构经常在武装冲突区域开展活动，或者开展与武装冲突区域有关的活动。在这些冲突地区，可以适用人道法规则，当然通常也会适用其他法律分支。其中之一是人权法，在实体内容上与战争法的某些规则和原则极其相似（例如生命权原则、人身不可侵犯原则等）。不过，两个分支在定位和适用范围方面又截然不同：定位方面，特别是公民和政治权利方面的法律为个人提供了相对于国家的权利；适用范围方面，人权条约往往局限于本国领土。

政府间人权机构的授权来自于条约或类似文件，非政府组织的授权则来自于所属的组织或者运动制定的性质相似的文本。与当前目的本书有关的是两个问题：人权机构受权适用什么法律，是人权法还是人道法，或者两者都有？管辖权是如何定义的？国际人权机构数量众多,这里只关注几个最为重要的。

3.7.1 可以适用的法律

在活动范围遍及世界的政府间组织当中,这里要提到的是两个联合国机构:人权事务高级专员办事处和人权理事会(前身是人权委员会,由联合国大会定期选出的国家组成)。尽管以人权为名开展活动,但这两个机构都涉及人道法,例如,关于酷刑、就地处决、妇女和儿童地位等问题的报告员会被派往卷入武装冲突的国家,他们在报告中也会使用战争法的表述。

对于人权事务高级专员办事处驻哥伦比亚办公室来说,情况尤其如此,因为哥伦比亚持续存在国内武装冲突。该办公室明确受权收集违反人权法和人道法的信息并且接受索赔,无论违法行为的实施者是军队、其他国家机构,还是在该国活动的某个非国家武装团体。该办公室可以与哥伦比亚中央政府当局直接联系,一般情况下,通过位于日内瓦的人权事务高级专员办事处向联合国报告工作。

人权理事会由联合国大会选出的47个国家组成,是一个更为政治性的机构。这可能会对其探讨列入议程的问题带来消极影响,但是相关讨论和决议也可以作为改进行为方式的动力,包括尊重武装冲突法。

2009年4月3日,作为对中东近期发生的事件的反应,人权理事会设立了一个委员会,由理查德·古德斯通法官牵头,受权"调查与2008年12月27日至2009年1月18日在加沙进行的军事行动有关、可能于任何时候犯下的所有违反国际人权法和国际人道主义法的行为,无论是在该军事行动之前、其间或之后"。委员会在2009年9月30日提交了题为"巴勒斯坦及其他阿拉伯被占领土上的人权状况"的报告,针对严重违反人道法和人权法行为的"集体"和"个人"责任问题,提出了一系列建议。"古德斯通报告"中的建议被提交给多个联合国机构、以色列、"负责的巴勒斯坦当局"和"巴勒斯坦武装团体",以及国际刑事法院检察官。为了进一步推进这些建议,联合国大会在2009年11月2日和2010年2月23日通过决议,给以色列和巴勒斯坦当局3个月时间,要求对可能存在的违法行为进行"独立、可信的调查"。决议还要求秘书长在3个月内报告决议实施情况,并考虑由联合国相关机构进一步采取措施。截至本书写作时,尚不清楚该报告对冲突各方产生了什么影响。

与上述两个联合国机构不同,"人权事务委员会"只能对人权问题发表自己的意见。人权事务委员会根据《公民权利和政治权利国际公约》建立。由于该条约只涉及人权,委员会得到的授权也同样有限:缔约国不会允许其直接适用国际人道法等其他规则。

人权事务委员会得到的授权是,审视并评论缔约国提交的关于《公约》所包含权利的实施情况的报告。除了关于报告的程序以外,《公约》第 41 条还规定,委员会要受理有关可能存在的违法行为的国家间指控。此外,1966 年通过的《公约任择议定书》(1976 年生效)使得委员会也可以受理个人指控(称为“来文”)。《公约》似乎特别关注严重政治困难或者武装冲突的情形(包括军事占领),也关注部队参加维和行动的情形。

在地区层面,美洲的相关人权机构是“美洲国家间人权委员会”和“美洲国家间人权法院”。人权事务委员会在 1960 年通过美洲外交部长会议创设,1967 年被纳为《美洲国家组织宪章》的主要机构,在 1969 年的《美洲人权公约》中也获得了一席之地。该公约还创设了美洲国家间人权法院。可以适用的法律包括公约以及 1948 年《美洲人的权利和义务宣言》。最初,人们认为这一宣言没有拘束力,后来,法院和委员会承认宣言为美洲国家组织的成员国创设了国际义务。

美洲国家间人权委员会和美洲国家间人权法院在实践中广泛涉及武装冲突问题。在人权法不足以应对武装冲突具体情形的场合,这些机构转而求助于武装冲突法相关规则,将其作为“权威指导的渊源”。美洲国家间人权委员会在评估非国家武装团体的行为时,也直接适用了这一法律部门,认为根据人权法无法追究这些团体的责任。然而,当委员会试图将武装冲突法也适用于国家,要求哥伦比亚为违反日内瓦公约共同第 3 条的行为负责时,却遭到法院制止(*Las Palmeras*, judgment on preliminary objections, 4 February 2000)。

欧洲地区主要的政府间人权机构是根据《欧洲保护人权与基本自由公约》(1950 年,罗马)创设的欧洲人权法院。除了国家指控之外,欧洲人权法院也接受个人申请,可以来自于个人、非政府组织或者人员团体,声称是缔约国侵害公约规定权利行为的受害者。尽管该法院不得不处理武装冲突所引发的指控,但却只能从人权方面来对这类案件作出裁决。例如,土耳其对北塞浦路斯实施军事占领,以及在车臣的内部武装冲突。对于在车臣武装冲突中的敌对行动所引发的求偿,法院在 2005 年 2 月 24 日作出两个判决(*Isayeva*, *Yusupova & Bazayeva v. Russia*, App. Nos. 57947-49/00; *Isayeva v. Russia*, App. No. 57950/00)。尽管敌对行为通常被视为武装冲突法的专属内容,但法院直接适用了人权法,并没有更多提及另一个法律部门。

在非政府人权机构当中,“人权观察”率先依据人权和人道法对武装冲突情势进行公开调查和报告。作为非政府组织,它的行动能力不以任何条约为依据,也不受条约限制。因此得以自由“指控”任何方面或个人违反这些法律部门的行为,并且实际作出了这种“指控”。在这一过程中,它努力成为(并被视为)可靠的消息来源。“大赦国际”同样能够公开表达意见,反对任何方面违反战争法的行为。

3.7.2 域外法权

上文提到的条约机构(《公民权利和政治权利国际公约》相关机构,美洲国家间人权委员会,美洲国家间人权法院和欧洲人权法院)在属地管辖权方面都取决于各自条约的规定。为此,《公民权利和政治权利国际公约》第 2 条第 1 款规定,“本公约每一缔约国承担尊重和保证在其领土内和受其管辖的一切个人享有本公约所承认的权利”。从这一规定看,“在其领土内”和“受其管辖”的双重要求对在国家领土外参加武装冲突的国家来说具有特别意义。《公民权利和政治权利国际公约》相关机构决定,这一文本要求缔约国“尊重并确保位于其领土和受其管辖的所有人享有《公约》规定的权利。这意味着缔约国必须尊重并确保在本国权力或有效控制范围内的所有人都享有《公约》规定的权利,即使并不在该国领土范围内”(《第 31 号一般性意见》第 10 段,2004 年 3 月 29 日通过)。

1948 年《美洲人的权利与义务宣言》没有对适用范围作出界定;实际上,宣言序言甚至将人权的适用与个人同特定国家的国籍联系分割开来,认为权利“是基于人的人格属性”。相比之下,《美洲人权公约》第 1 条第 1 款规定,“本公约各缔约国承允尊重本公约所承认的各项权利和自由,并保证在它们管辖下的所有的人都能自由地全部地行使这些权利和自由”。事实上,在南美洲不必考虑武装冲突情势下的适用范围问题,因为大部分都是国内武装冲突。

北美洲的情况有所不同,美国和加拿大经常卷入超出其边界的武装冲突,有时作为冲突的一个国家方,有时参加维和行动。由于这两个国家都不是《美洲人权公约》的缔约国,第 1 条第 1 款的解释问题在美洲国家间人权法院也无法受理。不过,上述美洲《宣言》的域外影响多次出现在美洲国家间人权委员会的报告中。

一个案例源自于美国和加勒比武装部队于 1983 年 10 月入侵格林纳达。他们推翻了通过杀害总理及其众多追随者而夺取权力的革命政府。在行动的最初几天,美军逮捕、拘留了 17 个人,并在 1983 年 11 月将他们移交给格林纳达当局。这 17 个人向美洲国家间人权委员会提交了有关遭受虐待的指控,将《宣言》作为主张的依据。美洲国家间人权委员会在有关可受理性的报告中指出:

> 在特定情况下,对域外行为行使管辖权不仅符合有关规范的规定,而且是有关规范的要求……鉴于个人权利是依据人的属性而存在,每个美洲国家都有责任维护其管辖范围内的个人被保护的权利。这通常指的是一国领土内的人员,但在特定情况下也可以指在域外发生的行为——相关人员在一国领土出现,但受另一国控制(通常通过该国在国外的代理人来实施)。原则上,调查并不关注认定的被害人的

国籍,也不关注是否出现在特定地理区域,而是关注是否国家在特定情况下尊重了处于其权力和控制下的人员的权利。(*Coard et al. v. the USA*, para. 37)。

可能涉及"权力和控制"问题的另一种情形出现在"9 · 11"事件之初。当时,美国在关塔那摩湾拘留了大量从阿富汗和其他地区俘获的人员。2002 年,美洲国家间人权委员会收到了代表这些人提出的采取"预防措施"的请求。该委员会决定要求采取这种措施,一个理由是,"当人们发现自己处于一国权力和控制之下而且处于武装冲突之中时,可以通过援引国际人道法和国际人权法来部分确定应当享有的基本权利"。大家知道,美国认为,人道法作为特别法是在关塔那摩湾适用的唯一法律,而拘留在那里的人员无权享有日内瓦公约规定的保护,因此该委员会指出:在这种"人道法无法提供保护的情形下,这些人员仍然至少要受国际人权法所规定的不可克减的保护。简而言之,处于一国权力和控制之下的任何人的基本的和不可克减的人权,都受法律保护"(关于请求采取预防措施的决定,古巴关塔那摩湾被拘留人员,2002 年 3 月 12 日)。尽管有关"权力和控制"的观点论据充分,但要求采取预防性措施的努力注定会失败,因为《美洲人权公约》(无法适用)和《美洲国家组织宪章》都没有规定美洲国家间人权委员会有权命令采取预防措施。

《欧洲人权公约》规定,"缔约国应当保证在它们管辖之下的每个人获得本公约第一章所确定的权利和自由"(第 1 条)。欧洲人权法院认为,该规定所称"管辖权"主要指的是领土范围以内,但是在例外情况下也可以指领土范围以外。当"作为合法或者非法军事行动的后果",一国"对本国领土以外的地区行使有效控制"时,情况尤其如此,例如土耳其对北塞浦路斯的军事占领(*Loizidou v. Turkey*, judgment on preliminary objections, 23 March 1995, para. 62)。相比之下,对于北约部队对位于贝尔格莱德的塞尔维亚广播电视台进行空中轰炸的案例,法院专门解释指出,这种行为是典型的与占领情势截然相反的敌对行为,并不意味着攻击国拥有《欧洲人权公约》第 1 条第 1 款意义上的管辖权。法院指出,"如果公约起草者希望保证管辖权像申请者所期待的那样广泛,他们本可以通过与 1949 年日内瓦四公约共同第 1 条相同或者相似的文本"(*Bankovic v. Belgium et al.*, Grand Chamber Decision on admissibility, 12 December 2001)。

总之,尽管上述人权机构的实践仍然有限,但却为公认有限的国际手段提供了有益补充,以使冲突各方遵守国际人道法。这些机构的力量在于能够公开发声,谴责、告诫并发现违法行为。弱点在于并不都很精通人道法,而且在各种场合都无权要求各方为违反该法律的行为负责。因此,尽管对国际人道法的兴趣值得支持和鼓励,他们在这一领域的活动并不表示没有必要发展专门受权确保遵守人道规范的监督机制。

3.8 国家管辖权

1907 年,第二次海牙和平会议在《海牙公约》第 3 条规定了以下原则:交战方有责任为违反战争法的行为支付赔偿。一种解释是,受害者可以据此向应当承担责任的敌对方提出损害赔偿要求。不过通常认为,第 3 条的规定只在国际层面适用,受害者个人并非参与主体。实践似乎确认的是第二种解释。

第二次世界大战之后,在 20 世纪 90 年代日本法院受理了一系列专门针对上述问题的案件。这些案件由二战时遭受日军虐待的个人提出,有的作为战俘和被拘留平民,有的则作为"慰安妇"(被占领土上被强迫卖淫的妇女和女孩)。日本根据战后与部分国家缔结的一次性赔偿协议支付了一些赔款,有些人早些时候从国家收到的日本赔款中获得过一些象征性赔偿。在其他案件中,并不存在这样的协议;或者像菲律宾的一些"慰安妇"那样,受害者在过去根本无法说出自己的遭遇。这些案件均被驳回,主要理由是外国人个人无法根据战争法向作为国家的日本提出索赔。一个积极因素在于,不仅原告而且日本的志愿律师都作出了努力,而且法院确实认真审理了这些案件。

在其他情况下,作为对在近期各种武装冲突中所发生事件的回应,各国表现得比已往更加愿意着手处理与违反国际人道法有关的事项。前南法庭审理的第一个案件的被告人是名为达斯科·塔迪奇的波斯尼亚塞族人,最初他于 1994 年在德国被德国当局逮捕,因为涉嫌在波黑实施了包括酷刑、帮助和教唆实施灭绝种族等罪行,从实体内容和管辖权来说,这些罪行可以在德国审判。一份正式的"推迟申请"将该案带到了前南法庭。

自那以后,在前南和卢旺达法庭认为没有理由要求推迟时,前南和卢旺达事件所引发的众多案件在各种国内法院得到了审理。特别是在卢旺达,源自 1994 年大屠杀的绝大多数案件都交由其国内法院处理。尽管 1994 年发生的事件使得该国司法系统的人员和基础设施都遭到了很大程度的破坏,截至 2006 年,该国法院对约 1 万名灭绝种族罪的嫌疑人进行了审判。为了解决案件积压严重的问题(截至 2000 年,共有 12 万余名嫌疑人在卢旺达监狱和看守所候审),在 2002 年启用了第三种方法:"盖卡卡"或者叫"草地审判"。受当地部落司法模式启发,"盖卡卡"代表了恢复重建的司法模式,灭绝种族罪的嫌疑人由此受到本社区民众的审理和判决。当到 2009 年底必须结束这一制度时,盖卡卡法庭已经处理了超过 100 万个案件,确定 7 万余名犯罪嫌疑人有罪。尽管这一制度在程序方面受到批评,被告无权查看卷宗,也没有律师代表,但是人们认为这一制度使灭绝种族的罪犯能够与幸存者面对面,有助于卢旺达和解。

同样由于近年在前南斯拉夫、卢旺达和其他地区发生的事件,人们重新认识到,国内刑法和关于管辖权的规则必须能够起诉和审判在该国境外实施严重违反人道法行为并随后出现在该国境内的另一国国民(例如塔迪奇在德国)。一些国家对现有立法进行了调整,另一些国家的相关工作正在进行当中,红十字国际委员会咨询服务处在需要时对此提供了支持(参见本章第 3.9.2 节)。在针对酷刑、战争罪、危害人类罪和灭绝种族罪等有罪不罚的斗争中,积极寻求行使普遍管辖权的国家包括比利时、丹麦、法国、德国、荷兰、挪威、西班牙和美国。

比利时在 1999 年修订了关于惩罚严重破坏国际人道法行为的法律,将针对战争罪、危害人类罪和灭绝种族罪的普遍管辖权包括在内。由于试图对以色列前总理阿里埃勒·沙龙、美国前总统乔治·赫伯特·沃克·布什等高级官员行使管辖权招致激烈反对,在 2003 年 4 月进一步修改该法律,规定了"依据国际法"应当享有的豁免权。在进一步压力之下,该法在 2003 年 8 月被完全废除,涉及国际犯罪的条款被纳入《比利时刑法典》。

同样,1985 年的一部西班牙法律授权该国法院对灭绝种族罪和西班牙根据国际条约有义务起诉的违法行为行使普遍管辖权,包括《反酷刑公约》、1949 年《日内瓦公约》及其 1977 年《第一附加议定书》。2004 年,《西班牙刑法典》对危害人类罪作出了规定。当很多备受关注的案件遇到越来越大的国际压力时(例如针对秘鲁前总统阿尔韦托·藤森、以色列前官员和美国政府前官员等的诉讼),西班牙议会在 2009 年 7 月 25 日通过法律,将高等法院的职权限制在西班牙国民作为受害者的案件,要求犯罪嫌疑人处于西班牙领土,或者与西班牙有另外的相关联系。

在荷兰,2003 年 6 月 19 日的《国际犯罪法》于同年 10 月 1 日生效,授权法院对灭绝种族罪、战争罪、危害人类罪和酷刑行使普遍管辖权,条件是罪犯在本国出现而且犯罪行为在本法生效后实施。在上述日期前实施的国际犯罪必须根据此前的法律来处理,即 1952 年 7 月 10 日的《战时犯罪法》、1964 年的《灭绝种族罪公约实施法》或者实施 1988 年反酷刑公约的法律。

最后,应该提一下一些波斯尼亚穆斯林在美国根据《外国人侵权索赔法》提起的两个诉讼,他们要求拉多万·卡拉季奇为他在前南冲突期间组织实施的下述犯罪行为作出赔偿,包括灭绝种族、强奸、强迫卖淫、酷刑和其他残忍、非人道和有辱人格的待遇等。在确定管辖权阶段,美国法院认为,上述法律使其对根据灭绝种族罪和战争罪提出的指控拥有管辖权,并且认为这些罪行包括违反《日内瓦公约》共同第 3 条的行为。2000 年对卡拉季奇案(Karadzic)的判决要求向被害人赔偿 45 亿美元。目前卡拉季奇正在前南法庭接受审判,需要观察的是这些判决如何得到执行。

同时,联合国大会在2006年3月21日通过第60/167号决议[1]——“严重违反国际人权法和严重违反国际人道主义法行为受害人获得补救和赔偿的权利基本原则和导则”。该决议开头提到了各国“尊重、确保尊重和实施(标题中提到的两个法律部门)的义务”,劝诫各国将相关国际法规范纳入国内法律体系,并采取程序提供有效司法和充分救济。该决议规定国家有义务调查和起诉“严重违反”这些法律部门的行为:对于国际人道法来说,这一义务仅限于“根据国际法构成犯罪”的违法行为。该决议进而对严重违反人权法和战争法行为的受害人作出规定,将他们定义为遭受任何伤害的个人或集体,适当时还包括直系亲属和其他受扶养人。决议指出,“应当仁慈对待受害人,尊重其尊严和人权”。

该决议接下来阐述了受害人有权获得的三种救济措施:获得司法救助,对损害的赔偿,获得信息。获得司法救助意味着“可根据国际法平等地获得有效的司法救济”,也意味着可以获得行政和类似机构的救济,以及“尽量减少给受害人及其代理人带来不便(的措施)”等。另外,国家“应当努力”制定群体索赔程序。这部分的最后一句话指出,为了做到“充分、有效和迅速”,司法救济“应当包括一切个人具有法律地位的现有和适当的国际程序”。值得注意的是,该决议只字未提上文探讨过的受害人寻求获得(前)敌方司法体系救济的问题。

“对损害的赔偿”被进一步细分为恢复原状(尽可能恢复到原有状态)、补偿(适用于任何经济上可以估量的损害)、康复(包括医疗和心理护理以及法律和社会服务)、满足(通过核实事实、寻找失踪者或遇害者的下落、公开道歉等)和保证不再发生(包括同时有助于防止进一步发生违法行为的一系列措施)。

除了对该决议的各个部分进行详尽阐释外,这些内容的主要意义在于不断强调国家的义务,政府和国家公共体系的其他部门都要尽可能采取措施,将受害人权利的概念转化为现实的救济措施。

3.9 国际红十字和红新月运动

3.9.1 国际红十字与红新月运动的结构

在上文提到的机构当中,红十字国际委员会当然是提及次数最多的,无论是单独还是与“红十字大家庭”的其他部分一起提及。这一大家庭的最初成员是红十字国际委员会和各国红会,有红十字会,也有红新月会(现在还包括以色列的红大卫盾会)。这些团

---

[1] 原文有误,应为第60/147号决议。(译者注)

体在总部同样位于日内瓦的红十字会与红新月会国际联合会之下组织了起来。所有团体均须遵守第 20 届红十字和红新月国际大会在 1965 年颁布的国际红十字与红新月运动的基本原则:人道、公正、中立、独立、志愿服务、统一和普遍。

各国红会在最初设立时是附属于军事医疗机构的,今天在国内的主要任务是为最为需要的人员提供医疗照顾和救助,以及灾难准备。在国际层面,可以为人为或者自然灾害的受害人提供救助,可以通过相关国家红会,也可以根据灾难是属于“人为灾害”(武装冲突)还是自然灾害,通过红十字国际委员会或者国际联合会。一些国家红会在传播国际人道法方面也越来越积极。

1986 年通过的国际红十字与红新月运动《章程》确认红十字国际委员会、各国红会和国际联合会为其成员。然而在第一章对 1949 年《日内瓦公约》缔约国作了规范(前面提到,现在所有国家和梵蒂冈都包括在内),因此承认了国家共同体和本运动的紧密联系。这些联系特别体现在红十字和红新月国际大会上——“本运动的最高审议机构”(第 8 条)。大会原则上每四年召开一次(第 11 条),国家代表团在大会上与上述各成员代表团享有同样的投票权。这使得大会对国家来说成为一个很有意思的论坛,可以对人道法等问题进行投票,而不必受到正式约束。

该《章程》提到了本运动的另外两个机构:国际红十字与红新月运动代表会议(各成员代表“集会及讨论有关本运动集体事宜”——第 12 条,与国际联合会大会同期召开)和红十字与红新月常设委员会(“两届国际大会期间的大会代表机构”,第 16 条)。常设委员会包括 5 名国家红会代表和国际委员会与国际联合会各 2 名代表(第 17 条),主要职能是:为下一届代表会议和国际大会作准备,解决各成员之间可能出现的问题和冲突——通常发生在红十字国际委员会与国际联合会之间(第 18 条)。

日内瓦是本运动的国际成员的总部所在地,也是各国与红十字国际委员会和红十字会与红新月会国际联合会进行外交接触,以及相互接触探讨人道相关事项的一个主要地点(另一个地点是纽约联合国总部)。

3.9.2　红十字国际委员会

红十字国际委员会和红十字会与红新月会国际联合会都有着自己的组织结构,这里无需赘言。不过从本书宗旨来看,有必要进一步提供一些有关红十字国际委员会的信息。红十字国际委员会于 1863 年在日内瓦成立(《章程》第 5 条对此作了回顾),《日内瓦公约》和红十字和红新月国际大会都正式承认其为独立的人道组织,具有自己的地位(通常作为独特组织,与非政府组织区别开来)。

红十字国际委员会按照自己的《章程》进行管理。第 4 条第 1 款列举了“主要”属于红十字国际委员会的一系列职责，首先是“维护和传播运动的基本原则”。在本书中我们经常碰到的职责是“为忠实执行国际人道法而工作”“为（该法）的理解和传播而工作，并进一步完善该法律”，简而言之，就是作为人道法的守护者和传播者。

另一个必不可少的职责是“努力在任何时候向（武装冲突及内部动乱的）军人和平民受害者以及他们的直系亲属提供保护和帮助”。一个具有实际意义的特点是红十字国际委员会现场代表的作用，对冲突各方适用人道法的情况进行监督。当出现违反行为时，他们争取说服相关当局进行纠正，无论该当局属于国家还是非国家武装团体。必要时，这些工作可以通过红十字国际委员会总部得到加强。通过这些工作，红十字国际委员会努力与卷入冲突的各方都建立建设性关系，并进行所谓的“谨慎外交”。

鉴于这项工作要求保密，红十字国际委员会认为其代表和机构本身都没有义务向国内和国际法庭提供证据。这一主张得到了前南法庭和国际刑事法院的尊重，在总部协议中包含这样的条款，为红十字国际委员会在开展活动的国家确立了特权和豁免。

尽管如此，如果秘密干预活动没能产生想要的结果，红十字国际委员会有权公开谴责违法行为。公开发声的目的不是孤立应当负责的个人，而是呼吁冲突各方尊重人道法。红十字国际委员会也经常呼吁其他国家对有关国家进行干预。

第 4 条第 2 款重申，红十字国际委员会作为一个特殊的中立和独立组织以及调解者，可提出任何属于其职责范围内的人道倡议，并可考虑须由此类组织进行研究的任何问题。为此，红十字国际委员会可以向武装冲突各方提供服务，《日内瓦公约》对此也予以承认。这方面有两个机构需要提及。本书前面部分提到的一个机构是中央寻人局（第 3 章第 4.3、4.5、4.6.6 节）。早在 1870 年，中央寻人局就作为武装冲突各方的调解者出现，向冲突的另一方传送有关战俘、被拘禁平民和被拘留人员的信息，再由该方向相关家庭通报。战斗员死亡时，这一制度也被用于向其家属通报信息。

另一个机构是相对较新的国际人道法咨询服务处。作为红十字国际委员会法律部的组成部分，该服务处的职能是建议和协助国家努力采取国家实施措施。除此之外，在日内瓦总部和当地的红十字国际委员会法律专家还为国家提供技术支持，例如，立法起诉战争罪犯或者保护红十字和红新月标志等。

尽管各国对讲授人道法负有主要责任，但多年以来，红十字国际委员会在这方面形成了突出的专业能力，其代表经常为特别是武装部队和安全部队、国家雇员和外交官以及平民大众等讲授课程。在这些活动中，红十字国际委员会总是尽可能与当地红十字会和红新月会以及国际联合会合作。

第6章 结　论

适用于武装冲突的国际人道法本身并不是目的，而是达成目的的手段：在战争现实面前维护人道。我们每天都面对着这样的现实，因此这一手段仍有必要。

以上各章简要介绍了国际人道法的发展及其存在的一些问题。这些问题比通常在公众讨论中出现的情况更为多样和复杂，公众讨论倾向于仅在特定的“每日话题”背景下关注人道法：核武器的潜在使用；民族解放战争中游击队员的地位；当代武装冲突中平民居民的命运；肆意攻击红十字和红新月人员。这些问题可能每个都很重要，但我们不能“只见树木不见森林”。

这里的“森林”主要指的是平衡人道要求和军事必要这一长期存在的问题。在历经一个多世纪形成的颇为可观的习惯法和条约法架构中，这两个概念之间的紧张关系清晰可见。架构颇为可观并不意味着现在各方面的规范让所有人都满意：事实上这似乎并不可能，随着未来事件的发生，对国际立法者会产生新的要求。

同时必须立即补充一点，通过条约文本或者将规则逐步纳入到适用于武装冲突的国际人道法体系，都无法确保规则在现实中得到实施。交战方极少会自动遵守限制敌对行为的义务：通常必须步步为营地进行争取，以免武装冲突恶化为总体战，造成盲目而又毫无意义的死亡和破坏。为人道而进行的战斗并不总会胜利，不过，每一次即使是部分成功也意味着某个囚犯可能不会遭受酷刑或被处决，手榴弹不会被盲目地投到人群中，村庄不会被炸弹毁灭。总之，人类就不会遭受战争灾难所带来的不必要的痛苦。

适用于武装冲突的人道法的上述目标——在战争现实面前维护人道，是第二位的：我们的首要目标必须是避免武装冲突。然而，无论大家多么认真地为之努力，完全达成这一首要目标似乎至今仍然难以实现。正因为此，本书作者感到应当让读者关注战争与人道之间时常尴尬的关系。

附:国际人道法常用词汇英汉对照表

译者注:为方便读者学习和研究国际人道法,我们编辑整理了这份“对照表”。本词汇表主体来自红十字国际委员会编写的《人道法与红十字词汇》,另根据本书索引进行了适当增补,部分释义参照了《英法汉国际法词汇》(王铁崖编,中国对外翻译出版公司1983年12月版)的译法。

abandoned ordnance	被弃置的武器
absolve from responsibility	免除责任
abuse	违法行为;滥用
abuse of emblem	滥用标志
accede to	加入(条约)
access to	前往;准许出入;获得;接触
access to detention places	准许出入拘留场所
access to humanitarian relief	获得人道救济
access to victims	接触受害(难)者
accession	加入
account for persons reported missing	说明被报告失踪之人的下落
accountability	责任
accuse	控告
acquit	宣告无罪
active hostilities	实际战斗
activities, intellectual and physical	文化与体育活动
acts harmful to the enemy	害敌行为
ad hoc	特设;专设;特别
ad hoc member	特设委员
ad hoc tribunal	特设法庭

abandoned ordnance	被弃置的武器
additional protocol	附加议定书
adopt	通过
adopt by consensus	经协商一致通过
advance warning	事先警告
adverse distinction	不利区别
adverse party	敌方
advisory opinion	咨询意见
Advisory Service (of the ICRC)	(红十字国际委员会)咨询服务处
advocacy	拥护;提倡;主张
aerial bombardment	空袭
aerial warfare	空战
a fortiori	更加;尤其
aggression	侵略
agreement	协定;协议
agreement to suspend combat	休战协议
air operations	空中行动;空战
aid society	救济团体
airborne troops	空运部队
aircraft in distress	遇难飞机
air-delivered incendiary weapon	空投燃烧武器
air-raid shelter	防空掩蔽部
alien occupation	外国占领
alignment	(操作台)对线
allegation	指称,主张,控告
alleged offence	被指称的罪行,被控罪行
alleviate suffering	减轻痛苦
ambulance volunteer	急救队志愿者
ambulance	野战医院
amendment	修正,修正案
ammunition	弹药
amnesty	饶赦
amputees	截肢(患)者;肢体切除者
annual appeals	年度资金需求

abandoned ordnance	被弃置的武器
annual declaration	年度宣布
ante-mortem data	生前信息
anti-personnel mine	杀伤人员地雷
apartheid	种族隔离
apparently harmless portable object	表面无害的便携物体;表面无害的轻便物体
appeal to the ICRC and the protecting power	向红十字国际委员会和保护国求助
Appeals Chamber	上诉分庭
Appeals Division	上诉庭
application of conventions	公约的适用
arbitrary action	任意行为
arbitrary deprivation of liberty	任意剥夺人身自由
arbitration	仲裁
area bombardment	区域轰击;面积轰炸
area weapons	面目标杀伤武器
armament	武器(装备)
armed and security forces	武装和安全部队
armed forces	武装部队
armed opposition group	武装反对团体
army integration camp	军队集训营
article	条款
artificial limb	假肢
artillery shells	炮弹
assigned residence	指定居所
assigned target	指定目标
assistance kits	援助物资包
assume responsibility (obligation)	负责,承担责任(义务)
asymmetrical warfare	非对称作战
asylum	庇护
attestation of detention	拘留证明
auspices	帮助
auxiliary stretcher-bearer	辅助担架员
availability	可获得性;可用性

abandoned ordnance	被弃置的武器
available information	可获得的信息
awareness-raising	提高警惕(地雷)意识
back-up self-deactivation feature	后备自失能特征
bacteriological (biological) weapons	细菌(生物)武器
badges	徽章,勋章;标记
Basel Agency	巴塞尔寻人档案局
belli	战争
belligerent	交战的;交战国;交战者
belligerent reprisal	交战报复行为
best practice	最优实践
biological weapon	生物武器
blast mine	爆破地雷
blinding laser weapon	致盲激光武器
blockade	封锁
body bag	裹尸袋
body of law	法律部门
bombardment	轰炸;轰击;炮轰
booby trap	饵雷;诱杀装置
branch (Red Cross)	分会
breaches	破坏(公约的行为)
breakaway region	分裂地区
buffer zone	缓冲地带
bulletin	快报;公告
burial at sea	海葬
camp	营地,战俘营
camp commander	战俘营长官
capacity building	能力建设
capture	拿捕;俘获,缴获
capture card	被俘邮片
captured combatant	被俘战斗员
carpet-bombing	地毯式轰炸
casualty	伤亡人数;伤亡
censor content of message	检查信息的内容

abandoned ordnance	被弃置的武器
censorship	审查;检查
center containing monuments	纪念物中心
Central Tracing Agency (CTA)	中央寻人局
certified true copy	经认证无误的副本
cessation of active hostilities	实际战事停止
chain (line) of command	指挥系统;指挥链
chain of evacuation	撤离系统;后送系统
Chamber	分庭
chaplains	随军牧师;牧师
chemical weapon	化学武器
child soldiers	儿童兵
children in occupied territory	在被占领地内的儿童
civil aircraft	民用飞机
civil aviation	民用航空
civil capacity	民事能力
Civil Code	民法典
civil defence	民防
civil law	民法
civil protection	民防
civil society	民间,民间社会
civilian	平民
civilian aircraft	民用航空器
civilian airliner	民航飞机,民用客机
civilian authorities	民政当局
civilian concentrations	平民聚集区
civilian detainees	被拘留平民
civilian internees	被拘禁平民
civilian hospital	民用医院
civilian internees	平民被拘禁者,被拘禁的平民
civilian object	民用物体
civilian personnel	文职人员
civilian persons	平民;平民个人
civilian police	民事警察

abandoned ordnance	被弃置的武器
civilian population	平民居民
civilian property	平民财产
closure	封闭措施
cluster bomb (unit)	集束炸弹(组)
cluster munitions	集束弹药
co-belligerent State	共同作战国
code of conduct	行为守则
codification	法典编纂
coercion	强迫;胁迫
collateral	附带的;间接的
collateral damage	附带损伤
collect and deliver messages	收集和传递信息
collection point	收集点
collective centre	收容中心
collective internment	集体拘禁
collective punishment	集体处罚
collective responsiblity	集体责任
collective talk	集体谈话
combatant	战斗员
commander	司令官;指挥官
commander-in-chief	统帅;总司令
commentary	评注
commissioned officer	军官
common law detainee	刑事犯
communication with the enemy	与敌方之联络
community leader	社会团体领导人
compensation	赔偿;补偿
competence for cooperation	合作权限
competent authorities	主管当局
complaint	申诉
compliance with	遵守,遵照
component of the Movement	运动的组成部分
comprehensive declaration	综合声明

abandoned ordnance	被弃置的武器
concentrations of civilians	平民集聚
concurring opinion	附和意见
condition of captivity	关押条件
condition of transfer	移送的条件
conduct of attack	实施攻击
conduct of defence	防御实施
conduct of hostilities	敌对行为;作战行为
confidential report	保密报告
confidentiality	保密性
confiscate	没收
confluence	合流
connected offences	累犯
consensus	一致意见;协商一致意见;协商一致
constructive dialogue	具有建设性的对话
consultation	磋商
contact zone	接触地带
control zone	控制区
convention	公约
conventional international law	协定国际法
conventional weapons	常规武器
convict	判罪,定罪
conviction	信念;宣告有罪
convoy	车队;运输队
corporal punishment	体刑;体罚
correctional institution	管教所
correspondence	通信;信件,函件
corrugated iron sheeting	瓦楞铁皮
counter-city strategy	反城市战略
Council of Delegates	代表会议
cremation burial	火葬
crime against humanity	危害人类罪
cruel or inhuman treatment	残忍或不人道待遇
cultural heritage	文化遗产

abandoned ordnance	被弃置的武器
cultural property	文化财产
custodian	监护人
customary international law	习惯国际法
customary international humanitarian law	习惯国际人道法
customary law	习惯法
customary rules of war	习惯战争规则
damage	损害
dangerous forces	危险力量
death certificate	死亡证明;死亡证
death penalty	死刑
deception	诡计;欺骗
decision	裁决;决议;判决
declaration of succession	宣告继承
decoy	假目标
defence position	防御阵地
degrading treatment	有辱人格的待遇;降低身份的待遇
delegate general	总代表
delegation	代表处;代表团
delivery system	投射系统
demilitarized zone	非军事化地带
demining	排雷
denial of justice	拒绝审判;司法不公
dense	密集
densely populated area	人口稠密区
denunciation	退约;谴责
deport	驱逐
deportation	驱逐(出境)
depositary	保存者
derogate	克减
describe	规定
despoil	剥劫
destocking	减少畜养
destruction	毁坏

abandoned ordnance	被弃置的武器
detainee	被拘留者
detaining power	拘留国
detention	拘留
detention conditions	拘留条件
detention certificate	拘留证明
dictates of public conscience	公众良心要求
didactic support material	辅助教材
dignity	尊严;人格尊严
diplomatic protest	外交抗议
direct participation	直接参加
direct participation in hostilities	直接参加敌对行动
direction	指挥;指导
director of operation	行动部主任
Directorate of the International Committee of the Red Cross	红十字国际委员会指导委员会
disappear	失踪
disaster management	灾害管理
disaster mitigation/reduction	减灾
disaster preparation/preparedness	备灾
disaster response (mechanism)	救灾(机制)
disaster risk reduction	降低灾害风险
disciplinary procedures and sanctions	惩戒程序和处罚
disciplinary punishment	纪律性处罚
discrimination	歧视
dispensary	诊所
dispersed families	离散家庭
displaced persons	被迁移的人;流离失所者
displacement	迁移
dissemination	传播
dissemination session	传播讲座
dissenting opinion	不同意见;反对意见
dissident	持不同政见者
dissident armed forces	持不同政见的武装部队
distinction	区分

abandoned ordnance	被弃置的武器
distinctive emblem	特殊标志
distribution of relief supplies	分发救援物资
district elder	地区头人,地区长老
distinctive sign	明显标志
diversion tactics	牵制战术,声东击西
donor	捐助者;捐献者
doping control	兴奋剂控制
DOTS	短程督导化疗
DOTS Plus strategy	短程督导化疗强化方案
dubious weapons	可疑武器
duly authorized	正式核准
dum-dum bullet	达姆弹
dynamics of conflicts	冲突的动态
economic warfare	经济战
Editor-at-large	自由撰稿人
elements of crimes	犯罪要件
emblem	标志
emergency appeal	紧急资金需求
encircled or besieged area	被包围地区
enforced disappearance	强迫失踪
enforced prostitution	强迫卖淫
enforcement	执行
engage in war	交战
engagement	交战
enshrine	载入
enter into force	生效
entities	实体
environmental hygiene	环境卫生
epidemic	传染病
equality of belligerent parties	交战方平等
escort	护卫、护送
espionage	间谍行为
ethnic cleansing	种族清洗

abandoned ordnance	被弃置的武器
et cetera (*etc.*)	等等
et sequential (*et. seq.*)	及其后
evacuate	撤离;撤出;撤退
evacuation	撤离;撤退;疏散;后送
excessive suffering	过分痛苦
exclusion zone	禁区
execution	处决;执行
executive decision	行政决定
executive summary	执行概要
exhumation	(尸体)挖掘;迁葬
exhume the remains	挖掘尸体
expanding bullet	易于膨胀的子弹;开花弹
expatriate staff	外籍员工;驻外人员
explanatory memorandum	解释性备忘录
exploding bullet	爆炸性子弹
exploring humanitarian law	探索人道法
explosive device	爆炸性装置
explosive remnants of war	战争遗留爆炸物
ex post facto	事后
extermination	灭绝;消灭
external audit	外部审计
external pressure	外部压力
extradition	引渡
extrajudicial execution	法外处决
facilities for civil defence organization	给予民防组织的便利
facilities for ICRC	给予红十字国际委员会的便利
facilities for prisoners' representatives	给予战俘代表的便利
facility	便利,设施
fact sheet	情况介绍
fact-finding commission	实况调查委员会
fair trial	公正审判
families	家人,家属;家庭
families separated by conflict	因冲突而离散的家庭

abandoned ordnance	被弃置的武器
family life	家庭生活
family rights	家庭权利
Family Visitation Allowance Programme (FVAP)	家人探望补助项目
feigning death	假装死亡
female-headed family	女性支撑的家庭
field mortality	阵亡率
final act	最后文件
final talk	最终会谈
financial appeal	资金需求
finding	裁决;调查结果
first aid	急救
first responder	第一反应者
flag of truce	休战旗
focal point	归口单位;协调单位
follow-up outreach visit	后续回访服务
force majeure	不可抗力
forced labor	强迫劳动
forcible transfer	强制移送
forensic	法医学
forward elements	先头部队
founder of the ICRC	红十字国际委员会的创始人
franc-tireurs (F.)	游击队员
fragmentation mine	破片地雷
friendly casualty	误伤
fundamental guarantee	基本保证
general nurse	全科护士
general practitioner	全科医生
general principle	一般原则
general protection	一般保护
general protection of children (women)	对儿童(妇女)的一般保护
general rules	一般规则
genocide	种族灭绝
Gentleman's agreement	君子协定

abandoned ordnance	被弃置的武器
good faith	诚实信任
good offices	斡旋
govern	规制;调整
governing law	准据法
government in place	在任政府
grave	墓地
grave breaches	严重破坏(行为)
Graves Registration Service	墓地登记处;坟墓登记处
guarantees of judicial procedure	司法程序保障
guardian (of IHL)	(国际人道法的)捍卫者
guerrilla	游击队
guerrilla fighter	游击战士;游击队员
guideline	方针;指南;指导原则
habeas corpus	人身保护令
Hague Convention	《海牙公约》
Hague Regulations	《海牙章程》
harmful treatment	有害的待遇
headquarters	总部(ICRC);总会(Nat. Society)
headquarters agreement	总部协议
headquarters appeal	总部资金需求
health	卫生;保健;健康
health post	卫生站
historic monuments	历史纪念物
hors de combat (F.)	失去战斗力的;丧失战斗力的
hospital orderlies	医院勤务员
hospital ships	医院船
hospital zone	医院地带
hospitalization	住院
hostage	人质
hostage-taking	扣留人质
hostilities	敌对行动;战事;敌对状态;战争
human dignity	人的尊严
human rights (law)	人权(法)

abandoned ordnance	被弃置的武器
human shield	人体盾牌
humane treatment	人道待遇
humanitarian action	人道行动
humanitarian activities	人道活动
humanitarian agency	人道机构
humanitarian convey	人道物资运输队
humanitarian demining	人道排雷
humanitarian diplomacy	人道外交
humanitarian duties	人道责任;人道任务
humanitarian function	人道职务;人道主义职务
humanitarian law	人道法
humanitarian organization	人道组织
humanitarian relief operations	人道救济行动
humanitarian relief personnel	人道救济人员
humanitarian response	人道应对活动
humanitarian rules	人道规则
humanity	人道;人性
humiliating treatment	侮辱性待遇
id est (*i. e.*)	就是;换言之
idem (*id.*)	同上;同前
identification	识别;辨明;确认身份
identification (of the bodies)	确认(死者)身份;认明尸体
identification document	身份证件
identity card	身份证
identity disc	身份牌
identity tag	身份标签
illegal detention	非法拘留
illegal transfer	非法移送
illicit export	非法输出;非法出口
ill-treatment	虐待
imitation (of emblem)	(标志的)模仿;仿冒
immunity, legal immunity	豁免;法定豁免
impartiality	公正

abandoned ordnance	被弃置的武器
imperative military reason	迫切的军事理由
imperatively required by military necessity	军事必要所绝对要求
implementation	实施
imprisonment	关押;监禁
improper use of emblem	标志的不当使用
improvised explosive device	简易爆炸装置
impunity	逃脱惩罚;免受惩罚
in absentia trial	缺席审判
in camera	秘密地;禁止旁听
in force	现行;有效
in kind	以实物
in need	在危难中、在危急中
inalienability/non-renunciation of rights	不能剥夺/不能放弃的权利
incendiary weapon	燃烧武器
incidental damage	附带损害;偶然的伤害
indecent assault	非礼侵犯
independence	独立
indicative use	识别性使用
indiscriminate	不分皂白的
indiscriminate attack	不分皂白的攻击
individual opinion	个人意见
individual criminal liability	个人刑事责任
individual (criminal) responsibility	个人(刑事)责任
individual responsibility	个人责任
individual/private interview	单独会见
individual obligation	个人义务
information bureaux	情报局
information session	信息通报会
initial declaration	初始宣布
initial talk	初步会谈
initiative	倡议;动议
inquire into whereabouts of missing	查访失踪人员的下落
instruction	指令

abandoned ordnance	被弃置的武器
instruments	(法律)文件/条约
insult	侮辱
integrity, physical and moral	(身心)健全
inter alia	其中;除其他事项外
Inter Arma Caritas	战时行善
inter arma silent leges	战争中无法律
Intergovernmental Group of Experts for the Protection of War Victims	保护战争受害者问题政府间专家组
intermediary	仲裁者;调解者
internal armed conflict	国内武装冲突
internal violence (disturbances)	内部暴行(动乱),内乱,国内动乱(骚乱)
internally displaced person (IDP)	国内流离失所者
International Committee for the Relief of Military Wounded	伤兵救护国际委员会
International Committee of the Red Cross (ICRC)	红十字国际委员会
International Community	国际社会
International Conference for the Protection of War Victims	保护战争受害者国际会议
International Conference of the Red Cross and Red Crescent	红十字与红新月国际大会
International Court of Justice	国际法院
International Criminal Court	国际刑事法院
International Day of the Disappeared	国际失踪者日
International Fact-Finding Commission	国际实况调查委员会
International Federation of Red Cross & Red Crescent Societies (Federation)	红十字会与红新月会国际联合会(联合会)
International Institute of Humanitarian Law (IIHL)	人道法国际研究所
International Law Commission	国际法委员会
International Law and Cooperation within the Movement of the ICRC	国际法与运动成员间合作部
International Military Tribunal	国际军事法庭
International Prisoner-of-War Agency	国际战俘局
International Prize Court,	国际捕获法院
International Red Cross and Red Crescent Movement	国际红十字与红新月运动
International Tribunal for the Former Yugoslavia	前南法庭
International Tribunal for Rwanda	卢旺达法庭

abandoned ordnance	被弃置的武器
internee	被拘禁人
internment	拘禁
internment camp	拘禁营
internment card	拘禁卡
intervention	干涉
interposition	干预
interpretation	解释
interrogation	讯问
in toto	全然;全部
inviolability	不可侵犯
ipso facto	依事实;根据事实本身
joint message	联合声明
journalist	新闻记者
judge advocate	军法官
judicial	司法
judicial guarantee	司法保障
judicial procedure	司法诉讼程序;司法程序
judicial proceedings	司法程序
jurisdiction	管辖权
jus ad bellum	诉诸战争权
jus cogens	强行法
jus in bello	战时法
labour detachment	劳动队
landmine	地雷
law and order	法治;法律和秩序
law enforcement agency	执法机构
law of armed conflict	武装冲突法
law of Geneva	日内瓦法
law of neutrality	中立法
law of The Hague	海牙法
law of war	战争法
lawlessness	秩序混乱,混乱无序的状态
laws and customs of war	战争法律与惯例

abandoned ordnance	被弃置的武器
laws and customs of war on land	陆战法规和惯例
lay down	规定;制定
League of Nations	国际联盟
League of Red Cross and Red Crescent Societies	红十字会与红新月会联盟
legacy	遗产
legal adviser	法律顾问
legal conviction	法律确信
Legal Division	法律部
legal provision	法律规定
legality	合法性
legitimacy	正当性
leniency	宽大
leniency clause	宽待条款
levy in mass/levee en masse	(战时)全国总动员;居民军
liaison officer	联络官
liberation fighter	解放战士
liberation war	解放战争
Lieber Code	《利伯守则》
light weapon	轻武器
logistics	后勤
loot	抢掠
Magen David Adom (MDA)	以色列红大卫盾会
magistrate	地方法官
makeshift shelter	临时住所
maltreatment	虐待
mandate	职责;委托
manual actuation	人工致动
Martens Clause	马顿斯条款
material conditions of detention	拘留场所的物质条件
MDR TB	耐多药结核病
means	手段
means and methods of combat/warfare	作战手段与方法
measure	措施

abandoned ordnance	被弃置的武器
medical duty/duties	医疗职责
medical aircraft	医务飞机
medical and religious personnel	医务及宗教人员
medical attention	医疗照顾
medical equipment	医疗设备
medical ethics	医疗道德
medical evacuation	医疗撤离;医疗后送
medical experiment	医学实验
medical mission	医疗任务
medical permanence	值班医生
medical team	医疗小组
medical transport	医务运输
medical unit	医疗队
members of governance	理事会成员
mental well-being	心理健康
mercenary	外国雇佣兵
merchant navy	商船队
merits	事实真相;是非曲直
method	方法
micro-credit	小额贷款
methods of warfare	作战方法
microeconomic projects	微观经济项目
military advantage	军事利益
military aircraft	军用飞机
military commander	军事司令官
military communiqué	军事公报
military honour	军人荣誉
military manual	军事手册
military necessity	军事必要
military objective	军事目标
military occupation	军事占领
military operation	军事行动
military police	宪兵;军警;军事警察

abandoned ordnance	被弃置的武器
military utility	军事运用;军事效用
militia or volunteer corp	民兵或其他志愿部队
Millennium Development Goals (MDGs)	千年发展目标
mine	地雷
mine action	反地雷行动
Mines-Arms Unit	地雷与武器处
mine awareness	警惕地雷
mine clearance	排雷
mine-detection equipment	探雷器
Mine Risk Education (MRE)	警惕地雷危险教育
minutes of evidence	作证记录
misappropriation	侵占
missile	导弹
missing person	失踪人员
mission	使命;任务团
misuse of emblem	滥用标志
mixed tribunal	混合型法庭
mobile medical units	流动医疗队
mobile weapon	机动武器
model agreement	示范协议
model instrument	示范文件
model law	示范法
monitor	监督
moot court	模拟法庭
mortar	迫击炮
mortar shells	迫击炮弹
movement integration	运动的融合
murder	谋杀
mutilation	残伤肢体
mutilation of dead body	残毁尸体
napalm	凝固汽油弹
National Committee for Implementation of IHL	实施国际人道法国家委员会
National Council (Switzerland)	(瑞士)国民院

abandoned ordnance	被弃置的武器
national legislation	国内立法
National Red Cross	各国红十字会
National Red Cross headquarters	各国红十字会总会
National Red Cross/Red Crescent Society	各国红十字会/红新月会
National Societies	各国红会
national staff	当地雇员
nationality	国籍
naval blockade	海上封锁
naval cadets	海军学员
naval cadets and officers	海军预备役军官
naval warfare	海战
neutral intermediary	中立调解者
neutral ships	中立船
neutral state/country	中立国
neutrality	中立
neutralisation	失去效用
neutralized zones	中立地带
no-fly zones	禁飞区
non-combatants	非战斗员
non-commissioned officer	士级军官;士官
non-defended locality	不设防地方
non-detectable fragments	无法检测的碎片
non-discrimination	非歧视
non-governmental organisation	非政府组织
non-hostile contact	非敌对接触
non-international armed conflict	非国际性武装冲突
non-intervention	不干涉
non-refoulement	不推回
non-renunciation/inalienability (of rights)	不能放弃/不能剥夺(的权利)
non-retroactivity of the law (principle of)	法不溯及既往(原则)
non-state actor	非国家行为者
non-state armed groups	非国家武装团体
notification	通知

abandoned ordnance	被弃置的武器
nuclear weapons	核武器
nullum crimen sine lege	无法律不为罪;法无明文不为罪
nulla poena sine lege	无法律即不能判刑;法无明文者不罚
Nuremberg International Military Tribunal	纽伦堡国际军事法庭
Nuremberg Principles	纽伦堡原则
nutritional feeding centre	营养补给中心
object	物体
occupation	占领
occupants of an aircraft in distress	遇难飞机上的人员
occupied territory	被占领土
Occupied Territories and Autonomous Territories	被占领土及自治领土
occupying power	占领国
offensive	进攻
offer services	提出提供服务的建议
officer cadet	预备军官
official statement	正式声明
omission	不作为
on the ground	一线;实地
operational commitments	行动投入、行动预算
operational delegation	行动代表处
operational update	最新动态
opinio juris	法律确信
opinio juris sive necessitatis	法律或必要确信
orthopaedic workshop	假肢康复中心
Orthopaedic Rehabilitation Centre (ORC)	假肢康复中心
orthopaedics	矫形;整形
orthoses	矫形器
other persons afforded specific protection	给予特定保护的其他人员
outrages upon dignity	对人格尊严的侵犯
Outreach Prosthetic Program (OPP)	假肢回访项目
parachutist	跳伞员;伞兵
paragraph	款;段
Parlementaire (F.)	军事谈判代表

abandoned ordnance	被弃置的武器
partnership	伙伴关系
party to the conflict	冲突一方
peace-enforcement operation	执行和平行动
peace-enforcing	强制和平
peacekeeping	维持和平;维和
peacekeeping mission	维持和平任务;维和任务
peacekeeping troops/forces	维和部队
pecuniary resources	财力
penal	刑事
penal legislation	刑事立法
penal offence	刑事罪行
penal repression	刑事镇压
penal rules	刑事规则
penal sanction	刑事制裁
People on War	《人们对战争的看法》
Per Humanitatem Ad Pacem	通过人道实现和平
perfidious use of emblem	背信弃义地使用标志
perfidy	背信弃义
perimeter-marked area	标界区
persecution	迫害
persistent objector	坚持反对者;一贯反对者
persons reported missing	已报告为失踪的人
person taking part in hostilities	参与敌对行动的人
person unaccounted for	下落不明者
personal effects	个人用品
physical act	实际行动
physical mental health	身心健康
physical rehabilitation	假肢康复
Physical Rehabilitation Center	假肢康复中心
physiotherapy	物理治疗;理疗
pillage	抢劫
place of detention	拘留场所
place of worship	礼拜场所

abandoned ordnance	被弃置的武器
placement	布设地点
plea bargain	辩诉交易
pleading	申诉
pledge of discretion	保密誓约
poison	毒物
poisoned weapon	有毒武器
political commissar	政治委员
potential complicity	潜在同谋犯
poverty alleviation/reduction	扶贫
precaution	预防(措施)
precautionary measures	预防措施
precedential	作为先例的
precision-guided weapons	精确制导武器
prerogatives	特权
press release	新闻稿
presumption of innocence	无罪推定
Pre-trial Chamber	预审分庭
Pre-trial Division	预审庭
preventive measures	预防措施
prima facie	表面上看;初步看来
primary health care	初级卫生保健
principle of distinction	区分原则
Principle of legality	罪刑法定原则
Principle of protection	保护原则
principle of proportionality	比例(性)原则
principle of non-refoulement	不推回原则
priority	优先;优先权;首要
prison	监狱
prisoner	被关押者;囚徒
prisoner of war officer	战俘军官
prisoners of war	战俘
prisoners' representative	战俘代表
proceeding	诉讼程序

abandoned ordnance	被弃置的武器
professional reintegration	再就业
prohibition of discrimination	禁止歧视
prohibition of indiscriminate attack	禁止不分皂白的攻击
prohibition of torture	禁止酷刑
Project Planning Process (PPP)	项目规划进程
proliferation	扩散
promote	普及,推广;促进;发扬
promoter (of IHL)	(国际人道法)推广者
proper service	主管部门
property management	财产管理
property of Red Cross Societies	各国红十字会的财产
property rights	财产权
proportionality	比例性
proportionality of punishment	罪刑相当
proprio motu	自动
prosecute	追诉
prosecute the suspect	对犯罪嫌疑人进行追诉
prostheses	假肢
prosthetic/orthotic service	假肢/矫形服务
prosthetist /orthothist	假肢师/矫形器师
protected civilians	受保护的平民
protected person	被保护人
protected zone	受保护地带
protecting power	保护国
protection of the civilian population	平民居民的保护
protection of environment	环境保护
protective emblem	保护性标志
Protecting Power	保护国
protective use	保护性使用
protocol	议定书
provide	规定
provision	规定
public authorities	政府(当局)

abandoned ordnance	被弃置的武器
public conscience	公众良心
public curiosity	公众好奇心
public emergency	公共紧急状态
public health in occupied territories	被占领领土的公众健康
public official	公职人员;公务人员
quarter (denial of)	(拒绝)饶赦,纳降
quarters	住处
racist regimes	种族主义政权
rapid and unimpeded passage	迅速并无阻碍的通过
rapidfire assault rifles	速射突击步枪
ratification	批准
ratification kits	批准参考文件
real time evaluation	实时/即时评估
rear area	后方
reciprocity	相互性;对等
recognised emblem	公认标志
recourse to	求助于
recourse to protecting power	求助于保护国
recourse to war	诉诸战争
recruit	征募
red crescent	红新月
Red Cross	红十字
Red Cross emblem	红十字标志
Red Cross message	红十字通信
Red Cross Youth	红十字会青少年团
Red Crystal	红水晶
red lion and sun	红狮与太阳
regularly constituted court	正常组成的法院
rehabilitation	康复;修复
re-hydration room	补水室
reintegrate into society	重新融入社会
reintegration	重新融入(社会)
reintegration programme	重新融入社会项目

abandoned ordnance	被弃置的武器
reinterment	重新埋葬
release	释放;解除
release on bail	保释
release on parole	假释
release on parole or promise	依宣誓或诺言释放
relevance	重要意义;适用性
relief	救济
relief consignment/items	救济物资
relief society	救济会;救济团体
relief supplies	救济物资
religion	宗教
religious personnel	宗教人员
religious practice	宗教仪式
remains	尸体;遗体;遗骸
remotely delivered mine	遥布地雷
remove	移除
reparation	赔偿
repatriation	遣返;遣送回国
representation	交涉;抗议
repress	取缔
repression	遏制,抑制;镇压;取缔
repressive measures	镇压措施;遏制措施
reprisal	报复行为
requisition	征用
reservations (to a treaty)	(条约)保留
resettlement	重新安置;再定居
residence	居所
resistance	抵抗
resistance fighter	抵抗战士
resilience	坚韧不拔;适应力
resolution	决议
resort to	诉诸
respect for customs	尊重风俗习惯

abandoned ordnance	被弃置的武器
respect for dignity	尊重人格尊严
respect for human person	对人的尊重
respect for life	尊重生命
responsibility	责任
responsibility of a State	国家责任
responsible command	负责统率
responsible officer	负责军官
restore family links	重建家庭联系
reunite family	家庭重聚
review (of convention)	(公约的)审查
right of (humanitarian) initiative	(人道)倡议权
right of appeal	上诉权
right of defence	辩护权
right of initiative	倡议权
right of self-determination	自决权
right to examine	有权讯问
right to make proposals	有权提出建议
right to offer services	有权提供服务
rights of parties to the conflict	冲突各方的权利
rights of prisoners of war	战俘的权利
rights of protected persons	受保护者的权利
rights of the accused	被告的权利
risk reduction	降低危险
rule of usufruct	享有收益的规则
ruses of war	战争诈术
safeguard	保障
safety zone	安全地带
sanctions	制裁
sanitary engineer	卫生工程师
sanitation	卫生设施
scope of conventions	公约的适用范围
search for authors of grave breaches	搜捕严重违反公约的人
search for the wounded, missing	搜寻伤者、失踪者

abandoned ordnance	被弃置的武器
security detainees	因安全原因被拘留的人
security incident	安全事件
security measures	保全措施
security regime	安全机制
security zones	安全地带
seek asylum	寻求庇护
seek refuge	寻求避难
seizure (of property)	扣押(财产)
self-neutralization mechanism	自失效装置
self-sufficiency	自给自足
separate opinion	个别意见
serial number	番号
serious violations	严重违反(行为)
settlement	定居点;解决
Seville Agreement	塞维利亚协议
shelter	住所;避难所
shelter conditions	居住条件
shelter material	搭建临时居所的材料
Shimoda case	"下田"案
shipwrecked	遇船难者
si omnes	普遍参加
sick	伤者
sign	标记;符号;记号
signatory State	缔约国
signature	签署;签字
similar treatment with prisoners of war	与战俘类似的待遇
simple imprisonment	单纯监禁
slavery	奴役
small arm	小武器;轻兵器
Solferino	索尔费里诺
Spanish Civil War	西班牙内战
spare	不伤害
special agreements	特别协定/协议

abandoned ordnance	被弃置的武器
special court	特别法庭
special protection	特殊保护
specially affected States	深受影响之国家
specific methods of warfare	特定作战方法
specific protection	特定保护
specified objects	特定物体
Sphere Project	全球计划/全球项目
spiritual assistance	精神援助
spread terror	散布恐怖
spy	间谍
stakeholder	利益相关者
Standing Commission of the Red Cross and Red Crescent	红十字与红新月常设委员会
state actor	国家参与者
States party to the Geneva Conventions	《日内瓦公约》缔约国
state of war not recognised	未被承认的战争状态
state practice	国家实践
state responsibility	国家责任
stateless persons	无国籍人
status of civilians	平民地位
status of combatants and prisoners of war	战斗员和战俘地位
status of party to the conflict	冲突方的地位
statute of limitation	时效
statutes (of the Movement)	(运动)章程
statutory limitation	法定时效
statutory right	法定权利
Steering Committee	指导委员会
stockpile	储存
stray bullets	流弹
submarine	潜艇
submunition delivery	子弹药投布
submunitions	子弹药
subordinate	下属;下级
subsequent objector	事后反对者

abandoned ordnance	被弃置的武器
subsidiary source	辅助渊源
substantive article	实体条款
suffering	痛苦
summary execution	即决处决
superfluous injury	过分的伤害
superior	上级
superior order	上级命令
superior responsibility	上级责任
supervision	监视;监管;监督
supranational organisation	超国家组织
surveillance	侦查;监视
sustainable	可持续的
tactical questioning	策略性盘问
tactical movement	战术行军
Tadic case	“塔迪奇”案
take a direct part in hostilities	直接参与敌对行动
take hostage	扣留人质
talk (interview) without witness	在无他人在场的情况下交谈
target population	目标人群
targeted killing	定点清除;定点杀伤
tarpaulin	防水油布
temperamenta	折中;调和
temperamenta belli	适度战争
the dead	死者
the elderly, disabled and infirm	老人、残疾人和弱者
the wounded, sick and shipwrecked	伤者、病者及遇船难者
theatre of operation	战区
to respect and to ensure respect	尊重并保证尊重
torpedo	鱼雷
torture	酷刑
total war	总体战
tracing	寻人
tracing and mailing service	查人转信服务

abandoned ordnance	被弃置的武器
transfemoral amputee	大腿截肢者
transfemoral prosthesis	大腿假肢
transfer	移送
transit camp	中转营;转运营
transitional justice	过渡司法
trauma of war	战争创伤
travel document	旅行证件
treatment	待遇
treatment of civilian internees	平民被拘禁者的待遇
treatment of prisoners of war	战俘的待遇
treatment of wounded and sick	伤者与病者的待遇
treaty	条约
Trial Chamber	审判分庭
Trial Division	审判庭
Tripartite Commission and its technical sub-committee	“三方委员会”及其技术小组委员会
Truth and reconciliation commission	真相与和解委员会
TV news footage	电视新闻片断
umbrella organization	联盟组织
unaccompanied minor (children)	无人陪伴的未成年人(儿童)
unclassified	不保密的
uncompensated or abusive forced labour	无偿或肆意强迫劳动
undefended town	不设防城镇
unenhanced vision	未用增视器材状态下的视觉器官
unexploded ordnance (UXO)	未爆炸武器
UN forces	联合国部队
uniform	制服
unity	统一
universal jurisdiction	普遍管辖
universality	普遍;普遍性
universality	普遍性
unlawful combatant	非法战斗员
unnecessary suffering	不必要的痛苦
unrest	动荡;骚乱

abandoned ordnance	被弃置的武器
unrestricted bombardment	无限制轰炸
use undue force	过度使用武力
usurpation (of emblem)	盗用(标志)
usus	惯例
verbal act	言辞行动
victim	受难者;被害人
victim of war	战争受难者
videlicet (*viz.*)	即;就是说
violation	违反行为
virtually uniform	实质上的一致性
visit	探视,探望
visits to POWs and civilian internees	探视战俘和平民被拘禁者
Voluntary Aid Society	志愿救济团体
voluntary repatriation (return)	自愿返乡
voluntary service	志愿服务
vulnerable	脆弱;易受伤害
vulnerable person	易受伤害的人;弱势群体
walking aids	助行器
war	战争
war crime	战争罪(行)
war criminal	战犯
war of national liberation	民族解放战争
war surgery	战伤外科手术
warfare	作战
warfare at sea	海战
warning before use of weapons	使用武器前的警告
warning of discontinuance of protection	中止保护的警告
war-wounded	战争伤员
water and habitat	水与居住环境
water and sanitation	水与卫生设施/改水改厕
water points	供水点
water yards	水场
weapon	武器

abandoned ordnance	被弃置的武器
weapon bearer/carrier	武器携带者
weapon with indiscriminate effects	具有滥杀滥伤作用的武器
weapon wounded	武器致伤者
welfare	福利
well-being	安康；福利
whereabouts	下落
white flag of truce	休战白旗
wilful killing	故意杀害
wilful omission	故意的不作为
will	遗嘱
without previous trial	未经审判
women prisoners of war	女战俘
working modalities	工作方式
works and installations containing dangerous forces	含有危险力量的工程和装置
works of art and science	艺术与科学作品
workshop	讲习班；研讨会；车间
wound ballistics	创伤弹道学
wounded	伤者
wounded, sick and shipwrecked	伤者，病者和遇船难者
zone	地带
zone of combat	战区